黑格尔早期实践哲学思想研究
（1785—1800）

HEIGEER ZAOQI
SHIJIAN ZHEXUE SIXIANG YANJIU（1785—1800）

王兴赛　著

·广州·

版权所有　翻印必究

图书在版编目（CIP）数据

黑格尔早期实践哲学思想研究（1785—1800）/王兴赛著.—广州：中山大学出版社，2022.9

ISBN 978-7-306-07528-4

Ⅰ.①黑…　Ⅱ.①王…　Ⅲ.①黑格尔（Hegel, Georg Wilhelm 1770—1831）—哲学思想—研究　Ⅳ.①B516.35

中国版本图书馆 CIP 数据核字（2022）第 155025 号

出 版 人：	王天琪
策划编辑：	曾育林
责任编辑：	赵　婷
封面设计：	曾　斌
责任校对：	王　燕
责任技编：	靳晓虹
出版发行：	中山大学出版社
电　　话：	编辑部 020 - 84110283，84113349，84111997，84110779，84110776
	发行部 020 - 84111998，84111981，84111160
地　　址：	广州市新港西路 135 号
邮　　编：	510275　传　真：020 - 84036565
网　　址：	http：//www.zsup.com.cn　　E-mail：zdcbs@mail.sysu.edu.cn
印 刷 者：	广东虎彩云印刷有限公司
规　　格：	787mm×1092mm　1/16　15.5 印张　300 千字
版次印次：	2022 年 9 月第 1 版　2022 年 9 月第 1 次印刷
定　　价：	48.00 元

如发现本书因印装质量影响阅读，请与出版社发行部联系调换

国家社科基金后期资助项目
出版说明

　　后期资助项目是国家社科基金设立的一类重要项目，旨在鼓励广大社科研究者潜心治学，支持基础研究多出优秀成果。它是经过严格评审，从接近完成的科研成果中遴选立项的。为扩大后期资助项目的影响，更好地推动学术发展，促成成果转化，全国哲学社会科学工作办公室按照"统一设计、统一标识、统一版式、形成系列"的总体要求，组织出版国家社科基金后期资助项目成果。

全国哲学社会科学工作办公室

目　录

序　黑格尔早期哲学研究中的几个问题 ………………… 邓安庆 1

引言　黑格尔早期作品中的实践哲学思想 ……………………… 1

第一章　黑格尔早期思想发展的语境 ………………………… 13
　第一节　黑格尔早期的思想语境 …………………………… 13
　第二节　早期黑格尔与启蒙 ………………………………… 29

第二章　自由与实定性的辩证 ………………………………… 45
　第一节　康德德式主体自由与作为外在性的实定宗教之间的
　　　　　对立 ……………………………………………… 47
　第二节　统一哲学中的自由与以分裂为特征的实定性的对立 …… 58
　第三节　自由与实定性的历史辩证 ………………………… 88
　小　结 ………………………………………………………… 92

第三章　政治自由与人民宗教 ………………………………… 94
　第一节　人民宗教的第一次建构 …………………………… 94
　第二节　以康德实践哲学为基础的人民宗教 ……………… 109
　第三节　古代人民宗教的陨落 ……………………………… 112
　第四节　以统一哲学为基础的人民宗教的确立与解体 …… 118
　小　结 ………………………………………………………… 127

第四章　私有财产和劳动的现代命运 ………………………… 128
　第一节　私有财产的现代命运 ……………………………… 128
　第二节　黑格尔早期劳动思想的重构 ……………………… 143
　小　结 ………………………………………………………… 154

第五章　两种自由基础上的国家观变迁 …………………………… 157
　　第一节　黑格尔学生时期对古典共和国和现代国家的关注 ……… 160
　　第二节　黑格尔伯尔尼时期的国家观 ……………………………… 164
　　第三节　黑格尔法兰克福时期的国家观 …………………………… 186
　　小　结 ………………………………………………………………… 203

结　语　黑格尔实践哲学体系建构视域中的早期思想 ……………… 208

参考文献 …………………………………………………………………… 216

后　记 ……………………………………………………………………… 228

序
黑格尔早期哲学研究中的几个问题

邓安庆

多年前在中山大学参加学术活动时认识了朝气蓬勃、谦虚好学又温文尔雅的王兴赛博士，他从攻读硕士学位期间（2010—2013年）就开始研究黑格尔早期的《自然法论文》，攻读博士学位期间（2013—2016年）将研究范围扩展为《黑格尔早期政治哲学思想研究（1785—1800）》，所以这些年他跟我保持了比较多的学术联系，我也非常高兴地注意到他不断地有关于黑格尔法哲学或实践哲学方面的论文或译文、译著发表，因此，在眼前这本书（即在他博士学位论文基础上修改完成的著作）即将付梓之际，我为自己有机会为在他最美好的青春岁月打下烙印的第一部专著写篇序，感到非常高兴和荣幸，当然我不会多此一举地为一本约6年前答辩通过的博士学位论文写评语，而只想就黑格尔早期哲学研究在国内外所呈现出来的问题及其可能突破的前景发表一点我个人的浅见，从而参与到眼前这本书所讨论的问题的精神氛围中去。

一、"早期"的界定和划分问题

黑格尔早期哲学指的是黑格尔哲学体系建构起来之前的哲学探索，由于他在我们熟知的《精神现象学》出版时给其起了这样一个书名——《科学体系的第一部分：精神现象学》，该书完成于1806年，出版于1807年，因此学界有理由以1806年为界，将1807年之前的黑格尔称为"早期黑格尔"。这只是一个不精确的大致区分。最早试图对"早期黑格尔"予以准确界定的，是威廉·狄尔泰（Wilhelm Dilthey）1905年出版的《黑格尔的青年史》(Die Jugendgeschichte Hegels),他把1770—1800年都算作"早期黑格尔",把1801—1806年作为"青年黑格尔"。"青年黑格尔"这一时间段,一般没有太大的争议,但把"早期"的起点推到黑格尔出生的1770年,这是令人难以接受的。因为我们一般说"早期黑格尔",指的是黑格尔早期哲学思想,是他思想成长的时间,而非单纯的生命年龄。因此,一般在读大学之前,处在尚未产生任何自己"想法"(尤其是哲学"想法")的年纪,把它算进来基本上是无意义的。就此而言,王兴赛没有接受这个起始年代,而是划定1785年作为"早期"的开始,这至少比狄尔泰从出生算起要好得多。但1785年依然是个过于随意的设定。因为这个时期的黑格尔还只是一个初中生而已,说他开始记了许多笔记,且不说从何时开始记笔记和写日记,与一个人的哲学思想开端是没有必然关系的,而且这个时间起始本身就不确定,张慎就认为"最早大概是在1784年4月22日,他开始做读书笔记"[①]。所以,在一个哲学家思想起始之年份的确定上,我们是否可以确定一个基本的原则,按照成文的论文(譬如大学学士或硕士学位论文之类)或著作发表的年份来定。总之,我们既要充分注意一个人在中学或大学受教育时期的笔记和日记对其哲学思想的重大影响,但同时还必须将其中有思想价值的"手稿",放在是否具有思想开端这一意义上来评估,从而确定出一个有实质意义的早期开始的年份。"早期"是哲学思想的早期,而不是纪事的早期,这可能是我们研究黑格尔不得不需要继续辩护的一个问题。

1800年作为一个标志性的年份是完全没问题的,因为这是黑格尔法兰克福时期的结束年份,1801年他就进入耶拿大学开始了真正的职业哲学研究的生活,而且1801年他出版了其有生之年五本专著的第一部专著《费希特和谢林哲学体系之差异》,显然1801年是一个新阶段的开端之年,因此,把从1801—1806

[①] 张慎主编:《西方哲学史(学术版)》(第六卷),南京:江苏人民出版社,2005年,第412页。

年的黑格尔,即《精神现象学》诞生之前的黑格尔称为"青年黑格尔",这确实是从乔治·卢卡奇(Georg Lukács)《青年黑格尔》出版后基本上都能认同的一个划分。但问题在于,黑格尔"青年时期"和"早期"各自的哲学性质和特征是什么?对此的解释分歧都非常大,所以要在这里稍做分析。

二、黑格尔"早期"与"青年时期"哲学的性质

把1800年之前的黑格尔哲学都说成是"实践哲学",这可能是一种过于笼统的模糊说法,是需要论证的。这一方面涉及黑格尔早期在康德道德神学影响下的神学论文的定性问题,它们是:①1793—1794年的《论民众宗教和基督教残篇》(Fragmente über Volksreligion und Christentum);②1795年或1796年的《基督宗教的实定性》(Die Positivität der christlichen Religion);③1797年或1798年的《宗教与爱的构想》(Entwürfe über Religion und Liebe);④1798—1800年的《基督教的精神及其命运》(Der Geist des Christentums und sein Schicksal)。我们知道,黑格尔晚年的宗教哲学被定性为"思辨神学",那么,他早年的哲学神学著作,能不能也称之为思辨神学?如果不能,在何种意义上还够不上"思辨",而仅仅是"实践"的?这就需要在与黑格尔晚年哲学观念的对照下,来为其这里所论证的基督教的生命、爱及其精神的哲学理解予以哲学性质上的认定,而不能笼统地规定其为实践哲学。虽然他此时确实深受康德道德神学或伦理学神学思想的影响,但这种神学的先验论证本身是否属于实践哲学,突破了哪些就变成了"思辨神学",这需要论证和阐明,否则就容易陷入独断论。这是我们研究黑格尔早期这些神学著作所必须面临的问题。

卢卡奇1938年完成、1948年才得以出版的《青年黑格尔》曾经产生很大的影响,尤其是对后来兴起的法兰克福学派批判理论的黑格尔阐释影响较大,他对黑格尔早期哲学性质的划分,虽然现在许多人不能同意,但至少可以让我们知道,在"实践哲

学"这一定性之外，还有其他定性的多种可能性。他以 1793 年黑格尔在伯尔尼当家庭教师为"早期"的开始之年，把其 1793—1796 年的"伯尔尼时期"定性为"共和主义时期"（der republikanischen Periode）①；这显然不是就其哲学内容而是就其早期的"政治态度"所做的定性。如果我们能考虑到黑格尔 1798 年还写过一篇《公民们的市政议员必须由选举产生——论符腾堡最近的内部关系》以及他对拿破仑法国政治制度的借鉴，这一定性并非不可接受，但最保险的做法还是像卢卡奇和赫尔曼·诺尔（Herman Nohl）那样不是以评价性用语，而是以描述性用语来说，这就是一个"神学的时期"（die theologische Periode），其政治态度可能是"共和主义"的，神学上的态度可能是"道德神学"的，这样就更妥当了，免去了许多不必要的辩护的自我要求和需要。诺尔以《黑格尔早期神学文集》为名出版了这些早期神学论文②，就只有正面的功劳而没有引起什么争议。这一时期有争议且需要争议的，还有其他三篇，它们不是"神学的"，也不是"实践哲学的"或"政治哲学的"，而是诗歌和美学的，我们接下来结合"法兰克福时期"加以讨论。

三、"法兰克福时期"一篇论文的哲学性质及其争论

黑格尔在伯尔尼当家庭教师时，无论在哲学上还是在政治上，他都深感郁闷和孤独。在哲学上，他远离耶拿这个学术中心，只能通过荷尔德林跟他通信报道费希特知识学的进展，他迫切地想了解费希特、谢林等同侪们野心勃勃地试图超越康德的新想法，虽然这时康德依然健在，大家都等待着康德早就预告要写的《伦理形而上学》（Metaphysik der Sitten）的出版；而在政治上，一个欢迎法国大革命、视拿破仑为"马背上的世界精神"的、具有共和主义倾向的年轻人却在一个厌恶法国大革命的贵族

---

① Georg Lukács, *Der junge Hegel und die Probleme der kapitalistischen Gesellschaft*, Zürich: Europa Verlag, 1948; 3. Auflage, Neuwied und Berlin: Hermann Lutherhand Verlag, 1967, S. 35.

② Herman Nohl, *Hegels Theologische Jugendschriften*, Tübingen: Mohr, 1907.

家庭当孩子的老师，其处境可想而知。因此，当荷尔德林在法兰克福伸出同窗友谊之手邀请黑格尔来法兰克福时，他便于1796年底就动身了。但黑格尔在图宾根上大学拿的是教会培养神职人员的助学金，因而他当家庭教师是需要得到符腾堡州教会当局批准的；他的批文直到1797年的1月10日才拿到手，然后到戈格尔（Gogel）家当老师。于是黑格尔的"法兰克福时期"准确的时间就是1797—1800年，这是毫无争议的。有争议的是，如果把黑格尔1800年前的早期哲学都说成是"实践哲学"，首先就与这篇"致荷尔德林"的诗歌《埃琉西斯》（*Eleusis. An Hölderin*）不合吧。如果我们可以说，这不过是一首诗歌，我们可以把它算作哲学之外的情趣，而不放入到哲学考虑，也是可以的，但接下来这篇《德国唯心论最早的体系纲领》（*Das älteste Systemprogramm des deutschen Idealismus*，1796年或1797年）就历来充满争议。黑格尔研究者把它归于黑格尔，谢林研究者把它归于谢林，荷尔德林研究者将其归于荷尔德林。实际上只要我们看看这篇文章的内容，就可以清楚地知道，这不可能是黑格尔的作品，因为这个"纲领"是要从"审美行动"建立一门"理性的神话学"，来克服近代以来的世界的二元分裂，这恰恰就是谢林此时的想法。德国古典哲学的一个重要研究者斯特芬·迪奇（Steffen Dietsch）的看法，我觉得是最为可取的："那篇文章可能是这种新的哲学思想（指'建立一门理性的神话学'——引者）奠基者们（黑格尔、谢林和荷尔德林）一次实际上的哲学讨论的见证。"[①]

如果我们同意把它算作黑格尔的早期著作，那么就更难以认同黑格尔1800年前的所有著作都是"实践哲学"这种定性了，因为这个《体系纲领》的主导词是柏拉图的"理念"："最终将所有一切统一起来的理念，是美的理念，取这个词以更高的柏拉图的意义。我现在相信，理性的最高行动是一种审美行动，这种

[①] 斯特芬·迪奇（Steffen Dietsch）：《跋：谢林同一性哲学的短暂辉煌》，载谢林《布鲁诺对话：论事物的神性原理和本性原理》，邓安庆译，北京：商务印书馆，2008年，第165页。关于这篇文章的作者之争，另见第174页的注释24。

行动是将一切理念包含在理性中的行动，因此，真与善只有在审美中才亲如姐妹。哲学必须像诗人拥有同样多的审美力量。"① 可见，这根本不可能被算作实践哲学。

实际上，1800年，黑格尔自己写了一篇《体系残篇》(Systemfragment von 1800)，要判定1800年前黑格尔哲学的性质，以这个《体系残篇》为文本依据是最为可靠的做法。因为恰恰在这篇文章中，黑格尔首先谈论哲学体系，且以生命的有机体形式来构想能克服一切对立的体系形式，这才是他未来哲学的真正起点："……绝对的对立是有效的。对立的一种形式是有生命的东西，是多样的；有生命的东西必须被视为是有机体性的；生命的多样性相互对立起来。这种多样性的一个部分（而这一部分本身也是一种无限的多样性，因为它是活的）单纯地以关系来考察，它的存在只有作为统一体才拥有；另一部分（也是一种无限的多样性）只有以对立来考察，它的存在则只有通过同那一部分的分离才拥有，如此一来，那一部分也就规定为它的存在只有通过同这一部分的分离才拥有。"②

只需引用这么多我们就可以看出，这个"体系"构想跟上述《体系纲领》完全就是两回事，而且根本上既不是从审美行动，也非从理性神话学，而是从生命的多样性讨论对立和分离，从生命的有机化看待对立和分离的统一。而且这一思路既是未来绝对同一性哲学的真实起点，而且也是他在"法兰克福时期"之所以能走出康德道德神学影响，从爱的原则、生命原则和精神原则③超越康德理性神学后从体系上构建新哲学的起点。

四、究竟是"民众宗教"还是"人民宗教"？

黑格尔早期神学著作中有一个重要概念"Volksreligion"，贺

---

① G. W. F. Hegel, *Werke 1 (Frühe Schriften)*, Frankfurt am Main: Suhrkamp Verlag, 1986, S. 235.

② G. W. F. Hegel, *Werke 1 (Frühe Schriften)*, Frankfurt am Main: Suhrkamp Verlag, 1986, S. 419.

③ Martin Gessmann, *Hegel*, Freiburg/Basel/Wien: Herder, 2004, S. 26–39.

麟先生最早把它翻译为"民众宗教",我认为是一个非常贴切的表达,但不知道从什么时候开始,有人把它翻译为"人民宗教"了,使得现在许多青年人的博士学位论文中都使用"人民宗教"这一概念。美国著名的黑格尔研究者特里·平卡德（Terry Pinkard）的《黑格尔传》中,就是翻译为"人民宗教",他的这段话如果不联系黑格尔原文来看,完全是误导性的:"对于黑格尔来说,实定宗教——作为类似于被他在早期成果中始终称作客观宗教的实定宗教——代表任何宗教及其相关学说,它的规范力量取决于与宗教学说相关被确立为人民宗教。"① 我只需引用一段话就足以证明这里把"实定宗教"等同于"客观宗教",从而在规范力量上归属于"民众宗教"简直是把黑格尔这几个概念的含义完全弄错了。

"每一个应该是民众宗教（Volksreligion）的宗教,必定是这种性质的,即它能让心（Herz）和幻想（Phantasie）得到满足。即使最纯粹的理性宗教,也将体现在人们的灵魂里,特别是民众的灵魂里。"② 这是讲"民众宗教"也具有"主观宗教"的性质,而不是"客观宗教",更不是"实定宗教"。"主观宗教"强调宗教主要是每个人自己内心的事,自己信仰的事,情感的事情,它区别于"迷信",是因为它有道德的动因,出于实践理性的需要,满足于内心的"情志"（Gemüt）,借助于所信仰的对象寻求至善实现的先天条件。但它又区别于单纯的"私人宗教"（Privatreligion）,后者主要是管个人的教化,按照各个人的性格给予私人教养,例如,教导他如何处理义务之间的冲突,德性的特别促进手段,个人遭遇不幸时给予安慰和抚慰,等等。民众宗教虽然也是个体的宗教,但不是一个集合概念"人民"的宗教,它是一个个民众心灵的、情感的信仰,它像美妙的自然纤维将民众的心灵符合自然地织成一条高贵的纽带,不借助于外在的权

---

① 〔美〕特里·平卡德:《黑格尔传》,朱进东、朱天幸译,北京:商务印书馆,2015年,第64页。

② G. W. F. Hegel, *Werke 1*（*Frühe Schriften*）, Frankfurt am Main: Suhrkamp Verlag, 1986, S. 37.

威，而只借助于内心的情感，强烈地对自己的心灵和幻想产生影响，给整个灵魂灌输力量、激情和精神，但它本质上不是私人的，而是"公共的"（öffentlich），因此，是"民众的宗教"，不是"私人的宗教"。它对民众的教化，不是靠外部机构，不是靠国家教会，而是依据"客观的教义"，它的教义必须建立在普遍理性基础上，它有公共的礼仪（Zeremonien），就这些方面而言，"民众宗教在这里可理解为客观宗教"①。不过，它无论如何不能与"实定宗教"联系在一起，"实定宗教"的"实定性"来自民族、国家、教会的外在权威，而"民众宗教"的权威性（Autorität）基于一种神圣的启示，同时必须得到人的普遍实践理性的批准，以至于每个人只要注意到它就感觉得到它的义务。真正宗教的权威与实定性的权威根本就是对立的，黑格尔说："宗教的本质却是存在于与某种实定性不同的地方，我们可以在宗教的和实定的这两种宗派类型之外设定一个第三类教派，这一教派虽然一方面接受关于上帝意志和义务所取得的信仰和知识的实定原则，认其为神圣的，并使之成为信仰基础，但这种信仰中本质性的东西，不是其中所明令规定的某种现存实定的教条和诫命化的习俗礼法，而是德行之命令。"②

因此，上述平卡德的引文不仅是将"Volksreligion"译为"人民宗教"译错了，而且平卡德从与"实定法"的类比来谈宗教的实定性，以此讨论"民众宗教"与"客观宗教"和"实定宗教"的关系，全都说错了。如果不是翻译的错误，就有可能是平卡德根本理解错了？我在这里无意于研究平卡德的黑格尔解释，只是鉴于包括我自己的博士研究生在内的研究者在涉及黑格尔早期神学时，都不加说明地流行使用"人民宗教"，我在这里必须指出，这根本不是黑格尔所想指称的含义。

由于黑格尔哲学的每一次复兴都是基于对黑格尔早期文献的

---

① G. W. F. Hegel, *Werke 1* (*Frühe Schriften*), Frankfurt am Main: Suhrkamp Verlag, 1986, S. 33.

② G. W. F. Hegel, *Werke 1* (*Frühe Schriften*), Frankfurt am Main: Suhrkamp Verlag, 1986, S. 112.

发现和重新解读，从罗森克朗茨在黑格尔家中获得新发现的手稿而让他的第一本《黑格尔生平》①备受学界重视开始，后来无论是狄尔泰的《青年黑格尔史》还是卢卡奇的《青年黑格尔和资本主义社会的问题》，甚至后来西普（Siep）②和阿克塞尔·霍耐特（Axel Honneth）对黑格尔早期著作的"承认理论"解读，都重新点燃了一种新的黑格尔思想的光辉。我们今天的黑格尔早期解读，依然是20世纪60年代之后"实践哲学"复兴和法哲学中的"自然法"理论复兴的继续或深化，虽然大家依据的理论背景不同，但所有这些理论都依赖于重新解读早期文本，就此而言，我相信，王兴赛博士更多地依据曼弗雷德·里德尔（Manfred Riedel）思想资源的对早期黑格尔著作所作的"实践哲学"研究是十分有价值的，其中也阐发了不少新见，但更多的意义，可能是激发起像我这样的读者参与讨论的热情以及对新的理论范式突破的期待，因为毕竟里德尔主编的《黑格尔法哲学研究资料》③是1975年之后出版的，已经属于非常遥远的时代了，黑格尔哲学的"现实性"要求我们必须时刻保持在对现代"时代精神"的诊断与批判上，将人类追求真理、自由与正义的精神推向一个更高的有未来的文明。这不仅是"我们"，更是像王兴赛这一代青年黑格尔研究者必须承担的历史使命。

---

① Rosenkranz, *Hegels Leben*, Berlin: Duncker und Humblot, 1844.
② Ludwig Siep, *Anerkennung als Prinzip der Praktischen Philosophie*, Freiburg: Alber, 1979. 这是最早从"承认原则"解读黑格尔实践哲学的著作，是霍耐特等人的"承认理论"的源头。
③ *Materialien zu Hegels Rechtsphilosophie*, Band 1, herausgegeben von Manfred Riedel, Frankfurt am Main: Suhrkamp Verlag, 1975.

引言　黑格尔早期作品中的实践哲学思想

众所周知，在西方哲学中，亚里士多德最先把人的活动划分为理论活动、实践活动和制作活动，并进一步把相应学科划分为理论之学、实践之学和制作之学。① 亚里士多德对这些活动最经典的区分是从活动本身与目的之间的关系来处理，比如理论和实践（πρᾶξις/praxis）都是目的在自身的活动，而制作的目的则在其产品，而非活动本身。② 在亚里士多德那里，πρᾶξις具有多重含义，按照相关研究，理论—实践—制作三分法中的实践和制作都是"与理论对立的、指向外的行动（Handlung）"，而实践则是其中的伦理行动（Sittliches Handeln），这种行动不产生可分离的物质产品。③ πρᾶξις的拉丁文拼法为"praxis"，在德文中往往翻译为"Handeln"或"Handlung"④，有时则用"Praxis"，在英文中则往往翻译为"action"，有时则用"practice"，在汉语中翻译为"实践"居多，有时也翻译为"行动"或"行为"。理论和实践的区别在于，前者通过沉思来探求普遍性的知识，而后者则是通过行动来实现伦理和政治等领域的善。由此，理论知识与实践知识就是"两种性质不同的知识，两种不同类别的知识"⑤。亚里士多德所创立的实践哲学范式在中世纪和近代早期仍具主导地位。根据相关研究，近代对这种实践哲学传统的批判和超越经过霍布斯、沃尔夫和康德等人，最终在黑格尔那里完成。批判传统实践哲学的第一步由霍布斯迈出，他要求实践哲学的几何学化，即"实践哲学的任务在于，如同认识

---

① 亚里士多德：《形而上学》，苗力田译，北京：中国人民大学出版社，2003年，第119—121页。

② 亚里士多德：《尼各马科伦理学》，苗力田译，载《亚里士多德全集》第8卷，北京：中国人民大学出版社，2016年，第3—4页。

③ Vgl. *Historisches Wörterbuch der Philosophie*, Band 7, hrsg. von J. Ritter und K. Gründer, 1989, Basel: Schwabe Verlag, S. 1284, 1289.

④ Vgl. *Historisches Wörterbuch der Philosophie*, Band 3, hrsg. von J. Ritter und K. Gründer, Basel: Schwabe Verlag, 1974, S. 991; Aristoteles, *Nikomachische Ethik*, übersetzt und kommentiert von F. Dirlmeier, 1983, Berlin: Akademie Verlag, S. 1.

⑤ 黄颂杰：《思辨与实践：解读西方哲学的重要进路》，载《实践哲学评论》第2辑，广州：中山大学出版社，2015年，第227页。

图形的大小比例般,以同样的精确性认识人类行为的诸种关系"①,由此,实践哲学在性质和方法上与理论哲学一致,实践知识与理论知识就不再是性质不同的两类知识。第二步由沃尔夫迈出,他把实践哲学体系划分为理论的部分和经验的部分,前者被称为"普遍实践哲学"(philosophia practica universalis)。② 第三步由康德迈出,他由纯粹意志和自由法则演绎形成实践哲学,康德把实践的东西区分为"按照自然概念的实践"(das Praktische nach Naturbegriffen)和"按照自由概念的实践"(das Praktische nach dem Freiheitsbegriffe)。③ 这样一来,康德就"将道德实践跟生产性的技艺活动脱钩,进一步强化了亚里士多德实践的非生产性,从而使伦理和政治领域的问题仍然局限在规范性问题上"④,即把"政治学、家政学和伦理学作为明智和幸福的理论"⑤ 排除在实践哲学之外。最后一步由黑格尔完成,即产生了真正的思辨的实践哲学,一种客观精神学说。⑥

关于黑格尔的实践哲学,一般认为它就是指黑格尔的客观精神学说,尤其是其法哲学,因此很多对黑格尔实践哲学的研究大都集中在《法哲学原理》这个文本以及相关讲座中。⑦ 但如果从发生史角度来看,黑格尔的实践哲学思想远比《法哲学原理》这个文本丰富得多,尤其值得研究的是黑格尔在耶拿时期的实践哲学。⑧

曼弗雷德·里德尔把黑格尔处理实践哲学的过程分为三个阶段:1801—1804 年;1805—1807 年;1816/1817—1830 年。⑨ 在第一个阶段,

---

① 〔德〕曼弗雷德·里德尔:《在传统与革命之间》,朱学平、黄钰洲译,北京:商务印书馆,2020 年,第 10 页。

② 〔德〕曼弗雷德·里德尔:《在传统与革命之间》,朱学平、黄钰洲译,北京:商务印书馆,2020 年,第 11 页。

③ 〔德〕康德:《判断力批判》,邓晓芒译,杨祖陶校,北京:人民出版社,2002 年,第 5—6 页;Kant, I., *Kritik der Urteilskraft*, Frankfurt am Main: Suhrkamp Taschenbuch Verlag, 1974, S. 78.

④ 徐长福:《走向实践智慧》,北京:社会科学文献出版社,2008 年,第 108 页。

⑤ 〔德〕曼弗雷德·里德尔:《在传统与革命之间》,朱学平、黄钰洲译,北京:商务印书馆,2020 年,第 12 页。

⑥ 〔德〕曼弗雷德·里德尔:《在传统与革命之间》,朱学平、黄钰洲译,北京:商务印书馆,2020 年,第 15 页。

⑦ 比如 Elisabeth Weisser-Lohmann, *Rechtsphilosophie als praktische Philosophie*, München: Wilhelm Fink Verlag, 2011.

⑧ 比较经典的如 Ludwig Siep, *Anerkennung als Prinzip der praktischen Philosophie*, Hamburg: Felix Meiner, 2014。其他如 Herbert Schnädelbach, *Hegels praktische Philosophie*, Frankfurt am Main: Suhrkamp Verlag, 2000, 该书就是从耶拿时期的《论自然法的科学探讨方式》这个文本开始。

⑨ 〔德〕曼弗雷德·里德尔:《在传统与革命之间》,朱学平、黄钰洲译,北京:商务印书馆,2020 年,第 15 页。

黑格尔的实践哲学体系草案接受亚里士多德关于劳动（Arbeit）和行动（Handeln）的关系的理论，以实践优先，反对像亚当·斯密（Adam Smith）那样"颠倒实践（Praxis）与制造（Poiesis）的传统关系"，但也给予劳动以及相应的政治经济学的地位。① 在第二阶段，黑格尔强调劳动作为人对自然的改造和主体的对象化（vergegenständlichen）或外化（Entäußerung）、教化（Bildung）是精神的核心环节，这颠倒了亚里士多德关于劳动与行动的理论，"主奴辩证法亦可视为劳动和行动的辩证法（Dialektik von Arbeit und Handeln）"，现代个体性也由此得到了承认。② 在第三阶段，黑格尔按照"劳动和行动相统一的模式"来解释客观精神，"道德的意志"概念作为它的出发点，通过自我规定在家庭、市民社会和国家等定在领域实现出来。人类世界在这些领域之中的行动是精神的主题，客观精神学说由此"包含了那些在它产生出来的世界中既有其基础也有其目的之人的行动"。③

尽管黑格尔的实践哲学建构是从其耶拿时期正式开始的，但很明显，黑格尔在耶拿之前几个时期所做的实践哲学研究对这种建构（尤其是前两个阶段）具有重要影响。里德尔指出，黑格尔之所以最终超越了实践哲学传统，主要在于三个条件：①康德的意志自律思想；②把现代国民经济学纳入实践哲学；③概念的历史性辩证运动。④ 这三个条件正是黑格尔在1785—1800年这段时间内慢慢达到的。所以可以说，没有耶拿之前这些时期对实践哲学多种主题以及体系建构的探讨，黑格尔就不可能发展出后来的实践哲学体系和最终的客观精神学说。在这个意义上，把黑格尔耶拿之前的早期思想看成是一种实践哲学是恰当的，而对这种实践哲学思想的探究正构成本书的研究内容。

本书对黑格尔早期思想的研究范围限定在1785—1800年，即黑格尔耶拿之前的四个时期：斯图加特时期（1700—1788年）、图宾根时期

---

① 〔德〕曼弗雷德·里德尔：《在传统与革命之间》，朱学平、黄钰洲译，北京：商务印书馆，2020年，第19—22页；Manfred Riedel, *Studien zu Hegels Rechtsphilosophie*, Frankfurt am Main: Suhrkamp Verlag, 1969, S. 22 – 26。

② 〔德〕曼弗雷德·里德尔：《在传统与革命之间》，朱学平、黄钰洲译，北京：商务印书馆，2020年，第26—28页；Manfred Riedel, *Studien zu Hegels Rechtsphilosophie*, Frankfurt am Main: Suhrkamp Verlag, 1969, S. 27 – 32。

③ 〔德〕曼弗雷德·里德尔：《在传统与革命之间》，朱学平、黄钰洲译，北京：商务印书馆，2020年，第37—38页；Manfred Riedel, *Studien zu Hegels Rechtsphilosophie*, Frankfurt am Main: Suhrkamp Verlag, 1969, S. 37 – 40。

④ 〔德〕曼弗雷德·里德尔：《在传统与革命之间》，朱学平、黄钰洲译，北京：商务印书馆，2020年，第13页。

(1788—1793年)、伯尔尼时期(1793—1796年)和法兰克福时期(1797—1800年)。之所以从1785年开始,主要因为黑格尔的早期手稿大多是从1785年开始的,如黑格尔的日记和摘录等。关于"黑格尔早期"和"青年黑格尔"的时间范围划定,学界看法并不完全统一。根据张慎的研究,狄尔泰和诺尔把"黑格尔早期"限定在1770—1800年,这主要基于以下原因:1800年之前,黑格尔的大部分作品属于实践哲学,而1800年之后,黑格尔才真正开始理论哲学创作和研究;而卢卡奇在《青年黑格尔》中则把青年黑格尔的阶段延续到1806年,原因在于:从哲学体系角度来看,1806年的《精神现象学》代表黑格尔哲学体系的形成,因此只有1806年才是区分青年黑格尔与成年黑格尔的恰当时间点。张慎认同狄尔泰和诺尔的划分,即"按照黑格尔著作的内容和黑格尔本人的职业意向来划分他的成长阶段"。① 本书基本上也是采取这种主张,把研究范围限定在1785—1800年这段时间。

从总体上来说,国内外学界对黑格尔早期(1785—1800年)思想的研究可粗略地分为三种进路:思辨体系进路、宗教—神学进路和实践哲学进路。其中尤以前两种进路为多,前者如《体系之路》(*Der Weg zum System*)这部文集的书名所示,主要探讨黑格尔思辨体系在其青年作品中的产生和发展。自诺尔编辑出版《黑格尔早期神学著作》(1907年)以来,从思辨体系进路进行研究的国外文献非常多,此处不再赘述。国内学者的文献如宋祖良的《青年黑格尔的哲学思想》,是国内系统论述青年黑格尔哲学思想的第一本专著,其中也有一章专门论述黑格尔早期的政治作品。再如张慎的《黑格尔建立体系的过程》,主要探讨"青年黑格尔在1797年至1802年期间从宗教批判、实践哲学出发,向建立思辨哲学体系的过渡。"② 青年学者陈士聪于2020年出版的《黑格尔早期辩证法思想》研究了黑格尔早期辩证法"从神秘直观到概念思辨、从宗教神学到理性哲学的跃迁"历程。③

采取宗教—神学进路的研究文献也很多,一方面黑格尔早期作品确实以宗教著作为多,另一方面也受到诺尔将这些手稿命名为"神学"著作的影响。这方面的代表作如《黑格尔早期神学著作》出版之前狄尔泰的

---

① 参见张慎:《欧洲对黑格尔早期思想的研究》,载《世界哲学年鉴》,上海:上海人民出版社,1986年,第101—102页。
② 黑格尔:《黑格尔手稿两章》,张慎译,"译后记",《德国哲学》(第9辑),第245—246页;参见 Zhang Shen, *Hegels Übergang zum System*. Bonn: Bouvier Verlag, 1991。
③ 陈士聪:《黑格尔早期辩证法思想》,北京:人民出版社,2020年。

《青年黑格尔史》（1905年），这也是第一部专门研究黑格尔早期思想的著作。① 它影响了一代的新黑格尔主义者。狄尔泰这部著作的主要特点是强调青年黑格尔的神学研究，强调青年黑格尔在法兰克福时期坚持神秘的泛神论思想。采取这条径路的其他文献如汉斯·昆（Hans Küng）的《神之人化》、雷蒙德·威廉森（Raymond Keith Williamson）的《黑格尔宗教哲学导论》、彼得·霍奇森（Peter C. Hodgson）的《黑格尔与基督教神学》等。

接下来我们主要就实践哲学进路方面的研究文献作一简要分析。需要指出的是，即使在实践哲学进路方面，我们还可以把相关研究进一步细分为历史哲学、精神哲学、伦理学、经济哲学和政治哲学等。

在历史哲学方面，比如让·伊波利特（Jean Hyppolite）的《黑格尔历史哲学导论》，它把黑格尔从图宾根时期到法兰克福时期的思想概括为历史哲学，将其看作黑格尔成熟历史哲学的先声。②

在精神哲学方面，如朱学平的《古典与现代的冲突与融合：青年黑格尔思想的形成与演进》，它把黑格尔早期思想看作精神哲学的预备和发展过程，它从这个角度探讨青年黑格尔与希腊主义、基督教、康德、费希特和谢林哲学之间的内在关联。③

在伦理学方面，如赖贤宗的《实践与诠释——费希特、黑格尔与诠释学论康德伦理学》，它指出青年黑格尔思想的两个基本问题：①实践的动力的问题；②伦理精神的辩证及哲学体系的辩证。这两个基本问题是发源于康德哲学的下列两个基本问题：①《实践理性批判》的实践的动力的问题；②《判断力批判》中自由与自然的统一的问题。④ 德语世界这方面的研究成果也有不少，比如英特劳德·格兰（Ingtraud Görland）的《青年黑格尔的康德批判》与托马斯·鲍迈斯特（Thomas Baumeister）的《黑格尔早期对康德伦理学的批判》。⑤

---

① Wilhelm Dilthey, *Gesammelte Schriften*, Band 4, Stuttgart: B. G. Terbner. 1990.
② Hyppolite J., *Introduction to Hegel's Philosophy of History*, trans. by Bond Harris and Jacqeline Bouchard Spurlock, Tallahassee: University Press of Florida, 1996.
③ 朱学平：《古典与现代的冲突与融合：青年黑格尔思想的形成与演进》，长沙：湖南教育出版社，2010年。
④ 参见赖贤宗《实践与诠释——费希特、黑格尔与诠释学论康德伦理学》，北京：人民出版社，2017年，第22页。
⑤ Ingtraud Görland, *Die Kantkritik des jungen Hegel*, Frankfurt am Main: Vittorio Klostermann, 1966; Thomas Baumeister, *Hegels frühe Kritik an Kants Ethik*, Heidelberg: Carl Winter Universitätsverlag, 1976.

在经济哲学方面，最具代表性的文献应是卢卡奇的《青年黑格尔》。①此书完成于1938年，首次出版于1948年。该书研究从伯尔尼时期到《精神现象学》这段时间内黑格尔的思想发展史，正如其副标题所示，此书主要从辩证法与经济学的关系角度来讨论青年黑格尔思想的发生史。因此卢卡奇是从马克思或马克思主义的观点出发，展开对青年黑格尔的研究的。他强调，伯尔尼时期为黑格尔的共和主义时期，在法兰克福时期，黑格尔出现了社会观的危机，他的辩证方法正是从这场危机中产生出来的。但卢卡奇过度强调了经济背景和政治经济学研究对黑格尔哲学思想和实践哲学的影响。除此之外，法国学者保罗·尚莱（Paul Chamley）着重从斯图亚特经济学对青年黑格尔的影响出发，所做的讨论也非常重要，这体现在他的著作《斯图亚特和黑格尔的政治经济学和哲学》（*Économie politique et Philosophie chez Steuart et Hegel*, Paris, 1963）以及在《黑格尔研究》上发表的文章《黑格尔经济思想的源头》，在后面这篇文章中，作者全面分析了黑格尔从1792—1800年这段时间的经济学研究和思想，他强调，黑格尔在图宾根时期曾受到洛克的影响，在伯尔尼时期，黑格尔集中在政治范围内，"真正的劳动"是政治活动；黑格尔在法兰克福时期的作品和之前的著作大相径庭，这与黑格尔经济思想的转变有紧密联系，而这种转变与黑格尔在法兰克福初期所受到的斯图亚特（Steuart）的影响有关。②伯纳德·库伦（Bernard Cullen）的《黑格尔的社会与政治思想导论》对黑格尔早期经济学思想的阐发明显受到了尚莱上述作品的影响。③

在经济哲学方面，国内学者也早已有研究，比如汝信在1978年发表了《青年黑格尔关于劳动和异化的思想》，虽然这篇文章主要讨论的是黑格尔耶拿时期《伦理体系》和《实在哲学》中的劳动和异化思想，但他强调黑格尔的劳动和异化思想是黑格尔于伯尔尼时期和法兰克福时期研究经济学问题时形成的。④其后，汝信还发表了文章《论青年黑格尔的异化理论的形成和发展》，追溯了青年黑格尔异化理论的形成和发展：黑格尔关于异化的思想萌芽于图宾根时期和伯尔尼时期，经过法兰克福时期的继

---

① Lukács G., *Der junge Hegel. Über die Beziehungen von Dialektik und Ökonomie*, Neuwied/Berlin: Hermann Luchterhand, 1967.

② Paul Chamley: "Les Origines de la pensée économique de Hegel", in *Hegel-Studien*. Bd. 3, 1965, S. 259–261.

③ Bernard Cullen, *Hegel's Social and Political Thought: An Introduction*, Dublin: Gill and Macmillan Ltd, 1979, pp. 16ff.

④ 原文载《哲学研究》，1978年第8期。

续探索，最后形成于耶拿时期。①

在政治哲学方面，首先需要提及的是弗朗茨·罗森茨威格（Franz Rosenzweig）的《黑格尔与国家》，它可谓第一部专门研究青年黑格尔国家观的经典之作。② 本书的第一卷出版于 1920 年，它处理的范围是 1770—1806 年。它按照时间顺序一一叙述了黑格尔的国家观的内容和变化。作者尤其在第五章分析了两份政治作品：《卡特密信》的翻译和《符腾堡参议员必须由公民选举》。20 世纪 50—70 年代德语世界与英语世界出现了研究黑格尔政治哲学的高潮，虽然主要以黑格尔后期法哲学为主，但有时也涉及早期政治哲学。如约阿希姆·利特尔（Joachim Ritter）在 1957 年出版的《黑格尔和法国革命》，③ 它追溯了黑格尔在图宾根时期对法国革命最初的热情，也研究了黑格尔在伯尔尼时期对雅各宾派恐怖主义的反感。从黑格尔一生的思想来看黑格尔早期与法国革命的关系，更能让我们认识到黑格尔早期政治哲学的重要性。再如，研究黑格尔法哲学的专家里德尔在 1969 年出版了《黑格尔法哲学研究》，虽然它主要探究《法哲学》中黑格尔关于"自然法""政治经济学""市民社会"等问题的论述以及相关的思想史背景，但有些地方也提到了黑格尔早期相关的思想，如青年黑格尔对政治经济学的接受等。④ 迪特尔·亨利希（Dieter Henrich）1971 年出版的《语境中的黑格尔》第一章（"黑格尔与荷尔德林"）和第二章（"黑格尔体系的历史前提"）讨论了荷尔德林、卢梭、康德、康德主义和圣经批判等对青年黑格尔的重要影响。⑤ 对于研究黑格尔早期政治哲学来说，《语境中的黑格尔》这本著作以及亨利希随后出版的一些关于德国观念论发生史的研究作品都是非常重要的文献。奥托·珀格勒（Otto Pöggeler）对青年黑格尔的研究也非常有影响力，如他写作的《黑格尔的早期著作和精神现象学的理念》⑥ 与随后编辑的《黑格尔》论文集等。

这一时期英语世界关于黑格尔政治哲学的争论热潮则体现在以下方面。首先，1964 年诺克斯（T. M. Knox）翻译出版了《黑格尔政治著作选》，佩尔岑斯基（Z. A. Pelczynski）写有长篇导论，其中对黑格尔政治哲

---

① 原文载中国社会科学院哲学研究所编《论康德黑格尔哲学》，上海：上海人民出版社，1981 年；参见汝信《论黑格尔哲学》，北京：中国社会科学出版社，2014 年，第 57—90 页。
② Rosenzweig F., *Hegel und der Staat*, Band 1., Darmstadt: Scientia Verlag Aalen, 1962.
③ Ritter J., *Hegel und die französische Revolution*, Köln und Opladen: Westdeutscher, 1957.
④ Riedel M., *Studien zu Hegels Rechtsphilosophie*, Frankfurt am Main: Suhrkamp Verlag, 1969.
⑤ Henrich D., *Hegel im Kontext*, Frankfurt am Main: Suhrkamp, 1971.
⑥ 参见张慎主编《西方哲学史（学术版）》（第六卷），南京：江苏人民出版社，2005 年，第 429 页。

学思想从早期到晚期的发展变化有一个很好的概述。① 其次，沃尔特·考夫曼（Walter Kaufmann）和佩尔岑斯基各自主编出版了以"黑格尔政治哲学"命名的两本论文集，第一本论文集出现在 1970 年，第二本论文集出现在 1971 年。②

稍后，著名的马克思和黑格尔研究专家梭罗莫·阿维奈瑞（Shlomo Avineri）在 1972 年出版了《黑格尔的现代国家理论》，作者利用当时已经出版的黑格尔书信、笔记、演讲、摘录和手稿等材料简明清晰地论述了黑格尔从 1788 年高中毕业到 1831 年去世这段时间内政治哲学思想的发展和变化。③ 作者在前两章处理的是黑格尔早期（1788—1800 年）政治哲学思想。阿维纳瑞的写作手法值得注意，他在第一章没有谈《黑格尔早期神学著作》，而是通过分析黑格尔早期的政治、经济、历史方面的手稿片段等指出黑格尔早期的问题意识所在：对国家理念的追寻。用黑格尔后来的语言来说，就是市民社会与国家的问题。确定了这一点之后，作者才开始在第二章返回来讨论《黑格尔早期神学著作》。作者重点讨论的其实是其中的《基督教的实定性》，因此把"自由"与"实定性"看作黑格尔早期宗教著作的核心范畴，同时也强调黑格尔"对一种整体性的社会伦理的追求"。④ 阿维纳瑞这部著作第二章的最大不足在于，它对于法兰克福时期最重要的文本《基督教的精神与命运》缺少详细分析，这继而导致作者对黑格尔早期政治哲学思想从伯尔尼时期到法兰克福时期的转变论述得不够充分。另外，作者关于黑格尔早期对古典共和主义的态度的论述也值得商榷。

关于国内对黑格尔早期政治哲学的研究，汝信在 1978 年发表了论文《青年黑格尔的社会政治思想》，他利用当时国外已经发表的一些材料，对青年黑格尔的政治哲学作了简要的梳理，也对黑格尔早期政治哲学思想的变化提出了一些新的观点，其中有些在现在看来仍不乏新意。⑤ 薛华在 20

---

① Hegel, *Hegel's Political Writings*, trans. by T. M. Knox, with an introductory essay by Z. A. Pelczynski, Oxford：Oxford University Press.

② Hegel, *Hegel's Political Philosophy*, ed. by W. Kaufmann, New York：Atherton Press, 1970；*Hegel's Political Philosophy：problems and perspectives*, ed. by Pelczynski Z. A., Cambridge：Cambridge University Press, 1971.

③ Avineri S., *Hegel's Theory of the Modern State*, Cambridge：Cambridge University Press, 1972.

④ Avineri S., *Hegel's Theory of the Modern State*, Cambridge：Cambridge University Press, 1972, p. 31.

⑤ 原文载《外国哲学史研究集刊》第一辑，上海：上海人民出版社，1978 年；参见汝信《论黑格尔哲学》，北京：中国社会科学出版社，2014 年，第 1—56 页。

世纪80年代初编译出版的《黑格尔政治著作选》无疑为国内学者研究黑格尔早期的政治思想提供了文本条件。在"译者序"中，薛华对黑格尔早期政论作品的写作背景作了详细的交代，对我们理解黑格尔早期的政治哲学有很大帮助。薛华还出版了《青年黑格尔对基督教的批判：论基督教的"实定性"》，他主要讨论《基督教的实定性》这个文本，对相关的政治思想与具体内容也作了比较详细的分析，作者最后还提到了青年黑格尔与青年马克思思想之间的相似性。[①] 黄金城在《有机的现代性：青年黑格尔与审美现代性话语》中以"有机体"概念为契机，详细探讨了"青年黑格尔与审美现代性话语"之间的复杂而重要的关联，非常有意思，这项研究在某种程度上也可归为对黑格尔政治哲学思想的探讨。[②]

值得注意的是，历史哲学、精神哲学、伦理学、经济哲学和政治哲学等角度体现了对黑格尔早期思想所给予的不同的研究视角或侧重点，但这些角度之间并非截然分离的，更多时候是存在很多重合的。有的学者在一部著作中是兼采多个角度来阐述的。在某种意义上，实践哲学可以涵括这些角度，由此能更全面和准确地把握黑格尔早期的思想。除此之外，本书之所以采用"实践哲学"这一名称来指称黑格尔早期思想，更多是出于思想内容和问题意识上的考虑。在思想内容方面，从理论哲学与实践哲学的划分来看，黑格尔早期的大部分宗教著作其实并不属于理论哲学中的自然神学，而属于实践哲学。除了宗教类著作外，黑格尔早期还有一些关于政治、历史和经济方面的手稿，而关于理论哲学（即逻辑学和形而上学）的手稿则少之又少。[③] 因此几乎可以没有争议地认为，黑格尔早期思想主要表现为实践哲学思想。

在问题意识方面，正如珀格勒在《黑格尔法兰克福时期的实践哲学》中所说："正是在法兰克福时期，黑格尔着手构造一种实践哲学并详细研究他所处的时代的政治……黑格尔在法兰克福构想一种实践哲学纲要，并作为政治作家从事研究……黑格尔在耶拿的第一年阐述一种实践哲学……

[①] 薛华：《青年黑格尔对基督教的批判——论基督教的"实定性"》，北京：中国社会科学出版社，1980年；后收入薛华《黑格尔、哈贝马斯与自由意识》，北京：中国法制出版社，2008年，第1—67页。

[②] 黄金城：《有机的现代性：青年黑格尔与审美现代性话语》，上海：上海人民出版社，2019年。

[③] 关于实践哲学在黑格尔早期各个阶段作品中的整体反映，可参见张慎主编《西方哲学史（学术版）》（第六卷），南京：江苏人民出版社，2005年，第五篇第二章（"早期思想：批判和改造宗教、注重实践哲学"），第431—459页。

这个耶拿方案是在法兰克福时期的作品中做好准备并以之为基础的。"①也就是说,黑格尔早在法兰克福时期就在构建一种不同于亚里士多德和康德等人的实践哲学的思想体系,虽然在这方面的很多文本丢失了,但保留下来的残篇仍显示出黑格尔早期构建实践哲学体系的诸多努力。对黑格尔耶拿时期之前的实践思想的研究,有助于我们将它和其从耶拿时期开始的实践哲学体系构建和发展贯通起来,使我们对黑格尔整个的实践哲学发展过程有更全面的把握。

正如前面所述,黑格尔之所以最终超越了实践哲学传统,主要在于黑格尔在1785—1800年逐渐达到的如下三个条件:①康德的意志自律思想;②把现代国民经济学纳入实践哲学;③概念的历史性辩证运动。本书认为,可以把这三个条件归结为贯穿黑格尔早期思想的两条主线,即自由与实践。而黑格尔几乎从一开始就有意识地对自由和实践这两个概念进行历史性和精神性的理解。可以说,黑格尔早期思想中交叉着古代自由与现代自由、传统实践与现代实践之间的复杂关系。一方面,黑格尔早期所关心的主要问题是实践问题,即在启蒙思想影响下反对专制,包括政治专制、宗教专制和思想专制等,希望在德国实现自由。与众不同之处在于,黑格尔早期所理解的自由既包括古代人的自由(即古代实践哲学中的政治和道德行动自由),也包括现代人的自由,即启蒙思想家为反对专制而提出的各种自由理论,尤其是康德的实践哲学。黑格尔早期明显以古代人的自由为理想,同时希望在康德实践哲学的基础上复兴这种理想。另一方面,与此类似,黑格尔早期所理解的实践(行动)既指亚里士多德的实践优先理论,也指康德的作为自由的实践概念。由此,黑格尔早期重视政治行动和伦理行动,对劳动及作为其产品的财产以及相应的政治经济学则更多持贬低态度。但现代社会劳动和财产的巨大威力使黑格尔不得不一再重新思考实践/行动与劳动之间的关系,也正是这一点决定了黑格尔从耶拿时期开始的实践哲学建构方案的调整。同时除了思想发生史上的意义外,黑格尔早期的实践哲学思想还具有独立性,它从历史性和精神性方面对政治和实践问题的讨论对我们思考当下中国所面临的问题仍具有重要启发。

当然,上述对青年黑格尔研究文献的划分是概括性的,因为有些研究作品同时采取这些研究进路,如一些传记性质的研究文献和全面性的研究文献。前者如卡尔·罗森克朗茨(Karl Rosenkranz)的《黑格尔传》、特

---

① Otto Pöggeler: "Hegels praktische Philosophie in Frankfurt", in *Hegel-Studien*, Bd. 9, 1974, S. 75.

里·平卡德的《黑格尔传》、雅克·董特（Jacques d'Hondt）的《黑格尔传》等；后者如特奥多尔·赫林（Theodor Haering）的《黑格尔：他的意愿和他的著作》、哈里斯（H. S. Harris）的《黑格尔的发展：朝向阳光》、查尔斯·泰勒（Charles Taylor）的《黑格尔》和考夫曼的《黑格尔：一种新解说》等。①

从文献史角度来说，最先对青年黑格尔早期思想进行介绍和论述的当属黑格尔的学生罗森克朗茨。他在其《黑格尔传》的第一部分中叙述了黑格尔的教育、学习、交往、工作和著述等情况。在最后"文献"方面也曾辑录了黑格尔青年时期的部分日记、书信、游记、摘录和神学、历史研究片段等。在实践哲学方面，他叙述了黑格尔在青年时期对政治和历史的兴趣、对法国革命的反应、某些激进的政治倾向。最重要的是，罗森克朗茨叙述和保存了青年黑格尔在政治哲学、政治经济学、历史方面的一些手稿。② 当然其缺点在于，他有时把黑格尔早期某些手稿的时间弄错了，有时则没有认识到某些手稿对黑格尔思想发展的重要意义，而最后把手稿弄丢了。其次，鲁道夫·海谋（Rudolf Haym）在其《黑格尔与他的时代》中用三讲的篇幅分别阐述了黑格尔青年时期的教育、神学体系和向哲学体系的过渡等。在其中，他曾根据罗森克朗茨保存的材料，对黑格尔早期的政治哲学作过一些研究。其中一些现在已经丢失的黑格尔早期政治哲学片段只能靠海谋著作中的论述和引用加以补充，如黑格尔1798年写的《符腾堡参议员必须由公民选举》。③ 值得注意的是，海谋和罗森克朗茨对黑格尔早期思想的解释差别较大。

同时，随着20世纪60年代《黑格尔研究》（Hegel Studien）、《黑格尔研究附卷》（Hegel Studien Beiheft）和《黑格尔全集》历史考订版的编辑出版，关于青年黑格尔的著作，在文献学和版本学方面也取得了很大突破。比如吉塞拉·秀勒（Gisela Schüler）通过"字母研究法"对黑格尔早期手稿进行了重新编年排序，为准确研究黑格尔思想发生史提供了方便。④《黑格尔全集》历史考订版第一卷（"早期著作集Ⅰ"）于1989年出版，辑录黑格尔在斯图加特时期、图宾根时期和伯尔尼时期的大部分文献。第三卷（"早期摘录"）于1991年出版，辑录了黑格尔在1785—1796年所作

---

① 关于这些著作的具体信息，参见本书最后"参考文献"部分。
② Rosenkranz, *Hegels Leben*, Berlin: Duncker und Humblot, 1844.
③ Haym R., *Hegel und seine Zeit*, Berlin: Rudolph Gaertner, 1857.
④ Schüler G., "Zur Chronologie von Hegels Jugendschriften", in *Hegel-Studien* Bd. 2, 1963.

的读书摘录。载有法兰克福时期大部分手稿的第二卷（"早期著作集Ⅱ"）直到2014年才出版，此卷不再根据字母形式分析笔迹的方法来确定手稿的写作时间，而是采用水印分析法（Wasserzeichenanalyse）对这时期的手稿进行了重新编排，这为进一步准确研究黑格尔早期思想发展史提供了可靠的文本。

本书以黑格尔早期实践哲学思想发生史（1785—1800年）为研究对象。在具体展开过程中，本书试图采取文本解读与思想史相结合的研究方法，即希望在原始文本与思想语境、历史语境中把握黑格尔早期实践哲学的产生和发展历程。在文本解读方面，本书以贺麟等学者翻译的《黑格尔早期著作集》（上卷）和薛华编译的《黑格尔政治著作选》为基础，参照《黑格尔全集》历史考订版第一卷至第三卷、《黑格尔全集》理论著作版第一卷与《黑格尔早期神学著作》英译本等。在引用时，本书原则上不对现有中译文作改动，但有两个例外。其一，当中译本译者的不同可能导致对同一个德文术语有几种不同的翻译时，为了统一译名起见，笔者有时会对引文稍作改动，并在第一次改动时注明原因，后面则不再赘述。其二，根据德文原文，汉译明显有错误的，笔者会作出改动，并在注释中说明原因。同时，在黑格尔早期手稿的编年顺序和文本排列上，本书最终以《黑格尔全集》历史考订版第一卷至第三卷为准。尤其值得注意的是，《黑格尔全集》历史考订版第二卷是2014年才出版的，与第一卷的出版隔了25年之久。在对黑格尔伯尔尼晚期和法兰克福时期诸手稿的编排和编年史方面，第二卷与其他版本差别比较大。笔者希望在书中能体现这些文本编排和编年史方面的变化。

本书第一章概括性分析黑格尔早期思想语境，即黑格尔在斯图加特时期（1785—1788年）、图宾根时期（1788—1793年）、伯尔尼时期（1793—1796年）与法兰克福时期（1797—1800年）等几个阶段的思想语境，并就黑格尔早期与启蒙的关联进行分析。第二至五章从具体主题上展开对黑格尔早期以自由和实践为关键概念的实践哲学思想的研究：自由与实定性的辩证、政治自由与人民宗教、私有财产和劳动的现代命运、两种自由基础上的国家观变迁等。最后，本书将在黑格尔实践哲学体系建构的视域中概括分析黑格尔早期实践哲学思想的特点和重要性，也将从黑格尔早期实践哲学思想的现实意义出发来看其独立价值。

第一章　黑格尔早期思想发展的语境

根据秀勒制作的年表，黑格尔的早期手稿分为下列四个时期：斯图加特时期（到 1788 年秋）、图宾根时期（1788 年秋到 1793 年 9 月）、伯尔尼时期（1793 年 10 月到 1796 年秋）和法兰克福时期（1797 年初到 1800 年末）。[①] 其中，黑格尔斯图加特时期和图宾根时期属于他出生并在斯图加特中学、图宾根神学院接受教育的时期，这两个时期的教育为黑格尔以后的理论哲学和实践哲学奠定了重要的基础。伯尔尼时期和法兰克福时期属于黑格尔当家庭教师的时期，他在实践哲学方面有了很多研究和探索。第一节主要分析黑格尔在这几个时期对实践哲学的兴趣、学习、研究、时代和思想背景等。第二节则主要围绕黑格尔早期与启蒙的关系进行讨论。

第一节　黑格尔早期的思想语境

一、黑格尔斯图加特时期的思想语境

黑格尔 1770 年出生于当时符腾堡（Württemberg）公国的斯图加特（Stuttgart），并于 1776—1788 年入读斯图加特人文中学，这段时期史称黑格尔的斯图加特时期。在启蒙思想与新古典主义的影响下，黑格尔接受了良好的古典教育与现代教育。黑格尔从小就表现出对实践哲学的兴趣，并在历史、政治和宗教等方面作了大量有益的阅读与研究。正是斯图加特时期的良好教育与实践哲学研究为黑格尔后来的思想奠定了基础。基于这段时期的源头性质，它已经越来越引起学界的重视，德语学界为此专门出版了《青年黑格尔在斯图加特》，其中收入了黑格尔在 1785—1788 年这段时

[①] Vgl. Schüler, G., "Zur Chronologie von Hegels Jugendschriften", in *Hegel-Studien* Bd. 2, 1963, S. 127—133。

期所保留下来的日记、作文与部分相关书信。① 德语学界稍后又在《黑格尔全集》历史考订版第三卷中发表了黑格尔在这段时期所保留下来的所有摘录。② 这些日记、摘录和作文构成了研究黑格尔斯图加特时期政治哲学思想的基本材料。英语学界的哈里斯在其大著《黑格尔的发展：朝向阳光（1770—1801）》中专门细致分析了这些日记、摘录和作文。③

18世纪七八十年代的德意志属于日耳曼神圣罗马帝国，之前的30年战争（1618—1648）已使它分裂为300多个专制的"小国"，黑格尔此时所生活的施瓦本就是其中的一个。这种分裂严重阻碍着当时德意志政治、经济和社会的发展。与当时的英国和法国相比，德意志在政治上尚未成为一个统一的民族国家，狭隘的地方主义和专制主义盛行。施瓦本同样如此："愚蠢的专制主义在这里达到了难以复加的程度。统治这里的公爵集合了传统专制的所有缺点：在这个形式上为路德教派的国家里，却是毫无限制的独裁、炫耀、奢华和厚颜无耻的放荡。"④ 在经济上，德意志同样落后，国内分裂导致的关税壁垒使得资本主义的发展举步维艰。正是德意志当时在政治、经济上的窘境，使得黑格尔一生关注政治，渴望实现德意志的自由和统一。

与腐朽的政治状况和糟糕的经济状况相比，德意志的思想在启蒙运动、狂飙运动和新人文古典主义影响下取得了突破性进展。莱辛（1729—1781年）在这段时期达到了思想的高峰，相继发表了《反葛茨》和《智者纳丹》，而尤以《智者纳丹》影响最大，贯穿其中的是启蒙运动所宣扬的博爱、宽容思想。赫尔德（1744—1803年）则在这段时期完成了《论语言的起源》和《民歌集》等，并从1784年开始写作《关于人类历史哲学的思想》，这些著作都充满了历史哲学和民族气息；歌德（1749—1832年）创作了《少年维特之烦恼》《伊菲格涅亚》《哀格蒙特》等——其中后两本已经开始具有强烈的古典主义气息，标志着歌德从狂飙突进精神向古典主义的转向。席勒（1759—1805年）发表了《强盗》《阴谋与爱情》

---

① Hegel, *Der Junge Hegel in Stuttgart*. Hrsg. von Friedhelm Nicolin, Marbach：Deutschen Literaturarchiv, 1970. 这些文本之前已经收入 Hegel, *Gesammelt Werke*. Band 1. Hrsg. von Friedhelm Nicolin und Gisela Schüler. Hamburg：Felix Meiner Verlag, 1989。下文简称 GW 1。

② Hegel, *Gesammelt Werke*. Band 3. Hrsg. von Friedhelm Nicolin. Hamburg：Felix Meiner Verlag, 1991. 下文简称 GW 3。

③ H. S. Harris, *Hegel's Development：Toward the Sunlight (1770—1801)*, Oxford：Oxford University Press, 1972.

④ 〔法〕雅克·董特：《黑格尔传》，李成季、邓刚译，上海：上海人民出版社，2015年，第38页。

《堂卡洛斯》等，这些作品充满了政治自由和反叛的气息，也充满了历史味道。与此同时，康德于1781年出版了《纯粹理性批判》，继而又出版了《未来形而上学导论》《道德形而上学奠基》和《实践理性批判》等，引发了理论哲学的"哥白尼革命"，同时也改变了人们对实践哲学与宗教问题的思考方式。值得注意的是，1783年，德国学界开展了一场关于"启蒙的本质和限度"的大争论，当时许多重要的知识分子都参与了"什么是启蒙"这个问题的讨论，其中有影响的人物包括康德、门德尔松、哈曼、雅各比、维兰德、巴尔特、赖因霍尔德等。在这场争论中，启蒙问题得到了透彻的审查。[1]

在这些背景下，斯图加特时期的黑格尔所受之教育，"在原则方面是完全属于启蒙运动的，在课程方面是完全属于古典古代的"[2]。就是说，黑格尔所接受的是属于延续了文艺复兴人文主义的启蒙教育。黑格尔一方面专注于古典语言学习，对索福克勒斯、亚里士多德、西塞罗、维吉尔等人的作品有极大兴趣，另一方面则密切关注启蒙问题。黑格尔从苏格拉底临终献祭中看到了哲人在启蒙问题上的审慎，苏格拉底"当时或许还在想风俗如此，因而以此来作为祭品，免得激怒那帮乌合之众"[3]。在董特看来："黑格尔正是用启蒙精神（l'esprit de l'Aufklärung）来解释苏格拉底的临终建议……在这个年轻的中学生看来，哲学家的智慧要迎合尚未得到启蒙的民族的宗教偏见。"[4] 黑格尔在1786年4月6日从杜什（Dusch）的《审美教育书简》（*Briefe zur Bildung des Geschmacks*）中也摘录了有关苏格拉底的临终献祭的一段话，这段话把苏格拉底的行为看成一种反讽。[5]

与纯粹理论相比，斯图加特时期的黑格尔日渐热衷于实践问题，在历史、政治和宗教方面作了大量阅读和思考。对实践——尤其是政治——问题的强烈关注和兴趣是黑格尔早期思想最鲜明的特征。按当时流行的沃尔夫关于理论哲学和实践哲学的划分，黑格尔早期的绝大部分著作属于实践哲学范畴。在《哲学史讲演录》中，黑格尔曾对沃尔夫关于理论哲学和实践哲学的划分作了讲解，并承认这种划分在当时仍被认为是一种权威。简

---

[1] 参阅〔美〕施密特编《启蒙运动与现代性》，徐向东等译，上海：上海人民出版社，2005年，第1—2页。
[2] Rosenkranz, *Hegels Leben*. Berlin：Verlag von Duncker und Humblot, 1844. S. 10.
[3] 〔德〕黑格尔：《黑格尔早期著作集》（上卷），贺麟等译，北京：商务印书馆，1997年，第4页。以下将该文献简写为"《黑格尔早期著作集》（上卷）"。
[4] 参见〔法〕雅克·董特：《黑格尔传》，李成季、邓刚译，上海：上海人民出版社，2015年，第27页。
[5] Vgl. *GW* 3, S. 74.

而言之，哲学包括理论哲学（theoretische Philosophie）和实践哲学（die praktische Philosophie）两大部分。理论哲学由逻辑学（Logik）和形而上学（Metaphysik）组成。其中形而上学包括本体论（Ontologie）、宇宙论（Kosmologie）、理性心理学（rationelle Psychologie）和自然神学（natürliche Theologie）。实践哲学则包括自然法权（Naturrecht）、道德学（Moral）、国际法（Völkerrecht）或政治学（Politik）与经济学（Ökonomie）。① 而且黑格尔在斯图加特时期就已经很熟悉这种划分了。他在1787年从祖尔策（J. G. Sulzer）的《简明知识概念》（*Kurze Begriff aller Wissenschaften und ardern Theile der Gelehrsamkeit*）中作了两则摘录。第一则就是对类似于沃尔夫的哲学划分体系的各门类基本内容的简短摘录，被黑格尔命名为《哲学。一般概观》（Philosophie. Allgemeine Uebersicht）。② 第二则是对实践哲学中法学体系基本内容的摘录，被黑格尔命名为《法学。一般概观》（Rechtsgelehrsamkeit. Allgemeine Uebersicht）。③

二、黑格尔图宾根时期的思想语境

黑格尔于1788年10月入读图宾根神学院，通过两年的哲学学习，于1790年9月获得哲学硕士学位。接着继续在神学院攻读神学，并于1793年秋毕业。学界一般把1788年10月至1793年秋这段时期称为黑格尔的图宾根时期。

图宾根时期的黑格尔进一步接受启蒙运动、德国新古典主义的影响。在1788年至1793年，德国启蒙运动、狂飙运动、新古典主义进入一个新的阶段。图宾根时期的黑格尔大量阅读卢梭、莱辛、赫尔德、康德等人的著作以及古希腊、古罗马的古典著作。同时，法国革命的爆发也触动了黑格尔，促使他进一步在历史、政治等方面进行思考。卢梭对启蒙理性持批判态度，认为由启蒙理性所带来的科学与艺术并未促进社会整体的道德和幸福。他转而强调人的感觉、意志和情感在道德和宗教上的重要性。他的

---

① 参见〔德〕黑格尔《哲学史讲演录》（第四卷）（珍藏本），贺麟、王太庆译，北京：商务印书馆，2009年，第210—211页；Hegel, *Werke in 20 Bände*, Band 20 (Vorlesungen über die Geschichte der Philosophie Ⅲ), Frankfurt am Main: Suhrkamp, 1986. S. 260 – 261。

② 在《黑格尔全集》历史考订版第三卷中，这则摘录被标号为《摘录13》，见 *GW* 3, S. 115—120。

③ 在《黑格尔全集》历史考订版第三卷中，这则摘录被标号为《摘录14》，见 *GW* 3, S. 121—125。

政治哲学思想与法国革命也有直接的关联。黑格尔在图宾根时期对卢梭有浓厚的兴趣,并公开称之为"英雄"。① 从第三学期(即1789—1790年冬季学期)开始,黑格尔阅读了卢梭的《爱弥儿》《社会契约论》《忏悔录》等,它们使黑格尔认识到启蒙理智本身带给人的束缚性和规定性,认识到人的情感的重要性:"卢梭关于自然自发的自我表达观念是吸引着黑格尔的东西,而且现代社会的结构也可能以某种方式为其反映了他在现代思想和语言中所发现的不自然。"②

莱辛被认为是德国启蒙运动中最有代表性和最有影响的人物,虽然他一方面秉承启蒙理性的标准,但另一方面也肯定启示在人类教育和历史中的重要性。在他看来,宗教中道德的价值超过神学教条的价值,"一切教派所共有的自然宗教对他们说来是真正的宗教",因此他被认为是宗教宽容的辩护者。③ 黑格尔与荷尔德林都对莱辛充满兴趣,非常关注雅各比与门德尔松关于莱辛的斯宾诺莎主义的争论,并把莱辛的 $εν\ και\ παν$ ("一与全")看作一种理想。④ 黑格尔在图宾根时期和伯尔尼时期的文章中曾多次引用莱辛的《智者纳丹》。

赫尔德常被认为是德国民族主义和民族精神之父。他强调不同文化、宗教、民族的独特性、多样性和整体性。⑤ 同时他也反对启蒙式的进步历史观,而持一种相对主义历史观。正是在赫尔德那里,"民族的原始天赋第一次连同一种'历史意识'而得到了考虑"⑥。也是在赫尔德那里,集体社会实践问题第一次被提了出来,其中集体的主体概念则构成了青年黑格尔思想的出发点。⑦ 康德从1781年到1792年接连出版了三大批判和《单纯理性限度内的宗教》等著作,黑格尔在图宾根神学院修习了几门关

---

① H. S. Harris, *Hegel's Development: Toward the Sunlight (1770—1801)*, Oxford: Oxford University Press, 1972, p. 66.

② H. S. Harris, *Hegel's Development: Toward the Sunlight (1770—1801)*, Oxford: Oxford University Press, 1972, p. 85.

③ 〔美〕詹姆斯·利文斯顿:《现代基督教思想》(上),何光沪、高师宁译,南京:译林出版社,2014年,第64页。

④ H. S. Harris, *Hegel's Development: Toward the Sunlight (1770—1801)*, Oxford: Oxford University Press, 1972, pp. 97 - 100.

⑤ H. S. Harris, *Hegel's Development: Toward the Sunlight (1770—1801)*, Oxford: Oxford University Press, 1972, pp. 160 - 161.

⑥ Jean Hyppolite, *Introduction to Hegel's philosophy of history*, trans. Bond Harris and Jacqueline Spurlock, Gainesville: University Press of Florida, p. 12.

⑦ 〔匈〕卢卡奇:《青年黑格尔》,王玖兴译,北京:商务印书馆,1963年,第36页;Lukács G., *Der junge Hegel*, Neuwied/Berlin: Hermann Luchterhand Verlag, 1967, S. 41。

于康德纯粹哲学的课程,图宾根神学院的弗莱特(J. F. Flatt)在其开设的"逻辑学与形而上学""经验心理学和康德的《纯粹理性批判》""本体论与宇宙论"等课程中都重点讲授了康德哲学。① 但他此时感兴趣的不是康德的理论哲学,而是其实践哲学(或道德哲学),重点阅读了康德的《实践理性批判》(1788年)和《单纯理性限度内的宗教》(1793年)。②

值得一提的是,由温克尔曼(Winckelmann)的古希腊研究所引发的德国新古典主义运动使得古希腊文化成为热潮,莱辛、赫尔德、歌德、席勒等都对古希腊怀有极大兴趣。受此影响,黑格尔在中学和图宾根神学院时期对古希腊文化情有独钟,这反映在他学习古典语言和阅读古典著作时作的一系列笔记、文摘和翻译中。比如,黑格尔在1788年曾翻译亚里士多德的《伦理学》,1788年夏曾翻译索福克勒斯的《俄狄甫斯在科罗诺斯》,并写作了《关于希腊人和罗马人的宗教》和《谈古代作家[与现代作家]的一些典型区别》。在后面一篇文章中,黑格尔指出,古希腊作品的突出特点是质朴性和自然性;在教育方面,古希腊人强调个人的体验和自发性。在图宾根神学院时期,黑格尔曾翻译了索福克勒斯的《安提戈涅》和柏拉图的《对话录》等。可以说,图宾根时期的黑格尔与荷尔德林都受到当时希腊主义思潮的重大影响:"正是从对希腊文化的研究中,黑格尔与荷尔德林得到了他们的理想社会的模型,在那里每个个体都完全地、自由地表达他的人性,并带有自然自发性。"③ 因此,在他们心目中,古希腊堪称宗教、政治、艺术、教育等方面的原型。一个实现了普遍自由、平等和兄弟之情的世界也被他们称为"神的国的降临"。④ "神的国的降临"以及"无形教会",一方面意味着"理性和自由"是他们献身的目标,另一方面也表明,在他们的理想社会中,宗教起关键作用。⑤

法国于1789年爆发了法国大革命,形式发展迅猛,其自由、平等的口

---

① Cf. H. S. Harris, *Hegel's Development: Toward the Sunlight (1770—1801)*, Oxford: Oxford University Press, 1972, pp. 73, 78 – 79.

② H. S. Harris, *Hegel's Development: Toward the Sunlight (1770—1801)*, Oxford: Oxford University Press, 1972, p. 68;[匈]卢卡奇:《青年黑格尔》,王玖兴译,北京:商务印书馆,1963年,第33—34页;Lukács G., *Der junge Hegel*, Neuwied/Berlin: Hermann Luchterhand Verlag, 1967, S. 38—39。

③ H. S. Harris, *Hegel's Development: Toward the Sunlight (1770—1801)*, Oxford: Oxford University Press, 1972, p. 104.

④ Cf. H. S. Harris, *Hegel's Development: Toward the Sunlight (1770—1801)*, Oxford: Oxford University Press, 1972, pp. 104 – 105。

⑤ H. S. Harris, *Hegel's Development: Toward the Sunlight (1770—1801)*, Oxford: Oxford University Press, 1972, p. 106.

号和理念让黑格尔以及神学院的很多学生振奋不已，他们私下里阅读法国进步思想家的著作、杂志和报纸，参加政治俱乐部，宣传自由、平等、友谊等理念，甚至唱《马赛曲》、栽种"自由树"等。① 符腾堡的欧根公爵（Duke Karl Eugen）对图宾根神学院的高压控制以及法国革命的迅速发展使得黑格尔与荷尔德林等对神学院非常厌恶，并希望能尽快逃脱神学院，寻求新的出路。荷尔德林和黑格尔周围的律师朋友——如施多德林（G. F. Stäudlin）和丹尼尔·舒巴特（Daniel Schubart），黑格尔和荷尔德林在1789年左右都认识他们，并有交往，他们都是当时在斯图加特宣传自由和启蒙思想的开明人士②——刺激他们产生改学法学的念头。但迫于家庭的压力，黑格尔与荷尔德林最后仍然留在神学院攻读神学。但可以推断，与当时的律师的交往肯定对黑格尔的政治和实践哲学思想产生了影响。比如哈里斯认为："无论如何，施多德林这个典范与将来想成为……人民教育家（Volkserzieher），比与要从事诗人职业的关系更紧密一些。"③

就图宾根神学院而言，一方面，在管理上比较严格，在学术上持正统神学观，而且欧根公爵的改革也使神学院在管理和教学方面更趋保守和反动；另一方面，神学院一些教师和管理人员［如施努尔（Schnurrer），神学院的领导］对进步思想持宽容态度，对学生也不是那么严苛。只是由于个别原因，使黑格尔与校方领导和管理人员之间有所冲突。④ 根据学者的研究，在图宾根时期，在历史（尤其是教会史）和政治方面对黑格尔产生了重要影响的是勒斯勒尔（C. F. Rösler）教授，他主要研究早期教会史和中世纪教会史，曾编辑翻译了早期教父著作集（10卷本，1776—1786年），但他仍主要是"一位启蒙人道主义者，而非正统路德派信徒"⑤。正因为他"处于正统派与异端之间"，所以对于"已经深受启蒙思潮影响"

---

① H. S. Harris, *Hegel's Development: Toward the Sunlight (1770—1801)*, Oxford: Oxford University Press, 1972, p. 63.

② Cf. H. S. Harris, *Hegel's Development: Toward the Sunlight (1770—1801)*, Oxford: Oxford University Press, 1972, pp. 58 – 59.

③ H. S. Harris, *Hegel's Development: Toward the Sunlight (1770—1801)*, Oxford: Oxford University Press, 1972, p. 59.

④ Cf. H. S. Harris, *Hegel's Development: Toward the Sunlight (1770—1801)*, Oxford: Oxford University Press, 1972, pp. 65 – 67, 69 – 71.

⑤ H. S. Harris, *Hegel's Development: Toward the Sunlight (1770—1801)*, Oxford: Oxford University Press, 1972, pp. 79 – 80.

的黑格尔来说,勒斯勒尔不会不受欢迎。① 勒斯勒尔曾开设了通史课程,加之"他对德国和现代欧洲的政治史和制度史也有深厚兴趣",因此可以推测他对青年黑格尔的历史与政治思想都产生了有益的影响。

三、黑格尔伯尔尼时期的思想语境

黑格尔经吕太(Rütte)的推荐和帮助于1793年10月到伯尔尼一位上尉弗里德里希·冯·施泰格尔(Friedrich von Steiger)家中做家庭教师,②一直做到1796年秋。从1795年11月荷尔德林给黑格尔的信中,我们可以看出,黑格尔已经计划换工作了,如到法兰克福谋求职位,或到图宾根神学院谋求助教职位。根据谢林1796年6月20日给黑格尔的信,黑格尔当时有几个求职计划,到法兰克福或魏玛工作,或到耶拿大学做助教。根据这封信我们也可得知,黑格尔当时郁郁寡欢,精神萎靡不振,或是想急于摆脱在伯尔尼的工作。这段时期被称为黑格尔的"伯尔尼时期",可算是黑格尔早期实践哲学发展的第一个阶段。从黑格尔与荷尔德林、谢林等人的来往书信,我们可以大致勾勒出黑格尔在这段时期的生活、工作、研究等情况。通过黑格尔1795年7月9日写给施泰格尔的书信,我们可以一窥黑格尔在施泰格尔家中的日常事务。作为家庭教师,他所做的其实是一种仆人的事情,主要负责孩子的教育问题,同时也会涉及一些琐碎事务。③ 但由于施泰格尔是一名上尉和贵族成员,这也为黑格尔近距离观察伯尔尼的贵族政治体制提供了绝佳条件。在1795年4月16日写给谢林的信中,黑格尔就提到自己因密切注意当时伯尔尼的参议会补选活动而耽误了回信。黑格尔在这封信的开头就向谢林描述了他的观察所得:"参议会(der conseil souverain)要补选在这十年期间出缺的九十来个成员。我无法给您形容,这事情搞得多么无聊,而姑表兄妹为反对此间所形成的各种打算合并而玩弄的宫廷阴谋是怎样全部落空。父亲任命他的儿子或者带来了大批妆奁的女婿。人们想要知道一种贵族宪制是什么,那么在举行补选的

---

① Rosenkranz, *Hegels Leben*. Berlin: Verlag von Duncker und Humblot, 1844, S. 26, 转引自 H. S. Harris, *Hegel's Development: Toward the Sunlight (1770—1801)*, Oxford: Oxford University Press, 1972, p. 80, n. 2.

② 参见苗力田译编《黑格尔通信百封》,上海:上海人民出版社,1981年,第186—187页; *Briefe von und an Hegel*, Band 1. Hrsg., Hoffmeister J. Hamburg: Felix Meiner, 1952, S. 4–6.

③ 苗力田译编:《黑格尔通信百封》,上海:上海人民出版社,1981年,第188页; *Briefe von und an Hegel*, Band 1. Hrsg., Hoffmeister J. Hamburg: Felix Meiner, 1952, S. 26.

复活节之前,只好在这里过这样一个冬天。"① 这段话明确表明了黑格尔对现实政治的兴趣。黑格尔随后把这些评论放到他于1798年在法兰克福匿名出版的译著评释中,即《关于瓦特邦(贝德福)和伯尔尼城先前国法关系的密信:对伯尔尼议会前寡头制的透彻揭露》(以下简称《卡特密信》)②。与之相关,黑格尔在1795年和1796年曾作了三篇《关于伯尔尼政治体系的摘录》。③

除了这些政治翻译和研究外,黑格尔在伯尔尼也有部分政治"活动",如黑格尔在1794年圣诞夜写给谢林的书信中曾提到,他在几天前会见了曾在《密涅瓦》(*Minerva*)上发表关于法国革命书信的作者奥尔斯那(Oelsner)。《密涅瓦》是一份以历史和政治为内容的年刊,前二十辑由阿尔辛娄茨(J. W. v. Archenhloz)编,首次出版于1792年。④ 黑格尔在图宾根神学院时就曾与其他学生一起争相阅读过。有人回忆道:"最活跃的社交活动中,一个主要话题是[法国]革命……神学院内部形成了一个政治俱乐部。人们阅读各种法国报纸。"⑤ 奥尔斯那在《密涅瓦》第1辑上发表了《来自巴黎的历史书简:关于法国事件》,署名 C. E. O。对于法国革命,他作了犀利的剖析,给人印象深刻。⑥ 黑格尔与奥尔斯那的会面是私密性的,但也不是纯粹偶然的。⑦ 这也表明黑格尔极其关注法国局势的发展。在同一封信中,黑格尔对罗伯斯庇尔的恐怖政策作了评论,认为这种恐怖政策危害甚大。⑧ 这表明黑格尔远非雅各宾派,这也使他一生都反对类似的暴力恐怖策略。

---

① *Briefe von und an Hegel*, Band 1. Hrsg., Hoffmeister J. Hamburg: Felix Meiner, 1952, S. 23;苗力田译编:《黑格尔通信百封》,上海:上海人民出版社,1981年,第42页,译文稍有改动,苗力田将"Verfassung"译为"宪法",笔者为了整本书译名前后一致,改为"宪制"。

② 关于这封信与这本译著之间的关系,以及这本译著的相关信息,参见 *Briefe von und an Hegel*, Band 1. Hrsg., Hoffmeister J. Hamburg: Felix Meiner, 1952, S. 437, Anm. 1;同时参见〔德〕黑格尔《黑格尔政治著作选》,薛华译,北京:中国法制出版社,2008年,"译者序",第6页,"正文"第1页。

③ 关于这组摘录的具体内容,参见 *GW* 3, S. 221–233。

④ *Briefe von und an Hegel*, Band 1. Hrsg., Hoffmeister J. Hamburg: Felix Meiner, 1952, S. 434, Anm. 4.

⑤ *Briefe von und an Hegel*, Band 1. Hrsg., Hoffmeister J. Hamburg: Felix Meiner, 1952, S. 434, Anm. 7.

⑥ *Briefe von und an Hegel*, Band 1. Hrsg., Hoffmeister J. Hamburg: Felix Meiner, 1952, S. 434, Anm. 5.

⑦ 具体分析参见〔法〕雅克·董特《黑格尔传》,李成季、邓刚译,上海:上海人民出版社,2015年,第94页。

⑧ 苗力田译编:《黑格尔通信百封》,上海:上海人民出版社,1981年,第31页;*Briefe von und an Hegel*, Band 1. Hrsg., Hoffmeister J. Hamburg: Felix Meiner, 1952, S. 12。

除了上述政治性翻译、摘录和"活动"外，黑格尔这一时期的主要研究工作仍旧是人民宗教的重建和对基督教的批判，主要表现在以《基督教与人民宗教》《耶稣传》与《基督教的实定性》等知名的几组片段中——诺尔在其编辑的《黑格尔早期神学著作》中把黑格尔伯尔尼时期的作品归为三组，即《人民宗教与基督教》（《图宾根残篇》除外）、《耶稣传》和《基督教的实定性》，《黑格尔全集》历史考订版第 1 卷则把这些文本放在以下几组中：《研究（1792/1793—1794 年）》《研究（1795 年）》《耶稣传（1795 年）》和《研究（1795—1796 年）》。

在某种程度上，这些作品被看作对康德哲学的实践性应用。这种态度也反映在黑格尔与谢林和荷尔德林的通信中。如在 1794 年圣诞节给谢林的信中，黑格尔在谈到康德的宗教哲学时说："除了施托尔反对康德的宗教学说之外，我现在还没有听说别的矛盾，将来总会碰到很多矛盾的。康德的宗教学说，目前虽然还没有发生多大影响，但日丽中天，将来总会为人之所共见。"① 在 1795 年 1 月底给谢林的信中，黑格尔又称他的康德研究"为的是学习把他的那些重要结论应用于现时流行的观念，或者依照他的那些结论来对这些观念进行加工"②。这基本上反映了黑格尔此时对康德哲学的态度，他要以康德宗教哲学为手段来批判以施托尔为代表的图宾根神学院的神学，并批判基督教的实定性。在 1795 年 4 月 16 日给谢林的信中，黑格尔进一步指出："从康德体系及其最高的完成（Vollendung）中，我期待着在德意志大地上出现一个革命，这个革命要从下列原则出发，它们是现成的，并且还有必要通过合作被应用于迄今为止的全部知识上。"③ 黑格尔对康德哲学的革命性希望，体现了黑格尔要将康德哲学原则应用于实践的希望。此时黑格尔正准备写作《耶稣传》，这个文本开头注明的时间是"den 9 May 95."（即 1795 年 5 月 9 日），文末注明的日期是"den 24 Jul. 95."（即 1795 年 7 月 24 日），这说明，《耶稣传》写作于这段时间。④ 黑格尔尤其注重的是康德实践哲学中的实践理性、实践理性悬设（尤其是上帝的观念）、人的自由、尊严等问题。在 1795 年 1 月 26

---

① 苗力田译编：《黑格尔通信百封》，上海：上海人民出版社，1981 年，第 31 页；*Briefe von und an Hegel*, Band 1. Hrsg., Hoffmeister J. Hamburg: Felix Meiner, 1952, S. 12。

② 苗力田译编：《黑格尔通信百封》，上海：上海人民出版社，1981 年，第 36 页；*Briefe von und an Hegel*, Band 1. Hrsg., Hoffmeister J. Hamburg: Felix Meiner, 1952, S. 16。

③ *Briefe von und an Hegel*, Band 1. Hrsg., Hoffmeister J. Hamburg: Felix Meiner, 1952, S. 23 - 24；苗力田译编：《黑格尔通信百封》，上海：上海人民出版社，1981 年，第 43 页，译文有改动。

④ *GW* 1, S. 207, 278。

日致黑格尔的书信中，荷尔德林称赞了黑格尔的宗教研究工作："你在宗教概念上所做的工作，不论从哪方面看确定无疑都是好的并且很重要；你对天意的概念的处理方式完全可以和康德［在《判断力批判》中］的目的论（Teleologie）相平行。"①

四、黑格尔法兰克福时期的思想语境

在伯尔尼后期和法兰克福初期（1796—1797 年），黑格尔写作了一系列手稿，即所谓的《德意志观念论最早体系纲要》和在《黑格尔全集》历史考订版第二卷中被归入《伯尔尼时期写作，法兰克福时期修改》名下的一系列文本。在这些手稿中，黑格尔的思想在理论哲学前提方面发生了变化，黑格尔的实践哲学也相应发生了变化。

正如上面所述，在伯尔尼前期和中期，黑格尔在理论哲学方面主要坚持的是康德的主体性哲学，这落后于当时德意志哲学的发展。当时黑格尔的任务主要是把康德的自律伦理学应用到对基督教的批判中。这表现在《耶稣传》和《基督教的实定性》前两篇等一系列文本中。但在荷尔德林、谢林的影响下，黑格尔在伯尔尼后期其实已经慢慢转向统一哲学，由此逐渐跟上当时德意志观念论的发展。

首先值得关注的是之前和当时德国学界对康德哲学的批判和发展。众所周知，赖因霍尔德（K. L. Reinhold）1789 年发表的《基础哲学》（Elementarphilosophie）引发了批判哲学内部的争论。费希特在 1792 年发表的《评〈埃奈西德穆〉》中对《基础哲学》作了批评。席勒 1793 年也发表了批评康德美学的论文《论优雅和尊严》，他批评康德没有把审美判断与道德情感真正统一起来。② 费希特在 1794 年发表了《论知识学的概念》，稍后写作了《全部知识学的基础》第一部分，并于 1795 年在耶拿大学进行讲授，谢林在 1795 年 1 月 6 日给黑格尔的信中提到了这一点。③ 荷尔德林当时在耶拿也听了费希特的讲课，黑格尔在 1795 年 1 月底给谢林的信中

---

① *Briefe von und an Hegel*, Band 1. Hrsg., Hoffmeister J. Hamburg: Felix Meiner, 1952, S. 20；苗力田译编：《黑格尔通信百封》，上海：上海人民出版社，1981 年，第 10 页，译文有改动；参考〔德〕荷尔德林《荷尔德林文集》，戴晖译，北京：商务印书馆，1999 年，第 368 页。两位中译者都将这段话中的"Teleologie"误译为"神学"。

② 参见刘皓明《荷尔德林后期诗歌》（评注 卷上），上海：华东师范大学出版社，2009 年，"导论"，第 61—63 页。

③ 参见苗力田译编《黑格尔通信百封》，上海：上海人民出版社，1981 年，第 35 页。

提到了这一点。① 在这部著作中，费希特要求建立一种"知识学"。它的第一原理是自我或自我意识，它有三条规定，即"自我设定自己""自我设定非我与自己对立"以及"自我在自我之中对设一个可分割的非我以与可分割的自我相对立"。其中的核心是第一条规定："我是我"或"我设定我"。这种设定本身就是一种行动，由此"我等于行动"。这样一来，一方面，"意识只能通过对立来理解"；另一方面，这种对立状态的统一基础"只能在自我意识中找到，因为自我意识涵括了所有对立"②。通过第三个规定引申出了理论知识的基础和实践知识的基础：自我用非我来限制自己，它设定了自我的被动性——此为理论知识的基础；自我克服非我对它的限制，改造非我，改造世界——此为实践知识的基础。③ 简言之，费希特要求把康德哲学中的先验观念主义原则贯彻到底，彻底抛弃康德的"物自体"概念。自我意识与自由意志相统一，道德成为一种知识类型（即实践知识）。知识（即狭义的科学认识）也是一种实践活动。哲学就是这种"知识学"。这也是一种主观观念论、实践哲学或行动哲学。

虽然在1795年1月底给谢林的信中，黑格尔也提到对赖因霍尔德《人的表象能力新理论的研究》一书的学习，但他坦诚收获不多。这反映出他尚未认识到批判哲学内部的重要争论及其将引起的革命性影响。对此谢林嗅觉更为敏锐，他说："你认为，赖因霍尔德把哲学引归其最后原理的尝试，并没有把由康德纯粹理性批判所带来的革命推向前进，绝非无的放矢。不过，这种尝试仍是科学所必经的一个阶段。我不知道，人们是否会把，我们现在很快，据我看来确有把握地，就要站到最高点上一事归功于赖因霍尔德。我寄望于哲学的这最后一步……"④ 这就是说，谢林比黑格尔更早更快地把握住了德国哲学的发展方向。这一方面源自谢林的哲学天赋，另一方面也得益于他当时与费希特的交往。

在1795年1月6日给黑格尔的回信中，谢林曾报道了费希特1794年5月途经图宾根神学院时的讲话："为了深入康德的奥秘，人们须有苏格

---

① 参见苗力田译编《黑格尔通信百封》，上海：上海人民出版社，1981年，第38页。
② 刘皓明：《荷尔德林后期诗歌》（评注 卷上），上海：华东师范大学出版社，2009年，"导论"，第67—68页。
③ 参考杨祖陶《德国古典哲学逻辑进程》，武汉：武汉大学出版社，2003年，第156—157页。
④ 苗力田译编：《黑格尔通信百封》，上海：上海人民出版社，1981年，第39—40页；Briefe von und an Hegel, Band 1. Hrsg., Hoffmeister J. Hamburg: Felix Meiner, 1952, S. 21。

拉底的精灵。"① 根据费希特在 1794 年 5 月 2 日写给他太太的信可知，费希特在 1794 年 5 月从苏黎世去耶拿时，途经图宾根，并在那里结识了席勒，但谢林则没有被提及。② 作为对费希特的《论知识学的概念》的回应，谢林在 1794 年秋发表了《论一般哲学形式的概念》。在 1795 年 1 月 6 日给黑格尔的回信中，谢林也提及自己收到了费希特的《全部知识学的基础》第一部分。在这本书的激励下，谢林写作了《论自我作为哲学原则，或论人类知识中的无条件者》（下文简称《论自我作为哲学原则》），并于 1795 年春天予以发表。在 1795 年 2 月 4 日给黑格尔的信中，谢林对此也作了概述。因此可以说，谢林是紧跟着费希特的最新哲学理论前进的。

正因为如此，在 1795 年 1 月 6 日给黑格尔的信中，谢林就强调康德哲学的不足，并表示要超越康德哲学。在谢林看来，康德哲学的不足表现在以下几个方面。其一，康德的实践理性的悬设容易遭到神学家们的严重误用："一切可能的神学教条，都被贴上实践理性公设的标签，并且没完没了地做着上帝存在的理论—历史证明。"③ 而且康德通过道德目的论所证明的仍然是正统的上帝观念，即"人格的、个体的东西"，而这种观念在哲学中已经过时了，哲学中的上帝绝非一个人格的东西。④ 其二，在康德那里，理论理性与实践理性之间没有实现统一。为此，谢林宣称他要构建一种伦理学："伦理学应该是全部哲学的最高原则，在这里理论理性和实践理性达到了统一。"⑤ 谢林这里所说的就是他的《论自我作为哲学的原则》。⑥ 其三，上述不足在本质上源于康德哲学的根本缺陷，即缺少真正的最高原则（前提、出发点）："哲学还没有完结，康德虽然做出了结论，但是还没有前提。而谁能理解没有前提的结论呢？"⑦

---

① 苗力田译编：《黑格尔通信百封》，上海：上海人民出版社，1981 年，第 34 页；*Briefe von und an Hegel*, Band 1. Hrsg., Hoffmeister J. Hamburg: Felix Meiner, 1952, S. 14。

② Vgl. *Briefe von und an Hegel*, Band 1. Hrsg., Hoffmeister J. Hamburg: Felix Meiner, 1952, S. 435, Anm. 3.

③ *Briefe von und an Hegel*, Band 1. Hrsg., Hoffmeister J. Hamburg: Felix Meiner, 1952, S. 14；苗力田译编：《黑格尔通信百封》，上海：上海人民出版社，1981 年，第 34 页，译文有改动，中译本将 "theoretisch - historische Beweise" 译为 "神学历史证明"，显然是误译。

④ 苗力田译编：《黑格尔通信百封》，上海：上海人民出版社，1981 年，第 34、40 页；*Briefe von und an Hegel*, Band 1. Hrsg., Hoffmeister J. Hamburg: Felix Meiner, 1952, S. 14, 21。

⑤ 苗力田译编：《黑格尔通信百封》，上海：上海人民出版社，1981 年，第 35 页；*Briefe von und an Hegel*, Band 1. Hrsg., Hoffmeister J. Hamburg: Felix Meiner, 1952, S. 14。

⑥ Vgl. *Briefe von und an Hegel*, Band 1. Hrsg., Hoffmeister J. Hamburg: Felix Meiner, 1952, S. 435, Anm. 6.

⑦ 苗力田译编：《黑格尔通信百封》，上海：上海人民出版社，1981 年，第 34 页；*Briefe von und an Hegel*, Band 1. Hrsg., Hoffmeister J. Hamburg: Felix Meiner, 1952, S. 14。

在这个问题上，谢林显然认为，费希特已经有所突破，他代表着哲学的前沿："费希特把哲学提到一个高峰，直到现在的康德主义者，大多数人在这个高峰之前头晕目眩。"① 在《论自我作为哲学原则》中，谢林也对此问题作了回答。谢林的观点浓缩在他 1795 年 2 月 4 日给黑格尔的信中，谢林在信中写道："哲学必须以无条件的东西为出发点……全部哲学的最高原则就是纯粹的，绝对的自我，也就是那个不但没有完全被客体所限制，而且是通过自由而被树立起来的自我，单纯的自我。"② 绝对自我本身就是且规定无限领域；有限存在的领域对应的是理论哲学；从有限领域进入无限领域就是实践哲学。又因为"人格性出自意识的统一性"，加之"意识没有客体就不能存在"，因此上帝或绝对自我没有客体，不是人格性的。对绝对和不死性都只能实践地接近。③

面对谢林寄来的《论自我作为哲学的原则》，黑格尔不得不承认，自己在这方面"还是个小学生"。④ 不仅如此，在这方面，黑格尔同样落后于荷尔德林。

从图宾根神学院毕业后，荷尔德林于 1793 年 12 月到瓦尔特豪森（Waltershausen）夏洛特·冯·卡尔卜（Charlotte von Kalb）家里做家庭教师，直到 1795 年 1 月离职。在 1794 年 7 月 10 日给黑格尔的信中，荷尔德林曾提到："康德和希腊是我唯一的功课。我的目的主要在于弄通批判哲学中的美学部分。"⑤ 但不久荷尔德林就被费希特的知识学所吸引，并于 1794 年 11 月以及辞职后在耶拿听费希特的讲课。在 1795 年 1 月 26 日给黑格尔的信中，在说明了自己辞职的原委以及自己今后的创作计划后，⑥ 荷尔德林评判了费希特的知识学原理。荷尔德林也提到，他要在这段时间

---

① 苗力田译编：《黑格尔通信百封》，上海：上海人民出版社，1981 年，第 35 页；*Briefe von und an Hegel*, Band 1. Hrsg., Hoffmeister J. Hamburg：Felix Meiner, 1952, S. 15。
② 苗力田译编：《黑格尔通信百封》，上海：上海人民出版社，1981 年，第 41 页；*Briefe von und an Hegel*, Band 1. Hrsg., Hoffmeister J. Hamburg：Felix Meiner, 1952, S. 22。
③ 苗力田译编：《黑格尔通信百封》，上海：上海人民出版社，1981 年，第 41—42 页；*Briefe von und an Hegel*, Band 1. Hrsg., Hoffmeister J. Hamburg：Felix Meiner, 1952, S. 22。
④ 苗力田译编：《黑格尔通信百封》，上海：上海人民出版社，1981 年，第 51 页；*Briefe von und an Hegel*, Band 1. Hrsg., Hoffmeister J. Hamburg：Felix Meiner, 1952, S. 32。
⑤ 苗力田译编：《黑格尔通信百封》，上海：上海人民出版社，1981 年，第 6 页；*Briefe von und an Hegel*, Band 1. Hrsg., Hoffmeister J. Hamburg：Felix Meiner, 1952, S. 10。
⑥ Vgl. *Briefe von und an Hegel*, Band 1. Hrsg., Hoffmeister J. Hamburg：Felix Meiner, 1952, S. 436, Anm. 1 und 2；刘皓明：《荷尔德林后期诗歌》（评注 卷下），上海：华东师范大学出版社，2009 年，"荷尔德林年谱"，第 946 页。

专心修改小说《许佩里翁或希腊隐士》（下文简称《许佩里翁》）①，1794年9月，《许佩里翁》的一个片段曾发表于席勒主编的《新塔利亚》（*Neue Thalia*）杂志上。荷尔德林怀疑费希特的哲学是独断论（Dogmatismus）。他从斯宾诺莎的实体哲学角度指出，费希特的绝对自我就等于斯宾诺莎的实体，因此它"包含着全部实在性，它就是一切，在它之外尽皆虚无"②。因为费希特的绝对自我不能被设定客体（Objekt），否则它便是有限的；又因为意识必定预设客体的存在，没有客体存在的意识是不可设想的。所以，"由于在绝对自我中不能设想意识，作为绝对自我，我不具意识，并且既然我不具意识，既然我（对我来说）是虚无，所以绝对自我（对我来说）也是虚无"③。在对费希特知识学的评判中，荷尔德林的统一哲学已经初露端倪。

自1795年1月至1796年1月，荷尔德林基本上处于无业状态，但与费希特、席勒、谢林等多有交流，在哲学理论上收获颇丰："1795年这一年里有四份文件，勾画出了荷尔德林在费希特知识学的刺激与启发下，发展起来的所谓统一哲学：《原断与在》（Urtheil und Sein）、《赫耳谟克拉特致克法洛》（Hermocrates an Cephalus）、《论惩罚的概念》（Über den Begriff der Straffe）以及4月13日写给弟弟的信。"④ 其中最重要的当是1795年4月写的哲学片段《原断与在》。⑤ 首先，与在1795年1月26日给黑格尔的信中对费希特的绝对自我的批判类似，荷尔德林在《原断与在》中仍旧批判，费希特的"绝对的我就是一个绝对的不被意识的我，就是一个无"⑥。其次，荷尔德林强调存在一个"先于意识和自我的统一"，这种先于一切对立的统一是"一切个体存在之中的在（Sein in allem Dasein）。这个在，才是一切对立的基础，也就是一切意识的基础。这个在不可能是费希特自我的同一（Identität des Ichs, d. h. A = A, ich bin ich, Das Ich setzt

---

① Hölderlin, *Hyperion oder der Eremit in Griechenland*, Bd. 1, Tübingen 1797; Bd. 2, 1799.
② 苗力田译编：《黑格尔通信百封》，上海：上海人民出版社，1981年，第9页；*Briefe von und an Hegel*, Band 1. Hrsg., Hoffmeister J. Hamburg: Felix Meiner, 1952, S. 19。
③ 苗力田译编：《黑格尔通信百封》，上海：上海人民出版社，1981年，第9页；*Briefe von und an Hegel*, Band 1. Hrsg., Hoffmeister J. Hamburg: Felix Meiner, 1952, S. 20。
④ 刘皓明：《荷尔德林后期诗歌》（评注 卷上），上海：华东师范大学出版社，2009年，"导论"，第66—67页。
⑤ 刘皓明：《荷尔德林后期诗歌》（评注 卷下），上海：华东师范大学出版社，2009年，"荷尔德林年谱"，第947—948页。
⑥ 刘皓明：《荷尔德林后期诗歌》（评注 卷上），上海：华东师范大学出版社，2009年，"导论"，第68页。

ursprünglich schlechthin sein eigenes Sein 等等)"①。这种"最原初的一体性是一个本体论的原则",荷尔德林称为"在或存在之一般"(Seyn schlechthin)。这个在不是认识的对象,但我们可以通过它在"知性直观"中呈现而知道它。因此,有限的意识就试图通过知性直观来把握绝对,由此"知性直观就成了反思的、特别是反思中的两造的——主体与客体的——前提",荷尔德林把反思称为原断或判断(Urtheil),它意指"原初的分裂,是我分裂为主体与客体"。②这样一来,在反思或原断时,我们会意识到这种分裂的在,并能"倒回去设定一个更高的统一性"。③

荷尔德林的哲学观念也影响了谢林的创作。1795 年下半年荷尔德林与谢林的哲学会谈对谢林的《论独断主义和批判哲学的书简》(下面简称《哲学书简》)④ 一书的后续写作产生了重要影响。这些书信发表在尼塔默主编的《德意志学者协会哲学杂志》(下面简称《哲学杂志》)1795 年第 2 卷第 3 册(S. 177—203)和第 3 卷第 3 册(S. 173—239)上。⑤ 谢林首次在 1795 年 7 月 21 日给黑格尔的信中谈到了这个作品,黑格尔在 1795 年 8 月 30 日的回信中表示对此很感兴趣。在 1796 年 1 月写给黑格尔的信中,谢林又告诉黑格尔,这些书信将"继续连载",可惜的是,黑格尔对《哲学书简》的评判已经随着黑格尔信件一起丢失了,但通过 1796 年 6 月谢林给黑格尔的信,我们可以得知,黑格尔称赞了这部著作。黑格尔在写于 1796 年 5 月到 7 月/8 月的《基督教的实定性》第三篇中作了部分引用。与《论自我作为哲学的原则》否认绝对者存在绝对的客体不同,谢林在《哲学书简》中试图发展一种"连贯的独断论"或"客观观念论",即在康德的知识论基础上建构一种"形而上的上层结构"。⑥ 此时在谢林看来,"绝对的客体……实际上是一种无限的主体—客体同一性",沿着这种思路,谢林哲学慢慢发展出同一性哲学(客观观念论),并最终独立于费希

---

① 刘皓明:《荷尔德林后期诗歌》(评注 卷上),上海:华东师范大学出版社,2009 年,"导论",第 68 页。

② 刘皓明:《荷尔德林后期诗歌》(评注 卷上),上海:华东师范大学出版社,2009 年,"导论",第 69 页。

③ 刘皓明:《荷尔德林后期诗歌》(评注 卷上),上海:华东师范大学出版社,2009 年,"导论",第 69—70 页。

④ 具体参看 GW 1, S. 500。

⑤ *Briefe von und an Hegel*, Band 1. Hrsg., Hoffmeister J. Hamburg: Felix Meiner, 1952, S. 439, Anm. 10.

⑥ Hegel, *The Letters*, trans. Clark Butler and Christiane Seiler, with commentary by Clark Butler, Bloomington: Indiana University Press, 1984, p. 40.

特的绝对主体哲学。①

可以想见,谢林与荷尔德林对伯尔尼后期的黑格尔肯定产生了影响。而且在到达法兰克福后,黑格尔进一步受到荷尔德林统一哲学的影响。伯尔尼和法兰克福交替时期的文本也确证了这一点。稍后,这种统一哲学取代康德主体哲学成为黑格尔法兰克福时期思想的哲学基础。同时,法兰克福当时作为一个工业经济发展迅速的商业城市为黑格尔关注经济状况提供了便利条件,也由此对他接受英国古典政治经济学提供了条件,并进而对他的实践思想产生了重要影响。

第二节 早期黑格尔与启蒙

根据第一节所述可知,启蒙构成黑格尔早期自由和实践思想的基础和条件,因为启蒙运动常被视为追求自由、反对专制的思想运动。关于黑格尔与启蒙或启蒙运动之间的关系问题,国内外学界都已经有不少的研究成果。总体而言,讨论比较多的是黑格尔在《精神现象学》以及后来作品中对启蒙运动的批判。② 相对而言,对早期黑格尔与启蒙运动之间的关系问题的研究,相关文献要少一些,尤其是在国内,很少有专题性的研究。但从学术发展史角度来看,这种研究有其重要性。比如罗森克朗茨在《黑格尔传》中曾强调,启蒙运动与古典教育是黑格尔的智识背景:黑格尔所受之教育,"在原则方面是完全属于启蒙运动的,在课程方面是完全属于古典古代的"③。卢卡奇在《青年黑格尔》中也极力强调,启蒙运动构成黑格尔思想的出发点。荷夫迈斯特、阿维纳瑞和耶施克等也都有类似的强调。比如荷夫迈斯特曾说:"不仅康德和费希特,而且启蒙运动的整个传统都构成了黑格尔的教育背景。"④ 构成黑格尔早期智识背景的不仅包括德国的启蒙哲学家,如康德、门德尔松、莱辛与赫尔德等,还有法国的启蒙哲学家,如孟德斯鸠、卢梭与伏尔泰等,以及苏格兰启蒙思想家,如斯

---

① Hegel, *The Letters*, trans. Clark Butler and Christiane Seiler, with commentary by Clark Butler, Bloomington: Indiana University Press, 1984, p. 40.

② 参见张汝伦《黑格尔与启蒙》,《哲学研究》2007 年第 8 期;〔德〕耶施克:《德国古典哲学视野中的启蒙运动》,载《伦理学术》(4),邓安庆主编,上海:上海教育出版社,2018 年。

③ Rosenkranz, *Hegels Leben*. Berlin: Verlag von Duncker und Humblot, 1844, S. 10.

④ 〔以〕阿维纳瑞:《黑格尔的现代国家理论》,朱学平、王兴赛译,北京:知识产权出版社,2016 年,第 2 页。

图亚特和斯密等。值得注意的是，这些不同的启蒙思想家在某些问题上可能态度不同，甚至出现反启蒙的看法，尤其是后起的德国的启蒙思想家往往对先前的英法启蒙者既有继承，也有批判。黑格尔同样如此。

从整体上来看，在黑格尔早期作品中，我们至少可以从宗教、政治和政治经济学三个方面来看黑格尔对启蒙运动的继承和批判，这里涉及英、法、德启蒙运动的各种思想资源。① 本节无意全面清理黑格尔早期与启蒙运动之间的关系问题，因为这将是一个非常复杂和庞大的课题，② 而是试图仅仅从康德、门德尔松就"什么是启蒙？"这个问题的讨论入手，通过考察黑格尔对"Aufklärung"及相关词语的使用情况来揭示早期黑格尔在1785—1800年间对启蒙运动的态度，并且最后试图从理论与实践的关系方面来综合反思康德、门德尔松和早期黑格尔对启蒙问题的讨论。

一、作为黑格尔早期教育底色的启蒙运动

关于启蒙运动的分期，一般认为始于17世纪末，其标志通常为1688年，即英国光荣革命与牛顿《自然哲学的数学原理》的出版；③ 高涨时期一般以法国启蒙运动的一些思想家（如伏尔泰、孟德斯鸠、狄德罗、卢梭等）的活动为标志，时间大约是1730—1780年；晚期在18世纪最后30年，"通常都是以法国革命作为结束"④。本节所要讨论的是黑格尔在1785—1800年这段时期的启蒙思想，按上面的分期，这段时期正值启蒙运动晚期（Spätaufklärung）。耶施克多次强调，启蒙运动后期的精神贯穿在青年黑格尔的作品中。⑤ 正如上一节所述，在1783年，《柏林月刊》（Berlinischen Monatsschrift）开启了一场关于"什么是启蒙？"（Was ist Aufklärung?）的大讨论，这场关于"启蒙运动的本质和限度"的争论持续了十余年，当时德国许多重要的思想家都参与了这场讨论，如康德、门德尔松、哈曼、雅各比、克里斯托夫·马丁·维兰德（Christoph Martin Wieland）、弗里德里希·卡尔·冯·摩泽尔（Friedrich Karl von Moser）、卡

---

① 参见〔匈〕卢卡奇《青年黑格尔》，王玖兴译，北京：商务印书馆，1963年，第32页。
② 卢卡奇在《青年黑格尔》第一章第一节中已经作了一些勾勒。
③ 〔美〕彼得·赖尔，〔美〕艾伦·威尔逊：《启蒙运动百科全书》，刘北成、王皖强译，上海：上海人民出版社，2004年，"序言"，第2页。
④ 〔美〕彼得·赖尔，〔美〕艾伦·威尔逊：《启蒙运动百科全书》，刘北成、王皖强译，上海：上海人民出版社，2004年，"序言"，第3页。关于不同的分期，可见同一页。
⑤ Vgl. Walter Jaeschke, *Hegel-Handbuch*, 3. Auflage, Stuttgart：J. B. Meetzler Verlag, 2016, S. 2.

尔·巴尔特（Carl Bahrdt）、赖因霍尔德等。① 因此黑格尔早期也处于这场关于启蒙的大讨论之中，而且黑格尔恰恰在中学时期就阅读和摘抄过《柏林月刊》，因此青年黑格尔对当时德国启蒙运动的状况应该是非常熟悉的。

（一）门德尔松和康德论启蒙

1784 年，门德尔松在《柏林月刊》发表了《论这个问题：什么是启蒙？》（载《柏林月刊》1784 年第 4 期，第 193—200 页），黑格尔在 1787 年 5 月 31 日作了摘录。门德尔松把教化（Bildung）分为启蒙（Aufklärung）与文化（Kultur）。启蒙主要与理论（如理论知识和理性反思能力）有关，而文化则主要与实践生活（如手工业、艺术和社会风俗）有关。② 门德尔松进一步根据对人的规定（die Bestimmung des Menschen）的区分［即人作为人的规定（Bestimmung des Menschen als Mensch）与人作为公民的规定（Bestimmung des Menschen als Bürger）］把启蒙区分为对人作为人的启蒙（die Aufklärung, die den Menschen als Mensch interessirt/Menschenaufklärung）与对人作为公民的启蒙（die Aufklärung des Menschen als Bürger betrachtet/Bürgeraufklärung），前者是普遍的，后者则需要根据不同的等级和职业而相应地有所变化。③ 门德尔松这里其实是在对启蒙本身进行划界，因为他看到了不同启蒙之间的冲突以及潜在的危险，即"某些对人作为人是有用的真理，对于作为公民的人来说有时候是有害的。这里需要对下面的东西加以考虑。这些冲突能够出现在（1）人的本质规定或者（2）人的偶然规定与（3）公民的本质规定或者（4）公民的偶然规定之间"④。这里提到的四种划分其实就是对人本身（作为主词）所具有的诸属性（作为谓词）的规定和区分。人的本质规定，如理性；人的偶然规定或非本质规定，如欲望等；公民的本质规定，如自由；公民的偶然规定，如犯罪等。门德尔松认识到人所具有的这些属性之间可能存在的冲突，其实就是充分认识到了它们之间的异质性，对此他也并不要求直接用某种本质规定去取消非本质规定，而是采取了一种保守的立场，这尤其体

---

① 参见〔美〕施密特编《启蒙运动与现代性》，徐向东等译，上海：上海人民出版社，2005 年，"前言"，第 1—2 页。
② GW 3, S.169；参见〔美〕施密特编《启蒙运动与现代性》，徐向东等译，上海：上海人民出版社，2005 年，第 56—57 页。
③ GW 3, S.171；参见〔美〕施密特编《启蒙运动与现代性》，徐向东等译，上海：上海人民出版社，2005 年，第 57 页。
④ GW 3, S.171-172；参见〔美〕施密特编《启蒙运动与现代性》，徐向东等译，上海：上海人民出版社，2005 年，第 58 页，译文有改动。

现在上述（2）与（3）或（4）之间的冲突以及（1）与（2）之间的冲突。对于前一种冲突，门德尔松说，"必须确立起某些用来做出例外和决定冲突的规则"；对于后一种冲突，门德尔松说，"这个爱好美德的启蒙的传播者就要从审慎和谨慎入手，就要忍受成见而不是贸然驱除与之如此密切交错的真理"。① 因此，门德尔松已经看到了启蒙的滥用可能带来的后果，比如削弱道德情感，导致"铁石心肠、利己主义、无宗教和无政府主义"②，启蒙的堕落引起的后果更为可怕。无疑这向黑格尔显示了启蒙本身的复杂性，这些也应该影响了他对启蒙本身的看法。

在《柏林月刊》关于启蒙问题大讨论中，在门德尔松的文章之后发表的就是康德的著名回答（发表于《柏林月刊》1784年第4期，第481—494页）。在黑格尔的摘录中没有发现康德的这篇文章，但并不能因此就断定黑格尔当时没有读过这篇文章。③ 康德在这篇文章的第一段阐明了他对启蒙的规定和态度："启蒙就是人从他咎由自取的受监护状态走出……要有勇气使用你自己的理智（Verstand）！这就是启蒙的格言。"④ 所以启蒙所要求的是"在一切事物中公开地运用（öffentlichen Gebrauch）自己的理性的自由"⑤。就像门德尔松把人的规定作为人类努力和奋斗的尺度和目标一样，康德把理性的公开运用也作为一种目标："对其理性的公开运用必须在任何时候都是自由的，而且惟有这种使用能够在人们中间实现启蒙。"⑥ 除此之外，康德也提出了"对理性的私人运用"（der Privatgebrauch der Vernunft）这种概念。也就是说，康德在这里把人的理性的运用划分为人的理性的公开运用和私人运用：前者是指"某人作为学者在读者世界的全体公众面前所作的那种运用"，即学者的科学研究以及思想、言

---

① GW 3, S.169；参见〔美〕施密特编《启蒙运动与现代性》，徐向东等译，上海：上海人民出版社，2005年，第58页，译文有改动。
② 〔美〕施密特编：《启蒙运动与现代性》，徐向东等译，上海：上海人民出版社，2005年，第59页；GW 3, S.171—173。
③ 黑格尔后来的一些手稿和笔记明显表现出对康德这篇文章的使用，见下文。
④ 〔德〕康德：《康德著作集》，李秋零主编，第8卷，北京：中国人民大学出版社，2010年，第40页。原文参见 Immanuel Kant, *Werkausgabe*, Band 11, herausgegeben von Wilhelm Weischedel, Frankfurt am Main：Suhrkamp Taschenbuch Verlag, 1968, S. 53。
⑤ 〔德〕康德：《康德著作集》，李秋零主编，第8卷，北京：中国人民大学出版社，2010年，第41页；Immanuel Kant, *Werkausgabe*, Band 11, herausgegeben von Wilhelm Weischedel, Frankfurt am Main：Suhrkamp Taschenbuch Verlag, 1968, S. 55。
⑥ 〔德〕康德：《康德著作集》，李秋零主编，第8卷，北京：中国人民大学出版社，2010年，第41页；Immanuel Kant, *Werkausgabe*, Band 11, herausgegeben von Wilhelm Weischedel, Frankfurt am Main：Suhrkamp Taschenbuch Verlag, 1968, S. 55。

论和出版自由；后者指的是"在某个委托给他的公民岗位或者职位上对其理性可以作出的那种运用"，主要是指他被动服从各部门（如军队、教会、政府等）岗位上的各种规定，类似于门德尔松关于对公民的启蒙所作的讨论。① 如果说前者作为一种普遍法则和绝对命令类似于康德所谓的道德法则——如康德说，"放弃启蒙，无论是对他个人，甚或是对于后代，都叫做侵犯和践踏人的神圣权利"②——那么后者其实类似于康德所承认的经验领域中存在的各种主观的道德准则。但康德认为，后者不是阻碍启蒙，而是有助于启蒙。尽管康德的主张显得有些保守，但他所强调的应该是在保持政治和社会秩序稳定的情况下来逐步推进启蒙而已，他拒绝通过革命来实现启蒙原则。也就是说，康德反对把启蒙的原则直接用于社会的改造。虽然康德没有像门德尔松那样讨论文化，门德尔松则没有像康德那样强烈地从理性的公开运用方面来规定启蒙，但在某种程度上，康德关于对人的理性的运用的区分与门德尔松对启蒙的区分有相通之处，即都强调划界原则，即划分理论领域与实践领域，且避免二者之间的僭越。

康德提到了科学和艺术方面的启蒙，但说的更多的是宗教方面的启蒙，对此他解释道："我把启蒙亦即人们走出其咎由自取的受监护状态的要点主要放在宗教事务中，因为就艺术和科学而言，我们的统治者们没有兴趣扮演其臣民们的监护人。"③ 因此就当时而言，宗教领域的启蒙是焦点所在。在此领域，在康德看来，一方面，神职人员有责任按照其所在教会的信条进行传教，即他的理性的私人运用要受到其职位的限制。但另一方面，神职人员"作为学者有充分的自由甚至天职"表达他的研究所得，即启蒙民众。作为神学院的毕业生，黑格尔早期很大程度上也是在第二个层面上讨论宗教领域的启蒙问题。当然，康德在宗教问题上的观点主要体现在其《单纯理性限度内的宗教》（1793年）中，而这本书也正好是黑格尔早期宗教著作所效仿和批判的对象。

由上可知，尽管康德和门德尔松都把启蒙作为人类发展的原则和目

---

① 〔德〕康德：《康德著作集》，李秋零主编，第8卷，北京：中国人民大学出版社，2010年，第41—42页；Immanuel Kant, *Werkausgabe*, Band 11, herausgegeben von Wilhelm Weischedel, Frankfurt am Main: Suhrkamp Taschenbuch Verlag, 1968, S. 55。

② 〔德〕康德：《康德著作集》，李秋零主编，第8卷，北京：中国人民大学出版社，2010年，第44页；Immanuel Kant, *Werkausgabe*, Band 11, herausgegeben von Wilhelm Weischedel, Frankfurt am Main: Suhrkamp Taschenbuch Verlag, 1968, S. 58。

③ 〔德〕康德：《康德著作集》，李秋零主编，第8卷，北京：中国人民大学出版社，2010年，第45页；Immanuel Kant, *Werkausgabe*, Band 11, herausgegeben von Wilhelm Weischedel, Frankfurt am Main: Suhrkamp Taschenbuch Verlag, 1968, S. 60。

标，但他们也对启蒙（作为理论）与现实实践之间的界限保持着清醒的认识，要求对启蒙进行划界，而没有要求直接用启蒙理论去革新现实。我们也会看到，青年黑格尔在1785—1800年这段时期最后也达到并推动了这一点。

（二）黑格尔学生时期对启蒙运动的关注和思考

在中学时期和大学时期，黑格尔对启蒙的关注主要体现在保存下来的日记、摘要和作文中，里面涉及启蒙思想家，尤其是当时德国的启蒙哲学家，如费德尔（J. G. H. Feder）、祖尔策、克里斯蒂安·伽尔夫（Christian Garve）、门德尔松、克里斯托夫·弗里德里希·尼科莱（Christoph Friedrich Nicolai）等，也涉及很多启蒙问题，如科学、艺术、历史和宗教等方面的启蒙问题。其中作为黑格尔启蒙教育基础的当然是科学和艺术方面的启蒙。在1786年3月22日的日记中，黑格尔明确说要讨论一下他是怎么理解启蒙的（was ich unter Aufklärung verstehe），他注意到两种启蒙：智识阶层的启蒙与大众的启蒙（Aufklärung des gemeinen Mannes）。① 前者主要是指知识方面的培养，如科学和艺术的启蒙（Aufklärung durch Wissenschaften und Künste）——黑格尔的中学毕业演说也体现了这一点，即强调教育（Bildung）、艺术、科学等方面的发展对一个国家的重要性，在这个意义上，正如阿维纳瑞所说："在这篇演说中，德国启蒙运动的所有基本信念清晰可见。"② 黑格尔对此曾有所研究，"科学和艺术首先兴起于东方和南方"，比如埃及"在机械和建筑艺术上"发展程度很高，"然后才逐渐传到西方"。③ 黑格尔在1786年多次摘录有关埃及的文章和片断，比如1786年10月15日从齐默尔曼（Zimmermann）的《论孤独》(über die Einsamkeit) 中摘录了论埃及僧侣类型的片断。④ 在同年12月23日，黑格尔从《哲学的修正》(Revision der Philosophie) 中摘录了关于埃及人学识的片断，它试图纠正现代人关于古埃及僧侣阶层的偏见，文章强调，古埃及僧侣阶层对古希腊哲学、数学等产生了重大影响。⑤ 1787年8月，

---

① 《黑格尔早期著作集》（上卷），第30页；GW 1, S. 30。
② 〔以〕阿维纳瑞：《黑格尔的现代国家理论》，朱学平、王兴赛译，北京：知识产权出版社，2016年，第2页；Vgl. Walter Jaeschke, *Hegel-Handbuch*, 3. Auflage, Stuttgart: J. B. Meetzler Verlag, 2016, S. 2。
③ 《黑格尔早期著作集》（上卷），第30页。
④ Vgl. GW 3, S. 109 – 111。
⑤ Vgl. GW 3, S. 113 – 114。

黑格尔从《柏林月刊》中摘录了埃伯哈特（Eberhard）论现代魔术的文章，它强调，古代波斯和埃及在科学和艺术的启蒙方面享有很高的声望，是古希腊哲学、科学与艺术的发源地。① 大众的启蒙主要是指实际生活方面的启蒙，即"按当时宗教要求定的，而且主要只包括手工和料理生活的启蒙（Aufklärung durch Handwerker und Bequemlichkeit）"②。为了进一步研究这两种启蒙，黑格尔专门摘录了门德尔松的《论这个问题：什么是启蒙？》与尼科莱的《德国与瑞士旅行札记》（Beschreibung einer Reise durch Deutschland und die Schweiz）。

黑格尔在中学时期就喜欢历史，曾阅读和摘录过施罗克（Schröckh）的世界史著作，尤其是其《基督教会史》，③ 正如有学者所说，它们也同样是"伏尔泰和孟德斯鸠的历史学"，即一种带有强烈启蒙色彩的历史观。④

最能体现黑格尔中学时期和大学时期受启蒙影响的是其关于宗教的讨论——这当然与科学方面的启蒙是分不开的。在中学时期的日记中，黑格尔已涉猎过宗教问题，比如把宗教信仰看作一个民族真实历史的组成部分，他从启蒙方面来审查古代人和现代人的宗教观念和习惯，以及考察教士阶层的历史作用等。在《关于希腊人和罗马人的宗教》这篇文章中，黑格尔试图从启蒙角度更系统地考察古代人的宗教。在这篇文章中，黑格尔首先从启蒙思想出发，把各民族的宗教起源归因于人类童年时期的无知和恐惧。⑤ 黑格尔强调，现代人仍保留了一些类似的宗教观念和仪式，如把不幸归于神的惩罚、通过赎罪来取悦神等，因此现代人还没有认识到"幸运和灾难完全取决于他们自己"，即还没有认识到自己的力量，仍有待启蒙。⑥ 最后，黑格尔强调，随着一个民族在教化（Bildung）方面达到一定阶段，人们对宗教的认识会有所提高，而诗人（Dichter）和哲人则肩负着这种"启蒙"责任。在诗人与哲人中，黑格尔尤其高度评价希腊哲人（die Weisen）的作用，他们如此教导民众："神赐予了每个人以达到幸福

---

① Vgl. *GW* 3, S. 175-176.
② 参见《黑格尔早期著作集》（上卷），第30页；*GW* 1, S. 30。
③ H. S. Harris, *Hegel's Development: Toward the Sunlight (1770—1801)*, Oxford: Oxford University Press, 1972, p. 8.
④ Wilhelm Dilthey, *Gesammelte Schriften*, Band 4, Stuttgart: B. G. Terbner Verlagsgesellschaft, 1990. S. 8; H. S. Harris, *Hegel's Development: Toward the Sunlight (1770—1801)*, Oxford: Oxford University Press, 1972, p. 8.
⑤ 《黑格尔早期著作集》（上卷），第40页。
⑥ 《黑格尔早期著作集》（上卷），第41—43页。

的办法和力量，并使一切事物都具备了这样一种本性，人只要通过智慧和善良的道德便可达到真正的幸福。"① 可见，黑格尔完全是以启蒙运动的方式和精神来讨论古代宗教和启蒙的。

通过上述文献，正如耶施克所说，我们虽能窥见黑格尔在启蒙精神下的智识发展，但这些文献尚没有明确的作品特征。② 尽管如此，我们仍可以说上述文献中所体现的启蒙精神其实一直贯穿在具有了明确作品特征的文本和著作中。关于黑格尔早期的宗教著作，阿维纳瑞曾说："黑格尔从历史视角出发对宗教所做的研究，以从人的理性能力出发进行推衍的典型的启蒙运动的宗教观为前提。"③ 在这个意义上，黑格尔确实是启蒙之子。比如，在所谓的《图宾根残篇》（1793 年）中，黑格尔多次强调启蒙在祛除人民在宗教偏见和迷信方面的重要作用。④ 真理作为普遍有效的原则"不仅可以照亮人的常识（die nicht nur dem gesunden MenschenVerstande einleuchten），而且也必须作为每个宗教的根据"⑤。这一点尤其体现在他所构造的人民宗教的第一个要素上："它的教义必须建立在普遍理性的基础上。"⑥ 这里体现的都是启蒙精神。⑦ 这也进一步体现在黑格尔在伯尔尼时期对基督教（比如对其教义，尤其是其实定性）的批判上。在 1795 年 4 月 16 日给谢林的信中，黑格尔说："宗教和政治是一丘之貉，宗教所教导的就是专制主义（Despotismus）所向往的，这就是，蔑视人类，人类没有能力改善自己的处境，没有能力凭自己的力量完成其自身。"⑧ 这里明显体现出康德在《回答这个问题：什么是启蒙？》中的论调。⑨ 更明显是以康德的《单纯理性限度内的宗教》为蓝本所写的《耶稣传》也被一些学者认为是以启蒙精神写的，体现了启蒙价值。⑩ 这种论断同样适用于

---

① 《黑格尔早期著作集》（上卷），第 41—43 页。
② Walter Jaeschke, *Hegel-Handbuch*, 3. Auflage, Stuttgart: J. B. Meetzler Verlag, 2016, S. 54.
③ 〔以〕阿维纳瑞：《黑格尔的现代国家理论》，朱学平、王兴赛译，北京：知识产权出版社，2016 年，第 18 页。
④ 《黑格尔早期著作集》（上卷），第 72—73 页；*GW* 1, S. 95。
⑤ 《黑格尔早期著作集》（上卷），第 72 页；*GW* 1, S. 95。
⑥ 《黑格尔早期著作集》（上卷），第 82 页；*GW* 1, S. 103。
⑦ 耶施克认为，这表明，黑格尔是在启蒙的地基上构建人民宗教的（Walter Jaeschke, *Hegel-Handbuch*, 3. Auflage, Stuttgart: J. B. Meetzler Verlag, 2016, S. 56）。
⑧ 苗力田译编：《黑格尔通信百封》，上海：上海人民出版社，1981 年，第 43 页；*Briefe von und an Hegel*, Band 1. Hrsg., Hoffmeister J. Hamburg: Felix Meiner, 1952, S. 2。
⑨ Walter Jaeschke, *Hegel-Handbuch*, 3. Auflage, Stuttgart: J. B. Meetzler Verlag, 2016, S. 11.
⑩ 这是 Waszek 的看法，转引自张汝伦《黑格尔与启蒙》，载《哲学研究》2007 年第 8 期，第 44 页。

《基督教的实定性》以及这段时期的很多文本。也就是说，启蒙精神和价值是黑格尔早期作品的主要方面。

二、早期黑格尔批判启蒙运动的两个阶段

虽然启蒙运动是黑格尔思想的基础，但除了在黑格尔学习时期的日记、作文和一些片段中明确提过启蒙（Aufklärung）外，他以后比较少在同样的意义上如此频繁地使用"启蒙"这个词及相关词语。① 在肯定启蒙运动是黑格尔在 1785—1800 年这段时期的作品的主要方面的基础上，我们从黑格尔对启蒙（Aufklärung）及相关词汇的使用上也能发现黑格尔在这个问题上的另一面，即对启蒙运动的批判的两个阶段。

（一）第一阶段：从道德宗教角度对理智的启蒙的批判

通过查对黑格尔从图宾根时期到法兰克福时期的原文，我们会发现，除了在上述正面意义上使用"启蒙"（Aufklärung）这个词外，"Aufklärung"也常常与"Verstand"（理智/知性）一起连用，而且它们大都是在消极意义上被使用的，这主要体现在《图宾根残篇》中。在这个文本中，黑格尔有几段话集中讨论启蒙和理智：

> 启蒙想要通过理智来起作用（Aufklärung-wirken wollen durch Verstand）。
>
> 理智是只服务于客观宗教的：说明它的基本原则，阐述它的纯洁性。理智曾经产生了辉煌的成果——产生了莱辛的《哲人纳丹》，值得享有人们不断对它提出来的赞颂。
>
> 但是也就是由于理智，那些基本原则决没有得到实践。
>
> 理智是一个臣仆，它要奉承主人的颜色，顺从主人的脾气。它知道怎样对每一个情欲、每一件行为说出一套理由，替它辩护……
>
> 理智的启蒙（Aufklärung des Verstands）诚然可以使人更聪明一些，但不是使人更善良一些……
>
> ……使坏的嗜好不增长，不达到某一个很大的高度，这不是任何印出来的道德教本，也不是任何理智的启蒙（Aufklärung des Ver-

---

① 耶施克对此有一种解释，参见〔德〕耶施克《德国古典哲学视野中的启蒙运动》，载《伦理学术》（4），邓安庆主编，上海：上海教育出版社，2018 年，第 104—105 页。

standes）所能做到的。①

可以说，在这几段话中，虽然黑格尔承认了理智或理智的启蒙造就了新知识或知识大厦，并使知识更清晰和完备，但他更主要的还是批判理智或理智的启蒙并不能真正促进人的道德和宗教情感。黑格尔之前一直都在思考这个问题，比如"为了保持宗教仍然是宗教，理智推论（Räsonnement）可在多大程度上渗入其中呢？"② 所以说，在黑格尔的人民宗教中，虽然作为启蒙核心的理性构成其基础，但黑格尔也明确批判理智或理智推论，并把它们与启蒙联系起来，而把人的情感、内心等与它们对立起来。为了表达与理智的启蒙的区分，黑格尔甚至从智慧（Weisheit）或实践智慧等概念来阐述人的情感和内心："智慧是灵魂的一种提高，在智慧中灵魂通过体验同反思［反复考虑］相结合，提高到超出对于意见和感性印象的信赖，而且如果这智慧是实践的智慧，不是傲慢自满、虚张声势的智慧的话，必然会有一种冷静的热情和温和的火气相伴随。智慧很少作理智推论，它也不是从概念出发的'数学方法'，通过一系列的推论，如全称肯定的推论和特称否定的推论之类，就达到了人们所假想的真理。智慧……是从内心深处说出话来。"③ 又如黑格尔说："理智的培育和理智之应用于吸引我们兴趣的各种对象上，就是启蒙。——因此启蒙总有一种美好的优越性：它能够给予义务以明晰的知识，能够对于实践的真理给予论证或说明理由。但是启蒙却没有本领给予人以道德。在价值上它无限地低于内心的善良和纯洁，真正讲来，它同那些东西是'不'相称的。"④ 黑格尔在这段话中第一次对启蒙进行了界定，即把它归结为理智。黑格尔把那种仅仅从理智方面批判偏见，只是在言辞上使用启蒙、人类知识、人类历史、幸福和完美等字眼的人称为"启蒙的空论家"（ein Schwäzer der Aufklärung），因为"他们以空疏的词句互相供应对方，而忽视了圣洁的东西、人类情感中柔嫩的纤维"⑤。

要正确理解黑格尔此时对启蒙（以及理智或理智推论）的批判，就必须知道黑格尔此时所关心的问题。正如第一节所述，黑格尔此时不再像学生时期那样仅仅是接受启蒙教育了，在从图宾根神学院毕业前后，他的问

---

① 《黑格尔早期著作集》（上卷），第71—72页；*GW* 1. S. 94。
② 《黑格尔早期著作集》（上卷），第53页；*GW* 1, S. 75。
③ 《黑格尔早期著作集》（上卷），第75页；*GW* 1, S. 97。
④ 《黑格尔早期著作集》（上卷），第75页；*GW* 1, S. 97。
⑤ 《黑格尔早期著作集》（上卷），第76页；*GW* 1, S. 98.

题意识越来越聚焦于德国政治自由和统一问题了，而人民道德革新被认为是其基础。① 一方面，在思想来源上看，在通过构建道德宗教来更新人民道德的问题上，黑格尔将启蒙与理智连在一起进行批判，这尤其受到了卢梭的影响。② 另一方面，从道理上来讲，理智的启蒙显然过度强调了人的理智推理、记忆等方面的能力，而忽视了人在感性、情感等方面的能力，而后者与人的道德具有更为直接的关系。

尽管如此，黑格尔对启蒙的这种批判并不是他在这段时期著作的主要方面，因为正如阿维纳瑞和耶施克以及上文所说，黑格尔在伯尔尼时期和法兰克福时期对基督教实定性的批判的基础和思维模式主要是启蒙精神。因此，黑格尔对启蒙的这种批判不过是他这段时期作品的一个次要方面，不应过度夸大。或者说，它不过是启蒙内部的一种纠偏。真正对启蒙思维方式本身构成严重挑战的批判出现在黑格尔法兰克福时期末尾。

（二）第二阶段：从历史性和多样性角度对启蒙抽象性的批判

对于启蒙的批判，除了上述从道德宗教方面批判启蒙外，我们在黑格尔1800年的《基督教的实定性·新序言》［对应着《黑格尔全集》历史考订版第二卷中的 Text 65（"实定性的概念……/der Begriff der Positivität…"）］中还可以发现黑格尔对启蒙运动的另一种批判，即从历史性和多样性角度对启蒙抽象性的批判，这是黑格尔批判启蒙运动的第二阶段。

根据对"启蒙"（aufklärenden/aufgeklärteren）这个词的使用来看，黑格尔在这个文本中对启蒙运动的直接批判主要体现在下面一段话中：

> 也许时代所需要的乃是要听取证明与一般概念的那种启蒙式的（aufklärenden）应用相反的东西，当然，这种反面的证明并不是根据当时的文化所提供给旧式教条神学的那一套原理和方法来进行，而乃是根据我们现在所认识的人性的需要去推演出那些现在被抛弃掉了的神学教条，并揭示出它们的自然性和必然性……如果整个神学教条的体系按照人们喜爱的一般概念的方法把它揭示成为在启蒙（aufgeklärteren）时代站不住脚的黑暗中世纪的残余，那末人们自然还要人道主义地问：那样一个违反人类理性的并且彻底错误的体系何

---

① 具体可参见本书第3章。
② 参见张汝伦《黑格尔与启蒙》，载《哲学研究》2007年第8期，第47页。

以竟会建造起来呢?①

这里体现出的是对启蒙或启蒙运动单纯从抽象的人性概念出发对宗教之实定性（Positivität）的批判的批判。② 启蒙思想家如莱辛、康德（以及门德尔松）等都曾从实定宗教（或启示宗教）与自然宗教的对立角度来考察基督教。③ 而人性/人的自然（die menschliche Natur）或"人的规定"（Bestimmung des Menschen）概念则被看作区分实定宗教与自然宗教的根本标准。自然宗教就是符合人性的宗教。且因为人性被理解为唯一的，所以自然宗教也被看作唯一的。④ 与之相反，实定宗教则被看作违反人性的宗教，并表现为许多形式，它所包含的概念和认识超出了知性和理性，它所要求的情感和行为不是来自自然人，而是异己的、外在的和强迫性的。⑤ 因此，不论在知性和理性方面，还是在情感和行为方面，实定宗教都是与自然宗教相对立的。这其实也正是黑格尔在1795/1796年的《基督教的实定性》前两篇中所理解的实定宗教。他当时正是从康德道德哲学所规定的自我立法入手来理解实定性和实定宗教的。但此时黑格尔要反思和批判的正是这种人性概念标准以及从此出发理解自然宗教和实定宗教的做法。在黑格尔看来，近代启蒙思想家所理解的人性概念其实是知性思维通过对人性现象的无限多样性进行抽象概括而得到的一种一般概念。⑥ 它的普遍性和必然性必定使人类的特性成为固定的，并因此使"各民族的或个人的所有其余的多样性的风尚（Sitten）、习惯和意见都因而成为偶然性、成见和错误了"⑦，使与这些多样性相适应的宗教就成为实定宗教了。所以，黑格尔要强调的是无限多样的人性现象或活生生的本性（die lebendige Natur）。基督教在历史上的强大适应性就表明了没有纯粹的、不变的人性。在他看来，各民族的多样性的风俗、习惯和意见等才是一种必要的东西、有生命的东西，甚至是"唯一自然的和美丽的东西"⑧。基于此，对于理解实定性或宗教实定性来说，启蒙所强调的普遍的人性概念或意志自由等

---

① 《黑格尔早期著作集》（上卷），第341页；Hegel, *Gesammelte Werke*, Band 2, hrsg. von Walter Jaeschke, Hamburg: Felix Meiner Verlag, 2014, S. 356. 以下将该文献简写为"*GW* 2"。
② 《黑格尔早期著作集》（上卷），第336页；*GW* 2, S. 351。
③ *GW* 2, S. 688。
④ 《黑格尔早期著作集》（上卷），第336页；*GW* 2, S. 351。
⑤ 《黑格尔早期著作集》（上卷），第336页；*GW* 2, S. 351。
⑥ 《黑格尔早期著作集》（上卷），第337页；*GW* 2, S. 351-352。
⑦ *GW* 2, S. 352；《黑格尔早期著作集》（上卷），第337页，译文有改动。
⑧ *GW* 2, S. 352；《黑格尔早期著作集》（上卷），第337页。

标准是片面的。相反，要从客观方面，即伦理整体的风俗和性格等方面来理解人性和宗教的变化。

可见，黑格尔此时对启蒙的批判可以看作从历史性、多样性、现实性和客观性等角度的批判。一方面，黑格尔要把启蒙运动看作人类历史的一个阶段，它的原则是主体性、自我、自由、理性等。与之前的历史阶段相比，无疑具有其进步性，但如果把这些原则抽象化，也会造成重要问题。最突出的莫过于分裂（或异化）与政治恐怖，前者表现为理性与感性、自由与必然、存在与非存在、概念与存在、有限与无限之间的对立[1]，后者则表现为法国大革命。《精神现象学》第六章"精神"中有一部分名为"绝对自由与恐怖"，这一部分前面黑格尔集中讨论的正是启蒙，后者分为"启蒙与迷信的斗争"和"启蒙的真理"。黑格尔在伯尔尼后期对康德哲学中所表现的分裂或对立已有所警惕，并在法兰克福时期试图通过统一哲学（Vereinigungsphilosophie）加以克服。在《基督教的实定性·新序言》这个文本中，黑格尔从历史性和多样性等角度对启蒙抽象性的批判，无疑是这一思路的延续，同时也是对法国大革命后期的恐怖专制的一种回应。另一方面，相较于启蒙运动所强调的抽象的人性（或人的规定）概念，黑格尔所强调的是更具体、更现实、包含更多偶性的概念，比如无限多样的人性、活生生的本性、多样的风俗习惯等。

显然，相较于黑格尔启蒙批判的第一阶段，第二阶段的批判更具冲击性，因为它挑战的是启蒙的思维模式本身。黑格尔批判启蒙概念的抽象性，批判它们缺少历史性和现实性。这种批判也是对从道德宗教角度对理智的启蒙的批判的进一步深化。相对而言，第一阶段的批判仍是一种抽象批判，是在启蒙内部的一种批判，因此在本质上仍是一种启蒙式的批判。在某种程度上，黑格尔第二阶段的批判呼应了门德尔松和康德对启蒙问题的讨论：一方面，他也像他们一样看到了理论领域（强调一）与实践领域（强调多）之间的差别；另一方面，他又不满意于他们（尤其是康德）对启蒙进行划界的简单做法。因此，黑格尔在这里直接把他们作为批评的靶子，并暗示了一种和解的解决思路。这不仅促发黑格尔慢慢形成自己独特的哲学体系（即把更多的属性包括在其概念中），而且具有更重要的实践意义。

---

[1] 参见张汝伦《黑格尔与启蒙》，载《哲学研究》2007年第8期，第45页。

三、兼论理论与实践的关系

通过上面的叙述，我们可以认为，对于启蒙运动，黑格尔表现出了一种稍显复杂的态度。简而言之，既有肯定，也有批判。具体来说，启蒙运动是黑格尔接受教育的背景。启蒙运动对理性、自由、平等、进步、科学等基本价值的追求是黑格尔一直都承认并予以强调的。在某种程度上，黑格尔在1785—1800年这段时期的主要作品的基础和目的都可归之为启蒙，用康德在《回答这个问题：什么是启蒙？》中的话来说，早期黑格尔是在宗教领域"作为学者有充分的自由甚至天职"来启蒙民众。可以说，黑格尔无疑"在很多方面都在启蒙运动的肩膀之上"①。但启蒙运动自身也具有局限性，比如启蒙理智在造就知识进步的同时，因不能顾及人的情感和内心等因素而不能真正推动人在道德上的进步，甚至阻碍了道德培养。同时，启蒙在一些核心概念上所持的抽象性态度使得它不能顾及历史性、现实性和多样性，这也使得它不能真正切实地促进人的生活。

当然，从黑格尔思想发展史来看，他对启蒙的批判尚未结束或成熟。简而言之，经过启蒙批判的第二阶段，黑格尔超出了启蒙的"自然"和"理性"概念，走出了启蒙哲学的基本立场，即抽象的人性论立场。此时黑格尔要面对的一个棘手问题是，启蒙在实践哲学中应处于何种位置，或者说如何处理实践哲学中启蒙式的抽象个体（主体）与具有历史性、现实性和多样性特征的共同体（实体）之间的关系，或者康德式的道德与古希腊式的伦理之间的关系。在这个问题上，黑格尔在耶拿时期的实践哲学中给出了复杂多样的方案。根据相关研究，简单说，在耶拿时期处理实践哲学的第一阶段中，黑格尔强调传统实践哲学中古希腊式的伦理生活，启蒙的抽象个体性或主体性被掩盖了，直到耶拿后期处理实践哲学的第二阶段中，黑格尔才又重新肯定现代实践哲学中启蒙的个体性原则和理性原则作为现代性原则的重要性，使其在实践哲学体系中具有了更为重要的位置。②正如黑格尔在《精神现象学》中对启蒙运动的定位，即它仅仅是"意识历史阶段的一个形态；它所使用的是一个彻底主观性的理性概念：它只是

---

① 〔德〕耶施克：《德国古典哲学视野中的启蒙运动》，载《伦理学术》（4），邓安庆主编，上海：上海教育出版社，2018年，第114页。

② 参见朱学平《古典与现代的冲突与融合：青年黑格尔思想的形成与演进》，长沙：湖南教育出版社，2010年，第263页。

在内在，而不同时在外在现实中寻找理性的东西"①。这算是黑格尔启蒙批判的第三个阶段，只有在这个阶段，黑格尔对启蒙的看法才算成熟。

在考察了早期黑格尔对启蒙的继承和批判之后，我们也可以在实践哲学中的启蒙问题上来比较他与门德尔松和康德之间的同异，并进一步一般地讨论实践哲学中理论与实践的关系问题。在某种意义上，黑格尔所受的启蒙教育以及所肯定的启蒙就是门德尔松所谓的对人的启蒙和康德所谓的对理性的公开运用，这尤其是指科学和理论研究方面的教化，因此是普遍的、不受限制的。也可以说，在这个层面上，他们是一致的，而且他们所说的应该都是一般意义上的启蒙，而非具体的启蒙运动。正如耶施克所说："因为'Aufklärung'作为'进行澄清'这样一个行为过程，这是人们无论以何种方式都必须无条件加以支持的。"②

麻烦之处在于启蒙（作为理论）与现实（作为实践）之间的关系问题。在某种程度上，黑格尔启蒙批判的第二阶段与门德尔松所提出的对公民的启蒙和康德所谓的对理性的私人运用都是对这个问题的回应。显然，他们都认识到了现实实践中的复杂性和异质性，比如，门德尔松与康德都不约而同地强调了人的具体阶层和职业，黑格尔则强调了无限多样的人性现象、多样化的风俗和习惯等。也正是由于认识到了现实实践中的复杂性和异质性，他们才要一致避免直接拿启蒙原则来变革现实。大体而言，门德尔松和康德的做法都是对启蒙进行划界。虽然对理论领域与实践领域进行了划分，但康德的任务重心显然是在先验层面对知识问题和实践问题等进行理论探究，即努力抽取出具有普遍性的原则，即形式的东西。康德当然对实践领域非常关心，但他是在先验和经验这种二元论立场上来谈论的，他明显更多的是在先验层面（而非经验层面）处理实践问题，比如从实践领域抽取出普遍的道德法则。相较而言，对于经验领域等质料性的东西，康德关注度要低一些。在这一点上，康德确实体现了启蒙的逻辑。相较于康德在先验层面的强调，早期黑格尔一开始更关心经验层面的实践问题。在1795年4月16日给谢林的信中，黑格尔曾有言："从康德体系及其最高的完成（Vollendung）中，我期待着在德意志大地上出现一个革命，这个革命要从下列原则出发，它们是现成的，并且还有必要通过合作被应

---

① 〔德〕耶施克：《德国古典哲学视野中的启蒙运动》，载《伦理学术》（4），邓安庆主编，上海：上海教育出版社，2018年，第114页。

② 〔德〕耶施克：《德国古典哲学视野中的启蒙运动》，载《伦理学术》（4），邓安庆主编，上海：上海教育出版社，2018年，第105页。

用于迄今为止的全部知识上。"① 也就是说,黑格尔一开始认为,康德已经在理论上完成了启蒙革命,但这些原则还远远没有在现实中实现出来,所以黑格尔赋予自己的使命是将康德的哲学原则应用于现实。但后来黑格尔越来越意识到康德存在的分裂性、形式性和抽象性,在某种程度上,这就是对康德探究实践问题所采用的二元论所作的一种质疑。

在《基督教的实定性·新序言》中,黑格尔对客观性、历史性、多样性和现实性的强调展示了一种与康德的方法不同的探究实践问题的新方向。根据黑格尔后来的哲学发展,他应该是把康德那里的二元论转变成了一元论,取消理论与实践之间的界限。但在这种一元论中,经验领域的复杂性被给予了很大的关注。比如在《论自然法》中,黑格尔几度称赞以强调经验杂多为特征的经验主义比以强调逻辑统一为特征的形式主义更具接近总体的优势。② 这说明,在实践哲学中,黑格尔不只是像康德那样从经验和实践领域抽取出形式和原则,还考虑到了这些形式和原则的内容和现实化。正是基于对现实领域复杂性的自觉意识,黑格尔也强调哲学的后思特征,以避免再次出现由现代启蒙主观原则所导致的法国大革命后期的恐怖时期。

可见,在上述启蒙问题背后,最终涉及如何处理理论与实践的关系问题。从道理上讲,康德的划界方案与黑格尔的和解方案都存在问题。康德过度强调从实践经验领域中抽取形式原则,而对经验内容和质料本身有所忽略。黑格尔虽然试图把实践经验领域中的内容尽可能多地包容到其哲学体系中,以便把握总体,但他必须要有一个最后的统一者,即绝对精神。历史和现实中的杂多最后不过是绝对精神的显现,这样一来,杂多或异质性就被同质化了。这也正是后世对黑格尔哲学的批评之一。对于这个问题,更为可取的做法是在划界基础上对理论问题和实践问题采取不同的思维方式。简而言之,在理论问题上使用理论思维,即讲求逻辑一贯和清晰彻底,而在实践问题上则采用实践思维,即要根据特定实践的具体情况综合参照各种理论来达到主体的实践目的。③

---

① *Briefe von und an Hegel*, Band 1. Hrsg., Hoffmeister J. Hamburg: Felix Meiner, 1952, S. 23 - 24;苗力田译编:《黑格尔通信百封》,上海:上海人民出版社,1981 年,第 43 页,译文有改动。
② Hegel, *Werke* 2, 9. Auflage, Frankfurt am Main: Suhrkamp Verlag, 2018, S. 450 - 453.
③ 参见徐长福《理论思维与工程思维》,重庆:重庆出版社,2013 年,第 66 页。

第二章 自由与实定性的辩证

本书上一章第二节讨论了作为自由和实践之基础的启蒙问题,展现了黑格尔早期关于理论与实践之间的关系的复杂态度。本章从黑格尔早期的实定性批判来研究他的自由观念。卢卡奇在《青年黑格尔》中就曾说过,实定性(Positivität)是黑格尔伯尔尼时期的一个核心概念。① 在某种程度上,它贯穿于黑格尔早期(1793—1800年)始终。国内学者薛华和俞吾金②等都曾讨论过黑格尔早期的实定性批判的现代意义,但他们所强调的主要是黑格尔在伯尔尼时期(1793—1795年)对实定宗教和实定信仰的批判,即实定之物的外在性、异己性、他律性和强迫性。但他们没有强调黑格尔早期的实定性批判及其自由思想的变化,尤其是1799—1800年的变化。而这个方面不论对黑格尔自己的实践哲学,还是对其后的现代性思想发展都更为重要。本章首先分析"实定的"(positiv)和"实定性"(Positivität)的词源和概念史。接着分三节来分析黑格尔1793—1800年实定性批判的三个阶段,最后予以总结和分析。

根据《哲学历史词典》(*Historisches Wörterbuch der Philosophie*)对"positiv"和"Positivität"这一词条的解释,在语言学上,"positiv"源自后期拉丁文"positivus"和"positum",其动词形式为"ponere",即"设定"(setzen)、"竖立"(stellen)和"放置"(legen)的意思。③ 在后期拉丁文(2—6世纪)中,"positiv"主要在两种意义上使用:其一为那种不因自然而存在,而是通过"设定"(Setzung)或"技艺"(Kunst)构成的东西;其二,作为语法术语,它是诸如形容词的原级形式。④ 我们主要关注第一种意义。从这种意义上可以看出,实定与自然是对立的。在其概

---

① 〔匈〕卢卡奇:《青年黑格尔》,王玖兴译,北京:商务印书馆,1963年,第48—49页。
② 参见俞吾金《现代性反思的思想酵素——从青年黑格尔的眼光看》,载《世界哲学》2012年第6期。
③ *Historisches Wörterbuch der Philosophie*, Band 7, herausgegeben von Joachim Ritter und Karlfried Gründer, Basel: Schwabe Verlag, 1989, S. 1106. 此节内容主要引自该词典。
④ *Historisches Wörterbuch der Philosophie*, Band 7, herausgegeben von Joachim Ritter und Karlfried Gründer, Basel: Schwabe Verlag, 1989, S. 1106 – 1107.

念发展史中，尤其值得注意的是"positiv"在神学和法学上的概念演变。

在神学方面值得注意的是"die positive Theologie"这种称谓，在中世纪，它经常是（但并不总是）在与经院神学相区分的意义上来定义的，前者被认为摆脱了后者的烦琐论证和虚假性，它包括经文见证、传统、宗教会议决定和"圣教会和教皇们确定的东西，以及神学家一致的意见"[①]。而经院神学则主要在理性和哲学的帮助下为系统的理解和表达服务，为此后者有时也被称为思辨神学或教义神学。[②] 但在路德宗中，"die positive Theologie"则被看作对基督教启示内容的神学阐释，因此被称为"系统神学"或"教义学"，它由此成为与自然神论中的"自然宗教"（die natürliche Religion）和启蒙运动中的"自然/理性神学"（die natürliche/rationale Theologie）相对立的概念。[③] 正如相关学者所共同承认的，黑格尔早期所受到的教育之一正是启蒙运动。在神学和宗教方面，黑格尔一开始也主要是在这种意义上使用"positiv"的。

还需要值得注意的是"positiv"在法学上的概念发展史。根据中世纪一位柏拉图作品注疏者的分析，在柏拉图对话中已经隐然出现了"实定的正义"（iustitia positiva）与"自然的正义"（iustitia naturalis）之间的区分，其中对实定正义的讨论主要体现在《理想国》中，对自然正义的讨论则主要体现在《蒂迈欧篇》中。[④] 前者是由人创制的，如判处杀人犯死刑，后者则是那些不由人创制的东西，如父母对子女的爱等。[⑤] 与"ius"或"lex"连在一起的"positiv"这种表达也保持着这种意思（设定、发布、创制）。因此一般认为，实定法与自然法的对立观念来自古希腊和古罗马，而非基督教。这对概念也影响了后世法学的发展，并在近代自然法和政治理论中得到了继承和复兴。在黑格尔保留下来的文献中，最早出现的"positiv"就是法学意义上的，这出自第一章所提到的黑格尔在1787年从祖尔策的《简明知识概念》中所作的一篇名为《法学·一般概观》的

[①] *Historisches Wörterbuch der Philosophie*, Band 7, herausgegeben von Joachim Ritter und Karlfried Gründer, Basel: Schwabe Verlag, 1989, S. 1108 – 1109.

[②] Vgl. *Historisches Wörterbuch der Philosophie*, Band 7, herausgegeben von Joachim Ritter und Karlfried Gründer, Basel: Schwabe Verlag, 1989, S. 1109.

[③] Vgl. *Historisches Wörterbuch der Philosophie*, Band 7, herausgegeben von Joachim Ritter und Karlfried Gründer, Basel: Schwabe Verlag, 1989, S. 1109.

[④] Vgl. *Historisches Wörterbuch der Philosophie*, Band 7, herausgegeben von Joachim Ritter und Karlfried Gründer, Basel: Schwabe Verlag, 1989, S. 1109 – 1110.

[⑤] Vgl. *Historisches Wörterbuch der Philosophie*, Band 7, herausgegeben von Joachim Ritter und Karlfried Gründer, Basel: Schwabe Verlag, 1989, S. 1110.

摘录中，其中出现了"jus positivum"，它是在与"das natürliche Gesetz"（或"das Gesetz der Natur"）相对立的意义上出现的。因此这则摘录体现了"natürlich"和"positiv"在法律上的对立。①

第一节　康德德式主体自由与作为外在性的实定宗教之间的对立

虽然在黑格尔中学时期的摘录中就出现了"实定法"，但不论是在内容上还是在概念上，黑格尔对"positiv"的使用还没有自觉的问题意识。而"positiv"以及相关词汇成为重要概念，要等到其伯尔尼时期才开始展现出来。根据文本分析，在1793—1800年，黑格尔对"positiv"和"Positivität"的使用和批判可以粗略分为三个阶段，即1793—1795年、1795—1799年与1799—1800年。

在现存的黑格尔早期手稿中，首次明确出现"实定宗教"这个术语当是在《黑格尔全集》历史考订版第一卷"Text 29"中。"Text 29"大多是黑格尔从《新神学期刊》（Neues theologisches Journal，Nürnberg）1793年第1卷和第2卷、1794年第3卷和第4卷中摘抄或总结而来。几乎在同一时间或稍前一点，黑格尔也从《新神学期刊》第2卷和第3卷（共三篇文章）中作了一组摘抄，其中大多是对耶稣及其教训的道德化解释。② 在这个文本中，有三处直接使用了实定宗教和实定教义等表达。其中尤为值得强调的是第二处："伪称建立在理性信仰之上的实定宗教（positive Religion），就其本性来说，必然企图劝人改变宗教信仰。"③ 根据编者注释，这段笔记可能来自《新神学期刊》上的一篇文章，即《基督教是一个实定宗教吗?》（Ist das Christentum eine positive Religion?）④，在这篇文章中，作者试图努力表明基督教包含理性宗教的基本特征，虽然它也包含着为人所见的实定的环节。⑤ 可以说，在这几条与实定宗教有关的笔记中，黑格尔主要关注的是：基督教与实定宗教的关系、基督教的实定教义以及实定宗教的本质。"Text 29"可被看作一个转折点，一方面，黑格尔开始用

---

① Vgl. *GW* 3，S. 121 – 125.
② Vgl. *GW* 3，S. 212 – 214，289 – 291.
③ Vgl. *GW* 1，S. 200；中译文参考《黑格尔早期著作集》（上卷），第144页。
④ *Neues Theologisches Journal*，Band 1，Nürnberg 1793，S. 89 – 104，273 – 286.
⑤ Vgl. *GW* 1，S. 624。

"道德宗教"（或"理性宗教"）与"实定宗教"等术语来代替"主观宗教"和"客观宗教"这些概念——实定宗教与客观宗教具体所指基本类似；另一方面，它开启了黑格尔在《耶稣传》和《基督教的实定性》等文本中对实定宗教等的批判。

一、犹太教的实定性

与"Text 29"写作时间相近的《耶稣传》主要是根据康德的实践哲学把耶稣的生平与教导道德化，耶稣的使命就是把宗教奠基在人的自我立法——即道德法则——基础上，而这就要求打破犹太教的外在性和非理性。在这个文本中出现的主要是"实定制度"（die positive Einrichtungen）① 和"实定命令"（die positive Gebote）②。一般情况下，这些表达是中性的，但在康德道德哲学语境下，它们被置于自由、理性和内在性的对立面，由此它们就成了应被否定的东西——至少在道德的基础问题上。

根据康德的道德哲学，只有人内心的道德律、理性的自我立法才是意志的规定根据，人的自由就在于对道德律及其立法的服从。如以理性之外的其他东西（如权力等）为根据，则它们就是外在的和强制的，就是实定的。实定性与道德律（理性的自我立法）之间是完全对抗的。

黑格尔写作《耶稣传》的目的之一就是要从源头上来考察基督教实定性的来源，是《基督教的实定性》的导论，这些在"Text 29"中已经很明显地体现出来了。同时值得注意的是，与伯尔尼时期的《人民宗教和基督教》这组文本不同，在"Text 29"与《耶稣传》中，耶稣与基督教被区分开来，基督教的实定性被归因于犹太教和耶稣门徒的实定性，而非耶稣的诫命本身。在《耶稣传》中，耶稣的使命被规定为对犹太教实定性的打破，可以想见，这也适用于对后世基督教的批判。对犹太教和基督教之实定性的批判的政治哲学意义在于，黑格尔以康德式的理性、道德律为标准来审视国家、政治和法律。

在《耶稣传》中，黑格尔对犹太教实定性的批判，首先在于，犹太教的信仰是建立在耶和华或摩西等外在的权威之上，而非理性本身。因此，犹太教信仰本身是实定性的："把你们的信仰建立在对一个个别的人的异

---

① Vgl. *GW* 1, S. 210.
② *GW* 1, S. 223.

己的权威上面,你们怎样能够承认理性为知识和信仰的最高标准呢?"①这种批判同样适用于后世基督教信仰,因为它们以耶稣的教导和耶稣的名为权威,而这正是"耶稣"自己所反对的:"凡是我所教导的东西并非出于我的奇想,也非出于我的独创,我不企望任何人单凭我的权威来接受我所说的话,因为我不寻求我自己的荣誉,我让普遍的理性来作出评判,普遍理性可以决定每个人相信或者不相信我的话。"② 针对这种信仰的实定性,黑格尔提出要以德行精神去转变信仰的内容,比如在读经方面:"你们必须同时带着真理的精神和德行的精神来读圣经。"③

其次,犹太教的律法也具有实定性,因为它们的权威性来自"耶和华"或摩西等,这完全与理性相悖:"如果你们把教会的规章和实定的命令看成给予人们的最高法则,那么你们就错看了人的尊严,并且不懂得,在人内部有能力根据自身创造出神的概念和关于神的意志的知识……理性的立法作用是不复依赖任何别的东西的。对于理性,无论在地上或天上都没有另外一个权威能够现成地提出另外一个裁判的标准。"④ 这样一来,犹太人就被局限于"毫无精神意味的知识和机械枯燥的礼节仪文",不能认识到理性、道德等真正卓越的东西。对此,应以德行精神来看待犹太教各项律法和规定,把它们建立在理性基础上,由此打破犹太律法的实定性,这就是"耶稣"的使命所在。"耶稣"警告世人不要像法利赛人和犹太族中的文士那样满足于尊重律法的字句或条文,这不过是法院的事情。相反,必须根据法则的精神,基于对义务的敬重来行事。为此,"耶稣"对犹太律法和诫命(如"守安息日""不可杀人""不可奸淫""不可作伪证陷害邻人""以眼还眼、以牙还牙")都进行了道德化解释。无疑这就是对康德道德哲学的直接运用。稍后我们将在法兰克福时期的诸文本中看到黑格尔对耶稣教训的重新解释,在那里,黑格尔既有对康德道德哲学的批判,也有对《耶稣传》中他自己所坚持的理念的批判。

最后,对犹太教实定性的批判有时就直接转变成了对国家和政治观念实定性的批判。建立在犹太教信仰和律法基础之上的政治观念和制度自然

---

① 《黑格尔早期著作集》(上卷),第166页;GW 1, S. 223 – 224。
② 《黑格尔早期著作集》(上卷),第166页;GW 1, S. 223。
③ 《黑格尔早期著作集》(上卷),第166页;GW 1, S. 224。
④ GW 1, S. 223;《黑格尔早期著作集》(上卷),第165—166页,译文有改动。中译本将"positiv"译为"权威的",相应地,"Positivität"就译为"权威性",但如此一来就无法与"Autorität"(中译本也译为"权威性")相区别。对此,笔者将"positiv"译为"实定的",相应的,"Positivität"就译为"实定性",具体分析参见下文。

是实定性的，在这方面，黑格尔批判了犹太人所持的弥赛亚主义。

二、耶稣教义与基督教的实定化过程

在1793—1795年，最集中体现黑格尔实定性批判的是学界习惯以《基督教的实定性》命名的一组文稿——在《黑格尔全集》历史考订版第1卷中，是指"Text 32""Text 33"和"Text 34"。① 这个文本中频繁出现"实定宗教"（positive Religion）与"实定信仰"（ein positiver Glauben）等表达，它们着力讨论耶稣与实定宗教的关系、耶稣教导中的实定因素、早期教会作为实定宗派与基督教成为实定宗教等。如果说《耶稣传》中所用的实定制度和实定命令还带有部分中性色彩，《基督教的实定性》中的实定宗教（以及实定信仰）则完全成了贬义概念。

《基督教的实定性》的前两篇（"Text 32"和"Text 33"）着力解决基督教的实定性问题，这是贯穿这两个文本的主线。作为其导论，《耶稣传》已经从犹太教、耶稣、耶稣的门徒等方面对实定性问题作了分析，为进一步展开做好了铺垫：首先，犹太教的信仰、律法具有强烈的实定性，这被后来的基督教所继承；其次，耶稣的使命就是打破犹太教的实定性，并希望把宗教奠基在人的自我立法——即道德法则——基础上；最后，耶稣的门徒因头脑中带有强烈的犹太传统观念，使他们并未真正领会耶稣教导的真正道德内涵，反而在传播福音的过程中把耶稣的教导本身实定化了，使得后世基督教也成为一种实定宗教。

在此基础上，《基督教的实定性》的前两篇着力考察耶稣门徒以及后世基督教在发展过程中如何一步步把基督教实定化，尤其在早期使徒教会时期与教会国家时期。

（一）实定性的概念

可惜的是，《基督教的实定性》第一篇（"Text 32"）的起始部分有所丢失，或许黑格尔正是在这里讨论了"实定性"的概念，根据1800年修订的序言可以得出这一结论，在那里，黑格尔指出："宗教的实定性这一概念只是在新近时期才开始出现并且成为很重要的概念的。实定宗教是与

---

① 关于这三个文本的写作、流传和编辑情况，参见 *GW* 1, S. 493 – 501。

自然宗教相对立的，并且以此为前提的。"① 在保留下来的第一篇中，黑格尔几乎没有正式分析过实定性的概念。但关于"实定性"（Positivität）的概念，我们可以在《基督教的实定性》第二篇（"Text 33"）中找到，因此我们可以先分析黑格尔在第二篇中的相关论述。

在《基督教的实定性》第二篇中，黑格尔主要是从学理（而非历史）上考察了实定信仰或实定宗教，值得注意的是黑格尔对实定信仰的定义以及对实定信仰之出现的解释。在第二篇一开始，黑格尔就为实定信仰作了如下规定："实定的信仰是这样一个宗教原则的体系：它所以对我们来说具有真理性，乃是由于它是由一种权威（Autorität）命令给我们的，而这权威我们不能拒不屈从、不能拒不信仰。"② 根据《黑格尔全集》历史考订版的注释，"实定的信仰"（Ein positiver Glauben）一开始被写为"实定的宗教"（Eine positive Religion）③，这应该受康德对宗教与信仰的区分影响，在康德那里，宗教的本质是道德，只有一种宗教，就是道德宗教。基督教、伊斯兰教、犹太教等都是不同的教会信仰形式，即都是历史性信仰。黑格尔这里的话点明了实定信仰的本质特征，即外在性和强迫性。在实定信仰中，客观的真理是伪真理，而且真正的道德没有位置，因为实定信仰与自由完全对立："接受一种实定信仰，必然以丧失理性的自由、理性的独立为前提，而理性丧失了自由和独立，就不能对外来势力进行任何反抗。"④ 也就是说，实定信仰之发生与被接受就在于一个人的理性是否自由和独立。

黑格尔所关心的问题是，对实定信仰的相信是如何可能的？或者说，实定信仰中的客观真理如何成为主观真理？这涉及对人的感性、知性、理性、想象力和意志等能力的分析。

首先，想象力接纳历史真理，它被要求去引起原先已有的表象（Vorstellung），继而接纳相近的表象，这样一来，现实的经验和感情得以产生，这种感情促使知性发生变化，信仰就此形成。

其次，由想象力引起的往往只是历史的真理，还不是普遍的真理，二者之间具有矛盾：历史的真理与知性法则之间的矛盾。知性和想象力之间

---

① 《黑格尔早期著作集》（上卷），第336页；*GW* 2, S. 351。对此分析，请参见 Hegel, *On Christianity: Early Theological Writings*, translated by T. M. Knox, with an introduction and fragments translated by Richard Kroner, New York: Harper Torchbooks, 1961, p. 67, n. 1。
② 《黑格尔早期著作集》（上卷），第307页；*GW* 1, S. 352。
③ *GW* 1, S. 352。
④ 《黑格尔早期著作集》（上卷），第309页；*GW* 1, S. 353。

的矛盾会使得信仰成为不可能，但为了使信仰成为可能，必须有另一种更高的能力，迫使知性承认由想象力所得到的超自然的东西。这种更高的能力就是理性，它强迫知性去接受这种观念，并强迫知性为这种观念服务，即为之提供因果论证。但知性的反抗可能性并没有断绝，因此信仰本身仍潜藏着对立可能性。

最后，在实定宗教体系中，理性只对感官世界作出要求，而对意志的要求则只能由"支配者的法则"作出。这既强调了人的理性的无能——根据《黑格尔全集》历史考订版第一卷"编者注解"，"理性的无能"源自谢林所使用的如下表达，即"理性的虚弱"（Schwäche der Vernunft），这种表达出现在他的《论独断主义和批判主义的哲学书简》（1795年）①中——也强调了意志对外在权威的依赖性。这必然导致，在实定信仰中，真正道德是不可能的："在这信仰之中，提高到意识和考虑的东西，构成整个实定信仰的可能性的基础，是道德上的无能为力和这样一种感觉：［人］成为一种虽然还在进行表象、但却由给定的表象所推动的机器。"②就是说，人不过是一种为外在的权威所支配的机器，没有自由和独立可言。在这种情况下，理性仅被用来对神的存在提供道德证明。在《基督教的实定性》第三篇最后一段中，黑格尔在讨论奇迹信仰的可能性问题时又作了类似的考察。很明显，在这个问题上，黑格尔已经隐含了对康德的一种批判。

具体到基督教问题上，耶稣的教导（作为一种道德宗教）之所以成为实定宗教，端在于耶稣门徒及当时人们理性能力之不足，因认识不到人的理性能力，所以转而寻找外在的权威。这是《基督教的实定性》第一篇所坚持的思路。

在《基督教实定性》第一篇的导论部分，黑格尔进一步确定了研究实定性问题的方法，即"把理性和道德性当作检验它（指基督教——引者注）的基础，并引出民族精神和时代精神来帮助解释它"③。这显然是黑格尔综合康德、赫尔德、孟德斯鸠等人的思想而得出的方法论，也是黑格尔自图宾根时期以来就不断尝试运用的方法。《黑格尔全集》历史考订版第一卷在"编辑注解"中指出，"民族精神和时代精神"肯定是从赫尔德那里而得出的，比如在其《关于人的历史哲学的看法》（1791年）中，赫

---

① Vgl. *GW* 1, S. 635.
② *GW* 1, S. 356；《黑格尔早期著作集》（上卷），第312页，译文有改动。
③ 《黑格尔早期著作集》（上卷），第226页；*GW* 1, S. 281。

尔德就使用了"时代精神和民族精神"这种用法，有时也分开使用，同时，孟德斯鸠对黑格尔使用"时代精神和民族精神"也有影响。① 但这种方法在当时仍被很多学者及政府当局斥为"彻底的堕落"，所以黑格尔这篇研究的处境极为不妙，但他仍坚决秉持这种能"引导人类达到其目的，达到真理和德行"的方法，并严正重申自己关于宗教本质的立场以及评判基督教的标准："一切真正宗教（基督教包括在内）的目的和本质就是人的道德性（Moralität），并且基督教一切较详细的教义、宣扬这些教义的一切手段，以及对基督教的一切义务（无论信仰教义的义务或者关于履行宗教仪式上许多本身具有武断性的行为的义务）评判其价值，其神圣性，皆以它们与人的道德这一目的相联系的远近为准。"② 显然，这种申明带有浓重的康德理论的色彩，在这一点上它与《耶稣传》基本上是一致的，并且仍类似于从人性概念出发的自然宗教思路。不过除此之外，黑格尔现在显然还希望进一步把"时代精神"方法运用到对基督教会史的考察上。在1800 年的《基督教的实定性·新序言》中，我们将看到，从人性概念出发的思路受到了严厉批判，但同时，时代精神的概念却得到了进一步彰显，由此黑格尔才能提出历史辩证法观念。③

（二）时代精神与耶稣宗教中的实定性因素

虽然黑格尔在《耶稣传》中已经从犹太教、耶稣、耶稣的门徒等方面讨论了实定性问题，但当时黑格尔主要是在康德的理性和道德性原则上运思，现在黑格尔则希望从时代精神角度对此加以补充。

虽然黑格尔在《耶稣传》中已经多次提及犹太人的状况，但他现在更有意识地予以分析犹太人的精神。犹太律法的实定性已经使犹太人成为"无生命的机器""机械的奴隶"。犹太人的民族精神，一方面被这种实定性所压迫，变得老态龙钟，没有自由和生命力，另一方面则因受外国统治而受到伤害与痛苦。这种实定性严重背离和摧残着宗教的本质和目的，即"敬事上帝和遵循德行受到死板公式的安排和强制"④。在笔者看来，这里的分析就是黑格尔当时所处的德意志的状况，因此犹太民族的可悲状况就是德意志民族的可悲状况。一方面，各种法律条文巨细无遗，人们的精神

---

① Vgl. *GW* 1, S. 629.
② 《黑格尔早期著作集》（上卷），第 227 页；*GW* 1, S. 282。
③ 对《基督教的实定性·新序言》的相关分析，具体参见下文第四章第四节。
④ 《黑格尔早期著作集》（上卷），第 227 页；*GW* 1, S. 282。

被专制制度所挟制，没有自由；另一方面，德意志诸邦分裂，又受到外国入侵，丧权辱国。黑格尔在《德国宪制》中具体阐述了这一点。另外，根据阿维纳瑞的研究，黑格尔早期对犹太人的总体态度（尤其表现在《基督教的实定性》和《犹太教的精神》等文本中）受到当时流行观念的影响："黑格尔的描述既追随了赫尔德对犹太人的看法，也追随了启蒙运动对犹太人所持的一般观点，这种观点可以认为是传统基督教的犹太教观念的一个世俗化版本。"①

施洗约翰、耶稣等人就是在这样的背景下出现的，他们的使命就是要打破犹太教的实定性、机械性和奴役性、无精神性，拯救犹太人的民族精神，使之成为理性的、道德的、自由的、有生命的。黑格尔的使命也与此类似，即要将德意志民族（以及所有现代人）的精神从实定性中拯救出来。当然，黑格尔的武器就是康德的道德律、理性法则，黑格尔甚至希望靠这些在德意志（以及现代社会）引发一场革命。

耶稣自觉摆脱当时犹太人的观念和习惯的影响，并担负起道德教化的使命，即"把宗教和德行提高到道德，并且使道德恢复它的本质——自由"②。与《耶稣传》中稍有不同的是，黑格尔在这里对自由与民族风俗习惯、礼节仪文之间的关系作了如下表述。首先是一个下降的过程，即"自由降低到一套相近的风俗习惯、礼节仪文"，用黑格尔后期的思想来说就是，自由不断显现为实在的东西。其次是一个上升的过程，即如上面所述，民族的传统礼俗、习惯要提高到道德，提高到自由，用黑格尔后期的话来说，这是从实定的东西回复到自由的过程。黑格尔强调，耶稣的任务就类似于上升的过程，即把犹太人从各种习惯、仪文中提升到道德和自由层次。具体来说，耶稣的行为就是：用道德精神重新解释犹太律法，用道德原则去打破律法、规定、义务等各种实定性的东西；用这些道德原则去评价犹太教的仪式、大量搪塞借口、慰藉等，根本原则和根本价值在于对道德律的服从；公开教导只有道德意念才有价值，而"伪善地单纯严格从事外表的宗教仪式"毫无价值。这些都是与《耶稣传》中的论述一致。最后，黑格尔感叹耶稣的失败，这比《耶稣传》中的描述更加悲愤：在陈旧的民族精神与保守利益集团面前，耶稣要把道德引导进自己民族的宗教生活的计划完全破产了；甚至他对自己门徒的教导也是失败的，即门徒们

---

① 〔以〕阿维纳瑞：《黑格尔的现代国家理论》，朱学平、王兴赛译，北京：知识产权出版社，2016年，第21页。

② 《黑格尔早期著作集》（上卷），第228页；GW 1, S. 283。

仍保留着非道德的观念，如犹大对财富的欲望；其他门徒对权力的欲望，保留着世俗政治观念，充满对弥赛亚王国的盼望，期望以色列国的独立与复兴，等等。这些与《耶稣传》的叙述也是一致的。

按照康德在《单纯理性限度内的宗教》和黑格尔在《耶稣传》中对耶稣的分析，耶稣的宗教是道德宗教，而非实定宗教。但问题是，一个道德宗教为何会发展成为实定宗教呢？黑格尔承认，耶稣的教导确实完全以道德性（理性）为基础，但它确实也包含着一些实定性规定，如上帝信仰、奇迹等。黑格尔进一步认为，由于当时人们理性能力的不足，上述实定性规定被看作耶稣的教导的本质规定，因此耶稣的教导被误解了，并进一步发展成为实定宗教。现在要回答的问题是，耶稣为何一定要在其道德宗教中加入实定性的规定呢？黑格尔把原因归之于时代精神。为了具体阐明这一点，黑格尔说要"一方面在耶稣自己的宗教之原始形态里，一方面在时代精神里去寻求使得基督教作为德行宗教早期受到误解，最初成为一个宗派，后来成为一种实定的信仰所以可能的某些普遍的根据"[①]。

从耶稣自己的宗教形态来看，耶稣保留了实定性的规定，即犹太人的民族传统信仰，如对上帝、奇迹的信仰。从当时的时代精神来看，犹太人的精神处于可悲的状况中：机械性、奴役性、无精神性、道德的败坏与缺失，它们表现在宪制、宗教、政治和民事等各个方面。这是一种异化的时代精神，这种异化的时代精神表现在方方面面，是全面的异化。这也说明黑格尔是把宗教、宪制、政治、社会看作时代精神的表现方面，因此对异化的时代精神的批判，就是对各个方面的批判。但最根本的还在于当时犹太人理性能力的缺失："单单提出诉诸理性那就会相同于向鱼宣教，因为当时的犹太人还没有足够智能来认识理性的要求。"[②] 因此一定要采取一些实定性手段来激发人的道德感，并且努力把人的道德感从教会信仰（Kirchenglauben）中拯救出来，并反对教会信仰的权威。这种时代精神使得如下实定性规定成为必要的手段。

首先是耶稣对自己人格的强调，这表现在耶稣把自己的教训看作上帝的意志、把自己看作弥赛亚，这也使得耶稣平常的生活方式成为引人注目的，尤其是他的惨死，这种影响最为深远。其次，奇迹最能引起理性能力不足的犹太人的注意，但也最有助于使得耶稣的宗教成为实定宗教："没有什么东西曾经像对奇迹的信仰那样有助于使得耶稣的宗教成为实定的宗

---

① 《黑格尔早期著作集》（上卷），第232页；*GW* 1, S. 286。
② 《黑格尔早期著作集》（上卷），第235页；*GW* 1, S. 289。

教，有助于把整个宗教，甚至把关于德行的教训，都建筑在权威上面。"①在黑格尔看来，这些实定性手段使得耶稣的道德教育方案（也是后世基督教的教育方案）成为一条"达到道德的迂回路线"②。这条迂回路线的最大害处在于，它会损害道德性的尊严。

耶稣的宗教中上述实定性规定都非常容易（事实也是如此）使信仰建立在耶稣的人格权威基础上。但即使如此，耶稣自己并没有规定一套独特的宗教仪式，这种实定性规定是由耶稣的门徒引起的。

与《耶稣传》相比，黑格尔在这里强调的是犹太人的时代精神对耶稣门徒的影响以及他们心智能力的不足："缺少自己精神力量的丰富储备……他们没有依靠他们自己的力量去获得真理和自由。"③ 这些缺憾都使他们在理解和传播耶稣宗教时背离了它的道德本质，可以说，他们一开始理解时就把耶稣的宗教作为一种实定宗教了，在传播过程中，自身又加入了一些新的实定性因素，这些都使得耶稣的宗教更加实定化。耶稣的教训逐渐被其门徒以实定性的意义去加以解释，即"把关于上帝意志的知识和服从上帝意志的义务完全建筑在耶稣的权威上面，并进而把承认耶稣的权威当作神圣意志的一部分，因而也就当作一种义务"④。结果，人的理性成为一种单纯接受的能力，而非自主立法的能力。所以，耶稣的教训的内在标准（理性、道德性）完全丢失了，耶稣的教训完全成为外在性和强制性的了，与其他实定宗教没有任何差别了。因此耶稣的宗教脱离了真正宗教的本质，就是说，"脱离了以其纯洁性确立人的义务和实现义务的内在动机的目的，脱离了运用上帝的观念来表示至善的可能性目的"⑤。

后来，耶稣的门徒结成了小团体（Gesellschaft），使耶稣的宗教成为带有一套独特宗教仪式的宗教，这就是早期教会时期。黑格尔强调的是，一些原则在小社团里是"便利的、适合的和可容许的"，但当扩展到整个社会和国家时，就成为不正当的、压制性的、不合适的了，如财物公有、平等、爱等。很明显，这是黑格尔在伯尔尼时期的《人民宗教和基督教》中所强调的。黑格尔在这里重新站在现实国家和市民社会角度来予以评判小团体原则的局限性。黑格尔尤其强调"圣餐"如何从一种富于道德、爱、人道主义精神的方式（表现在耶稣那里）转变为一种独特的宗教仪

---

① 《黑格尔早期著作集》（上卷），第 237—238 页；*GW* 1，S. 291。
② 《黑格尔早期著作集》（上卷），第 238 页；*GW* 1，S. 291。
③ 《黑格尔早期著作集》（上卷），第 240 页；*GW* 1，S. 293。
④ 《黑格尔早期著作集》（上卷），第 245 页；*GW* 1，S. 297。
⑤ 《黑格尔早期著作集》（上卷），第 245—246 页；*GW* 1，S. 297。

式，一种强迫性的任务和一种无精神性的东西。

黑格尔强调，基督教作为一个实定宗派具有强烈的扩张欲，即对于"为他的信仰和为上天的名义寻求新的皈依者"有高度的热情。扩张欲贯穿在基督教的整个发展历史过程中。这是实定宗派的一个特点，因为它与信仰自由、意志自由是对立的。不仅如此，扩张欲也与宗教的道德本质相悖。以道德性为本质的所有宗教信仰在根本上是一致的，道德性压倒了所有的实定因素，因此不会出现扩张的问题。黑格尔分析指出，在对待他人的态度上，扩张欲往往表现为怜悯和厌恶。怜悯态度会使传教士试图去"拯救"和"改变"他人；而厌恶态度则使他倾向于不宽容，在极端情况下，可发展为暴力的宗教迫害，直至宗教战争——在基督教发展成为教会国家后，这些情况愈加严重。正是这种扩张欲，使得惩罚、审判、剥夺公民权利、杀戮等一系列恶行成为正当的了，这离耶稣的道德教导越来越远了。在4世纪，基督教从一个小社团成为罗马国教，成为精神国家或教会国家。教会不断侵犯国家法权、公民权利和人权，基督教的实定化在这里达到极致。关于这方面，我们将在讨论黑格尔早期的国家思想时详细分析。

从上述文本上看，在1793—1795年，黑格尔的实定性批判主要表现为康德的主体自由理论与实定宗教之间的对立，后者表现为外在性、强制性、他律性和权威性。正如阿维纳瑞所说："黑格尔用'实定性'来表示一种宗教制度，这种制度制定了一整套的规则和规范，信徒之所以必须服从这些规则和规范，并不是因为他们的每一个别行为都表达了他们自己的内心信念和自由的道德选择，而是因为宗教制度已经如此这般地创立、制定和'设立'了这些规则和规范。'自由'和'实定性'的这种并列根本而言是康德式的，它为黑格尔提供了判断不同的宗教体系的标准。"[①] 但仅仅从康德的自由理论角度不能全面把握黑格尔的实定宗教批判的内涵和意义所在，而必须将之放到黑格尔的人民宗教理想和当时的时代背景（尤其是法国大革命）中去理解。

在伯尔尼时期之前的《图宾根残篇》中，黑格尔试图在传统实践哲学的古典共和主义和启蒙思想基础上构建一套符合德意志民族的公民宗教，他称之为"人民宗教"（Volksreligion）。人民宗教在本质上是一种主观宗教，其典范是古希腊宗教，与之相对的私人宗教和客观宗教的代表则是基

---

① Avineri, S., *Hegel's Theory of the Modern State*, Cambridge: Cambridge University Press, 1972, p. 14.

督教。但对于后者的批判，黑格尔主要是在进入伯尔尼时期后才具体展开的。在伯尔尼时期最早的几个文本中，黑格尔继续沿用主观宗教与客观宗教等概念，并承继和发展着他的人民宗教理想。总起来看，黑格尔的人民宗教理想与这时期出现的法国大革命有着紧密的关系，它表现了黑格尔试图在四分五裂的德意志帝国复兴古希腊和古罗马共和国中的政治自由以摆脱专制统治的想法。① 尽管稍后主观宗教和客观宗教等概念逐渐被道德宗教和实定宗教所取代，但黑格尔的根本意图并未改变——黑格尔之所以用道德宗教和实定宗教取代主观宗教和客观宗教，可能和黑格尔对康德道德宗教的进一步接受有关，但也可能与当时关于道德宗教和实定宗教的大量并列使用（如前述《新神学期刊》）有关。因此，在1793—1795年，黑格尔主要从康德实践哲学意义上的个人主体性出发探讨基督教实定性的根源，以此实现其人民宗教理想和古典共和主义观念。但正如有学者所指出的，康德式主体性自由与古代政治自由观念和人民宗教理想存在着张力："但人们能同时以个人的权利作为出发点并追随希腊人（在他们的城邦中，个人被伦理的整体结构所包含）吗？如果人们在政治、宗教和伦理生活的整体性中追求完整的人，那么严格说来分离教会和国家是否可能？"②

第二节　统一哲学中的自由与以分裂为特征的实定性的对立

在1795—1796年黑格尔还写作了几个残篇，并在1797年作了修改，这就是《黑格尔全集》历史考订版第二卷中的"Text 40""Text 41"和"Text 42"三个文本。③ 单纯从主题上来看，这三个文本与《基督教的实定性》有一贯之处，即讨论实定信仰和实定宗教。但在讨论方式、讨论内

---

① See Otto Pöggeler, "Editorial Introduction", in Hegel, *Lectures on Natural Right and Political Science*, translated by J. Michael Stewart and Peter C. Hodgson, California：University of California Press, 1996, pp. 2, 14.

② Otto Pöggeler, "Editorial Introduction", in Hegel, *Lectures on Natural Right and Political Science*, translated by J. Michael Stewart and Peter C. Hodgson, California：University of California Press, 1996, pp. 14 – 15.

③ 《黑格尔全集》历史考订版第2卷根据水印分析法将"Text 40"和"Text 41"的写作时间提前到1795—1796年，"Text 42"则于1795年写于伯尔尼，其后改于法兰克福（Vgl. *GW* 2, S. 633 – 634）。

容和深度方面则有了明显不同。通过对这三个文本的阅读，我们就可以看出，黑格尔对实定信仰的理解发生了变化，即黑格尔开始从统一哲学基础上进行实定性批判。在"Text 49"和"Text 50"中，黑格尔进一步发展了这种统一哲学。黑格尔以这种新的实定性批判重新考察犹太教和基督教的实定性问题。

一、统一哲学基础上的实定性批判

在"Text 40"—"Text 42"中，黑格尔开始从康德的主体哲学向荷尔德林或席勒式的统一哲学（Vereinigungsphilosophie）转变，因此黑格尔就开始在统一哲学基础上展开对实定性的批判。在中译本中，"Vereinigung"有如下翻译："结合""联合""统一"等。鉴于"Vereinigungsphilosophie"通译为"统一哲学"，遂在文章中，笔者大多采用"统一"来翻译"Vereinigung"。同时，中译本对"Verbindung"和"Einheit"的翻译也不完全统一，对于前者，笔者一般采用"结合"这种译法，对于后者，笔者一般采纳中译本的译法等。

在"Text 40"和"Text 41"中，虽然黑格尔讨论的主题仍旧是信仰的实定性问题，但黑格尔对实定性的定义以及对实定性出现原因的分析都与《耶稣传》和《基督教的实定性》不同。之前，黑格尔从康德的主体自由与自我立法出发，把实定信仰的来源归结为具有强迫性的外在权威命令。而在这里，黑格尔开始从主体与客体之间的统一（Vereinigung）出发，把实定性归结为主体与客体之间的分离（Trennung）或对立。或者说，在哪里人自身、人与人、人与自然存在分离和对立，那里就存在实定性或异化。

黑格尔在"Text 40"开篇就指出，信仰之所以被称为实定信仰，是因为在信仰中实践的东西以理论的方式出现。就是说，原初主观的东西成为客观的东西。或者说，宗教成为对某种客观的东西的表象，这种客观的东西不能变成主观的，客观性或死的东西成为生活原则与行动原则。[①] 简而言之，将本来是主观能动的东西，设定为一个外在的、客观的、给予的东西，此时实定性就产生了。这种客观的东西或无限客体通过一种唤起了尊重或恐惧的客体来获得它的威力、权力和效力，这导致了客体对主体的压制。如基督教的上帝，它"本来不过是人的实践自由的表达，却被设定为

---

① 《黑格尔早期著作集》（上卷），第491页；*GW* 2, S. 5。

一个外在的神明"①。如奇迹、启示、幻象等无限的客体，这些超自然的东西不能为人的知性所理解，它们通过引起人的恐惧和敬重来压制主体。又如康德的物自体和费希特的第一因或活动性（Tätigkeit），这些也不能为人的知性所认识。按照费希特的哲学，实践自我的本质在于，"理想的活动性超出现实事物"以及客观活动性等同于无限活动。但在费希特那里，理想的活动性对现实事物的超出是被给予的，客观的活动性与无限的活动的等同也是被给予的，而且是由"一个有无上威力的、主宰一切的客体（权威）"给予，而且这个客体及其行动方式不能为人所理解，所以这个客体的各种作用就是奇迹，这个客体的活动性不是自我的活动性，这个客体的行动不是自由的本质（即人）的行动、自我的行动，因此对上述理想性活动的信仰就是实定的。②很明显，这里其实是对康德和费希特二元论的一个批判。黑格尔也表示，所谓神的活动就是自我的行动。③这样黑格尔就把神学转变成人学。我们稍后将会看到，黑格尔对犹太教的批判就是从此出发的。

黑格尔还批判了康德实践哲学中主体内部的二元论。之前黑格尔认为，只有在道德自律中，主体才是自由的。但此时他则认为，这种道德自律产生了实定性，因为它以主体内部实践理性对杂多感性冲动的压制为前提。以理性与感性的分离和对立为前提，康德的实践理性所达到的统一仅仅是理论的、空洞的、没有意义的统一。④人自身还是处于分裂状态。因此黑格尔在这里又批判了康德的另一种二元论，即实践理性与感性冲动之间的分离与对立。这应该是黑格尔第一次明确地从统一哲学来批判康德的自律伦理学，这种批判思路在《基督教的精神》这组文本中得到更加明确的运用，因此代表着黑格尔哲学思想的重要变化——同时值得注意的是，其实从《图宾根残篇》开始，黑格尔就对康德那里存在的感性与理性之间的对立保持警惕。

在"Text 41"中，黑格尔还指出产生实定性的另一种原因，即主体对客体的逃避："畏惧客体，逃避客体，害怕同客体统一（Vereinigung）。"⑤这被黑格尔称作"最高的主体性"（Subjektivität），其实也是空洞的主体

---

① 朱学平：《青年黑格尔论"犹太教问题"》，载《华东师范大学学报》（哲学社会科学版）2016年第2期，第59页。
② 《黑格尔早期著作集》（上卷），第493页；GW 2, S. 7。
③ 《黑格尔早期著作集》（上卷），第493页；GW 2, S. 7。
④ 《黑格尔早期著作集》（上卷），第491页；GW 2, S. 5。
⑤ 《黑格尔早期著作集》（上卷），第493页；GW 2, S. 8。

性。黑格尔在法兰克福末期就用此来批判耶稣以及基督教对作为客体的现实世界的逃避。

黑格尔进一步从统一哲学来重新理解神与宗教问题。上面已经提及，黑格尔把神的活动理解为自我的活动。也就是说，神不再作为一个外在的无限客体与人相分离，而是作为一种自我的活动与人相统一。用另一种说法就是，"使客体有生命，就是使它们成为神"①，使客体有生命就是使其主体化，从而使得神与人达成统一。因此人与神的统一就是自由与自然、主体与客体相统一："只要哪里主体与客体，或者自由与自然被设想为这样统一着的，即是说，自然即是自由，主体与客体不是分离的，那里就有神圣的东西。"② 在这种统一中，就不再有人与神、主体与客体的区分。如果非要从主体和客体方面来说，那就只能说"神同时是主体和客体"③。

如何达成人与神、主体与客体、自由与自然的统一？黑格尔此时提出"爱"的概念："只有在爱里面人才是同客体合而为一的。"④ 这里不存在支配者，也不存在被支配者。在这种情况下，神也就是爱的具体化："这种爱，为想象力想象为一个存在物（Wesen），就是神。"⑤ 黑格尔还强调，只有在本质相同的东西中间，爱才能存在。简言之，爱就是具有相同本质的东西之间的统一感。这是黑格尔第一次从统一哲学来重新理解爱。稍后我们将看到，"爱"成为黑格尔法兰克福时期作品中最重要的概念之一，爱被理解为整体的生命感。可见，黑格尔这里对爱的规定已经对后来的思想作了预示。

可以想见，黑格尔写下这些句子的时候心中所想到的正是古希腊那里人与神、自由与自然、主体与客体、现实的东西与可能的东西和谐统一的状态，充满了爱、美和自由。在下面的分析中，我们将看到，与古希腊的统一状态相反，犹太教中始终存在着神与人、客体与主体的分离。在那里不存在爱，犹太人的神始终是一个与人相异化的无限客体，始终支配并压迫着犹太人。犹太人必须完全匍匐在这种客体面前。

"Text 42"往往被称为片段《信仰与存在》（Glauben und Sein），且被认为与荷尔德林的《原断与存在》（Urteilung und Sein）有密切联系。黑

---

① 《黑格尔早期著作集》（上卷），第494页；GW 2, S.8。
② 《黑格尔早期著作集》（上卷），第494页；GW 2, S.9。
③ 《黑格尔早期著作集》（上卷），第494页；GW 2, S.9。
④ GW 2, S.9；《黑格尔早期著作集》（上卷），第494页，译文稍有改动。
⑤ GW 2, S.9；译文引自朱学平《古典与现代的冲突与融合：青年黑格尔思想的形成与演进》，长沙：湖南教育出版社，2010年，第79页。

格尔强调，二律背反的对立面的存在要以统一为前提，即彼此对立、互相限制的两个东西要是能够存在，就必须以一种统一为前提。而且，"统一与存在（Sein）有同等的意义"，因为作为连接主词与谓词的系词，sein（或 ist）本身就表示主词与谓词的统一。① 黑格尔这里关于"Vereinigung"与"Sein"的表述与荷尔德林在《原断与存在》中的理解是一致的，荷尔德林在那里说："Sein，表达主体与客体的联合（Sein-drückt die Verbindung des Subjekts und Objekts aus）。"② 就信仰与存在的关系而言，一方面"存在只能被信仰"③——根据相关研究，"存在只能被信仰"这种用法来自雅各比在当时的讨论中所提出的信仰概念，即信仰是"任何一种确信，它不来自理性根据"（Glauben ist jedes Fürwahrhalten, welches nicht aus Vernunftgründen entspringt）。④ 另一方面，就像信仰以统一为前提一样，信仰也要以存在为前提。黑格尔强调，作为源初的统一，存在（Sein）具有独立性和绝对性。

在讨论了信仰、统一与存在之间的关系后，黑格尔也讨论了实定的信仰或实定宗教。在黑格尔看来，实定的信仰就是"确立了另一种统一来代替唯一可能的统一，设定了另一种存在来代替唯一可能的存在"，因此实定的信仰对对立双方的统一是一种虚假的统一，而非真正统一，对立仍旧保持着。⑤ 比如在犹太教中，神与人之间的统一是人对神的完全依赖与顺从，即主体完全依附于无限客体，这不是主体与客体之间的真正的统一，而是二者更强烈的对立。黑格尔强调，在真正的统一中，一种规定作用与一种被规定作用是合一的。但在实定宗教中，规定者与被规定者始终是对立的。作为规定者的主体不进行规定，反而被规定和被给予，主体的行动因此不是一种能动性（Tätigkeit），而是一种受动，因此规定者其实是被规定者。⑥ 人的能动性被严格限制，虽然允许特定的统一，如直观，虽然承认人的特定存在，如看、听、运动等，但这样的人毕竟是一种空洞活动的活动者，一种被规定了的活动者。因此在实定信仰中，人作为规定者必定

---

① 《黑格尔早期著作集》（上卷），第503页；GW 2, S. 11。
② 相关文本参见〔德〕荷尔德林《荷尔德林文集》，戴晖译，北京：商务印书馆，1999年，第196—197页；同时参见刘皓明在《荷尔德林后期诗歌》（评注 卷上）"导论"部分的相关分析。
③ 《黑格尔早期著作集》（上卷），第503—504页；GW 2, S. 11。
④ Vgl. GW 2, S. 670.
⑤ 《黑格尔早期著作集》（上卷），第503—504页；GW 2, S. 11 - 12。
⑥ 《黑格尔早期著作集》（上卷），第505页；GW 2, S. 12。

是一种完全的被动者，一种绝对的被规定者。① 在黑格尔看来，这尤其以犹太教信仰中的犹太人为典型。

黑格尔进一步强调，实定信仰的对象是不存在的东西或不是"存在着的东西"(Seiendes)。在实定信仰中，"存在着的东西、统一，只是一种表象，一种思想出来的东西"，我相信这些东西的存在，只不过说明我信仰表象，同时"我相信我在表象某种东西，这意味着，我信仰某种被信仰的东西"。② 显然，黑格尔在这里直接指向了康德的上帝存在的公设以及纯粹实践理性信仰的概念。在黑格尔看来，在康德那里，上帝只是一种表象，一种思想的东西，而非"存在着的东西"。我相信上帝存在不过是在信仰表象。我相信我在表象上帝，不过说明我信仰作为公设的上帝而已。稍后我们将看到，在某种程度上，在《犹太教的精神》中，黑格尔对犹太教的批判其实就是对康德的实践理性公设的批判。

黑格尔在上述三个文本中所规定的实定信仰，正如黑格尔在接下来的"Text 50"中明确说出的那句话所言："当哪里在本性中存在着永恒的分离，如果不可统一的东西被统一，那里就存在着实定性(Positivität)。"③ 这里可能是黑格尔第一次明确使用"实定性"(Positivität)这个术语。实定性不论表现为分裂，还是表现为不可统一的东西的统一，与之相对的都是原初没有任何分裂的统一或存在，而非康德式的主体自由。这正是黑格尔在1795—1799年这段时期实定性批判思想的归结点。在黑格尔看来，解决实定性问题的关键就在于发现如何达成人自身、人与神、主体与客体、自由与自然的统一以及如何破除虚假的统一。对此，黑格尔提出了"爱"的观念，要求在爱中克服分裂，实现统一。黑格尔继续在"Text 49"和"Text 50"中详细阐发了这种想法。

二、统一哲学理论的进一步发展

"Text 49"（"对它而言目的……"/welchem Zwekke…）写于法兰克福时期（1797年），并在晚些时候作了修改，因此以两稿的形式流传。④

---

① 《黑格尔早期著作集》（上卷），第505—506页；*GW* 2, S. 12-13。
② 《黑格尔早期著作集》（上卷），第506页；*GW* 2, S. 13。
③ *GW* 2, S. 96；中译文参见《黑格尔早期著作集》（上卷），第496页。
④ 参见《黑格尔全集》历史考订版第二卷对这个文本的"编辑描述"（*GW* 2, S. 638-639）。

在诺尔版和理论著作版中，"Text 49"被命名为《爱》①，它与"Text 40"（"一种信仰被叫作实定的……"）和"Text 41"（"宗教……"）直接联系起来。正如上文所述，在"Text 40"和"Text 41"中，黑格尔在批判主体与客体的分离或对立所造成的实定性过程中提出，只有在爱中，神与人、主体与客体、自由与自然才能获得统一，神就是爱的具体化。在"Text 49"中，黑格尔进一步指出，在主体和客体处于对立的情况下，爱就为死的客体，即物质所包围或束缚，并因此仅仅是主体自身的一种东西。此时，"爱的本质只在于，人在他的最内在的本性里是一种［与客观性或物质］相对立和独立的东西；对他来说，一切别的东西都是外在于他的世界"②。黑格尔进一步指出，这样得到的结果不过是，人的意识中只存在"一大堆有局限的事物"，而不存在"自身完成的、永恒的［与客体的］统一"。③ 而且在主体与客体的对立中，它们作为对立物是"彼此互为条件的"，即都不是无条件的。而对立着的主体和客体的相互依赖又要靠一种异己的力量，即一般所谓的独立的存在神，主体与客体的共同性、人的幸福与不朽都要归之于这种异己力量的恩赐。因此这里又出现了神与人的对立，在犹太教中，这种对立就表现为主奴关系。

因此黑格尔在这里实际上区分了两种爱：一种是处于主体与客体、神与人相对立之中的爱，这种仅仅是一种主观的、有局限的爱；另一种则是实现了主体和客体统一的爱，这才是真正的爱。但真正的爱出现的条件是生命："真正的统一和真正的爱只出现于有生命之物（Lebendigen）中，这些有生命之物具有同等的力量，并彼此相互承认对方是有生命的，没有一方对对方说来是死的。"④ 有生命之物之间的关系就是真正的爱的关系，或真正的爱的关系就是有生命之物之间的关系。当主体、客体、世界、自然、神等因为真正的爱成为有生命之物，它们之间就不再存在对立，即真正的爱排除了一切对立——正如前述，在"Text 41"中，黑格尔就提到了"生命"概念，他指出，仅仅作为客体的东西只是死的东西，而不是有生命之物；但使客体有生命，那就是使它们成为神，比如不再把一条小河作

---

① Hegel, *Werke in 20 Bde*, Band 1. Frankfurt am Main: Suhrkamp, 1971, S. 244 – 250. 下文简称"*Werke* 1"。

② 《黑格尔早期著作集》（上卷），第 497 页；*GW* 2, S. 83。值得注意的是，译文中的"与客观性或物质"系中译者的解释，而非德文原文所有，遂笔者用中括号括起来。

③ 《黑格尔早期著作集》（上卷），第 498 页；*GW* 2, S. 83。

④ *GW* 2, S. 84；《黑格尔早期著作集》（上卷），第 498 页，译文有改动，中译本对"Lebendigen"有不同翻译，如"有生命之物""有生命的存在"等。为了统一译名，笔者一般采用"有生命之物"，下同。

为认识的客体,而是使它成为有生命之物,即赋予小河以灵魂,把它看作与人是同类,这样小河就被神化了;同样,不把其他人作为认识的客体,而是把他人理解为有生命之物,赋予他人灵魂,人就成了神。① 因此,生命与爱就成了同等重要的概念。很明显,真正的爱不是理智(Verstand)。因为理智的对象是杂多,理智的任务是将这些杂多联系起来或统一起来,这种联系或统一以杂多为前提、同时也没有消灭这些杂多的对立。真正的爱也不是理性(Vernunft),因为在理性中仍存在着对立,即作为规定者的理性与被规定者之间的对立、支配者与被支配者之间的对立。同时爱也不是个别的感觉(Gefühl),因为个别感觉"只是生命的一部分,而不是整个生命"②。个别感觉中的生命需要消散在更杂多的其他感觉中,并最终在杂多的全体中获得满足。但也因此最终存在着杂多的、特殊的、分离的感觉。与之不同,"爱是对有生命之物的感觉",在爱中,全体就是生命本身,在爱中存在的是"生命自身的双重化,亦即生命找到了它自身与它自身的合一"③。因此正如有学者所说的:"爱从根本上来说,是生命自身的爱。"④ 很明显,这非常类似于黑格尔后来的思想,在他物之中认识自己。

黑格尔在这里还进一步提出了生命的圆圈式发展,即生命"从这种未经发展的合一出发,经过曲折的圆圈式的教养(Bildung),以达到一种完满的合一"⑤。曲折的圆圈式的教养主要是指反思,它不断产生与原初的统一相对立的分离的可能性、世界的多样性以及各种对立等,直至"人的整体与客体性对立起来",但最终因为爱把这些对立认作生命全体,所以它在完全无客体性中扬弃了反思,"取消了对立物的一切异己性格",即返回到原初的、发展了的、完满的统一之中。⑥ 黑格尔稍后把这种过程简化为"统一物、分离物和重新统一物"⑦。这既是黑格尔这时期生命哲学的表达,也是其统一哲学和辩证观念的表达:统一——分离—统一。而且黑格尔也提出了重要的"扬弃"概念。这些在黑格尔哲学思想转变中都具有极

---

① 参见《黑格尔早期著作集》(上卷),第494页;GW 2, S. 8 - 9。
② 《黑格尔早期著作集》(上卷),第498—499页;GW 2, S. 85。
③ 《黑格尔早期著作集》(上卷),第499页;GW 2, S. 85。
④ 朱学平:《古典与现代的冲突与融合:青年黑格尔思想的形成与演进》,长沙:湖南教育出版社,2010年,第81页。
⑤ 《黑格尔早期著作集》(上卷),第499页;GW 2, S. 85。
⑥ 《黑格尔早期著作集》(上卷),第499页,GW 2, S. 85 - 86。
⑦ GW 2, S. 91;《黑格尔早期著作集》(上卷),第501页,译文稍有改动。德文原文为"das einige, die getrennten und das wiedervereinigte",中译本译为"统一、分离物、重新结合",明显不妥。

重要的意义,因此有学者指出:"这也许可以视作成熟时期的黑格尔哲学体系的雏形,后来的体系不过是这一观念的丰富、深化和展开。"①

在这种统一哲学中,虽然分离、对立作为发展的环节有了积极的意义,分离、差异、多样性越多,最终的爱、统一、生命更丰富,但黑格尔仍旧没有承认个体性、私有财产等分离物的必然性和重要性,而是把它们看作与爱无法兼容的东西。

"Text 50"("正如他们……更多的族类"/so wie sie mehrere Gattungen…)虽然被理论著作版和诺尔版命名为《爱与宗教》,但直接谈及爱与宗教的仅一段以及从柏拉图《斐德罗篇》中作的一段摘录,其他部分则主要是从人的冲动与现实的分离来谈神的观念的起源。关于宗教与爱,黑格尔首先强调二者是合一的。其次,像"Text 49"所讲的爱是有生命之物的感觉类似,黑格尔强调,爱的对象不与我们相对立,它们与我们的本质合一,因此"我们在爱的对象中仅仅看到我们"。但黑格尔又指出,虽然如此,但因为爱的对象又不是我们,因此这是一个我们不能理解的奇迹。②

三、犹太人的异化与命运

确立了实定性批判的统一哲学基础后,黑格尔就把这种新方案应用到对犹太教和基督教实定性的考察中去,这就与前面从康德主体哲学出发所作的实定性批判有所不同。此时,黑格尔突出探究犹太人异化和命运的表现和根源,以及以耶稣之口说出要用爱来扬弃以强制和分裂为特征的法律和道德。

(一)犹太人的宗教异化与政治异化

正如我们所知,黑格尔在《耶稣传》和《基督教的实定性》第一篇开头部分已经多次对犹太人的宗教异化和政治异化状况大加批判。在那里,黑格尔强调,在实定的摩西律法压迫下,犹太人成为匍匐在摩西律法和宗教之下的奴隶,成为"无生命的机器"。他们从事于"无聊的、机械的、无精神性的、琐碎的礼节仪文",完全没有自由活动。仅仅满足于简单的日常需要以及财产和权力需要,而没有高贵享受的需要。他们不但不

---

① 朱学平:《古典与现代的冲突与融合:青年黑格尔思想的形成与演进》,长沙:湖南教育出版社,2010年,第82页。
② 《黑格尔早期著作集》(上卷),第496页;GW 2, S. 97。

对这种奴役状况进行反抗,反而以此为傲。① 同时,他们在家国濒临消亡的状态时,也缺少英勇献身精神,而是更多地投入到对弥赛亚的期待中去。与此相似,在《犹太教的精神》这组文本中,黑格尔对犹太人的异化状况的分析基本没有变化,只是对犹太人宗教异化和政治异化状况的描述更加详细而已。如在最早的"Text 43"和"Text 44"中,黑格尔从摩西解放犹太人并为之立法入手,强调在解放过程中犹太人的极度消极性(Passivität),缺少英勇壮举;继之,普通犹太人又成了摩西律法及宗教的奴隶,同时在政治上缺少对国家的兴趣,也几乎没有任何政治自由、公民权利、财产权利等。② 在"Text 48"的定稿中,黑格尔对此作了进一步的阐发。

(二)犹太人异化的根源

虽然黑格尔已经在《耶稣传》和《基督教的实定性》中批判了犹太人的异化状况,但实际上并未对异化的根源进行追溯。对异化根源的追溯正是《犹太教的精神》这组文本的核心任务。通过《黑格尔全集》历史考订版第2卷对这些文本的重新编排与完整呈现,在犹太人的异化根源这一主题上,黑格尔的思想变化能够得以揭示。③

在最早的"Text 43"和"Text 44"中,黑格尔把犹太人的异化根源聚焦在摩西立法上。犹太人的被动性、奴役性主要是由摩西立法与宗教引起的。这符合黑格尔自《耶稣传》和《基督教的实定性》以来的思路。但在"Text 45"中,受到约瑟夫《犹太古史》的影响,黑格尔认识到宁录、以撒、可拉、大坍等人所具有的主动性和主体性,其后他才尝试把犹太人的异化根源从摩西转到亚伯拉罕身上来,并最终在"Text 46"和"Text 47"中完全确定。④ 由此一来,黑格尔就把犹太人的异化问题完全转向了统一哲学的思路上来,其中暗含了对康德主体哲学以及现代异化的批判。

简而言之,在"Text 45"最后一则笔记中,黑格尔提到,由于自己的

---

① 《黑格尔早期著作集》(上卷),第227—228页;GW 2, S. 282-283。
② 尤其参见"Text 44"中的相关论述(GW 2, S. 21-23)。
③ 朱学平根据 GW 2 对此作了比较细致的分析,具体参见朱学平《青年黑格尔论"犹太教问题"》,载《华东师范大学学报》(哲学社会科学版)2016年第2期。下面笔者的分析主要参考了这篇文章。
④ 参见朱学平《青年黑格尔论"犹太教问题"》,载《华东师范大学学报》(哲学社会科学版)2016年第2期,第62页。

主体性和独立性，亚伯拉罕与自然（如土地、水、树丛等）之间保持着一种分离、异化和漠然的关系。① 亚伯拉的主体性和独立性说明他是康德意义上的"自由人"，但他与自然的分离导致了实定性和异化的产生。在"Text 46"和"Text 48 Ⅰ 1"②中，与"Text 45"最后一则笔记类似，黑格尔一开始简述了亚伯拉罕的出生、家庭、祖国、迁徙，亚伯拉罕最终抛弃了旧的家庭关系、宗教关系，并与自然、其他民族和国家也保持着一种分离和异化关系，他完全成了"地上的异乡人"，一种以自我保存为最高目的的"自为地、孤立地存在"。③ 人与自然、人与人、人与现实社会之间都出现了分离和异化，其实这也是由原子式的个体组成的现代社会的图景。

  黑格尔在这里一再强调，亚伯拉罕的自我保存和安全就是他的统一和整体，与之相敌对的环境代表杂多，他所要实现的最高的东西就是一和多的统一。但这种统一其实就是一对多的支配，就像康德的实践理性对感性杂多的统一一样。亚伯拉罕整体的保存以及对敌对环境的完全支配都不是他自己力所能及的，因此他为自己创造出能够为他提供保护和安全的神，作为"他整个生活的主人"④，作为他的理想。这种神就类似于康德实践理性的公设。同时，支配世界的理想也是康德意义上的可望而不可即的理想（Ideal）。⑤ 这种神就是无限的客体、无限的统一和整体，但同时被主体化了，成为犹太人的"统治者"（Herrscher）⑥。正像我们在"Text 40"中所看到的，最初主观能动的东西被设定为无限客体，主体自身被这种无限客体所压制，人与神在这里出现了分离和异化。值得注意的是，虽然黑格尔在"Text 46"和"Text 48 Ⅰ 1"中已经指出了亚伯拉罕与自然的分离，但对这种分离的程度，黑格尔的说法前后并不一致，显示出他在这个问题上的犹豫和摇摆。比如在"Text 46"最后一段以及"Text 48 Ⅰ 1"第一段，黑格尔认为，因在"单调的享受"中成长与生活，亚伯拉罕不会

---

  ① *GW* 2, S. 28.
  ② "Text 46"与"Text 48 Ⅰ 1"在观点和思路上基本上是一致的，黑格尔可能是在写完"Text 46"后就写了"Text 48 Ⅰ 1"，即"Text 48 Ⅰ 1"在"Text 47"之前，因此把它们放在一起分析。"Text 47"和"Text 48 Ⅰ 2"在观点和思路上也基本上一致，估计黑格尔是在写完"Text 47"后又对"Text 48 Ⅰ 1"进行修改，即"Text 48 Ⅰ 2"。
  ③ 《黑格尔早期著作集》（上卷），第 483 页；*GW* 2, S. 29。
  ④ 《黑格尔早期著作集》（上卷），第 483—484 页；*GW* 2, S. 30。
  ⑤ 参见朱学平《青年黑格尔论"犹太教问题"》，载《华东师范大学学报》（哲学社会科学版）2016 年第 2 期，第 62 页。
  ⑥ 《黑格尔早期著作集》（上卷），第 488 页；*GW* 2, S. 38。

"跟顽强的自然作斗争，支配自然、战胜自然"。①

到了"Text 47"，黑格尔相关的观点表述得更清楚，并在"Text 48 I 2"中最终确定。在"Text 47"中，黑格尔第一次把亚伯拉罕与旧的家族关系、宗教关系和国家关系的分离归结为追求自由和独立性的冲动："亚伯拉罕自己脱离与他的亲朋好友的关系，仅仅出于一种独立性的冲动，没有受侮辱和被驱逐之感。"② 在"Text 48 I 2"中，黑格尔把这种"独立性的冲动"进一步表述为："成为一个完全自立、独立的人，自己作自己的主人。"③ 这种分离是使他独立成为一个民族的祖先的第一个行动。④ 在"Text 48 I 2"中，黑格尔对此作了进一步的补充："亚伯拉罕所以能成为一个民族的始祖，其第一个行动就是对家庭的爱和民族的共同生活之纽带的决裂，这是同他前此和人与自然一起生活的关系之全体的分离。"⑤ 犹太人（以及现代人）异化的根据显然被归结为康德式的主体性哲学。在黑格尔看来，这种独立精神和分离本身就是对爱的抛弃，亚伯拉罕成为一个无爱的人。正因为没有爱，亚伯拉罕才一直是"地上的异乡人"，他才不去寻求一个国家，他才和周围的民族经常处于敌对和斗争状态，他才甚至要把他的独子献给神。正如"Text 41"所示，没有爱就不会有统一。没有爱，被黑格尔判断为犹太人的主要特征之一，这种判断一直延续到《基督教的精神》诸手稿中。亚伯拉罕的独立精神也导致了亚伯拉罕与自然、外族人相敌对。亚伯拉罕的神就是这种相敌对的理想。⑥

黑格尔同样是在"Text 47"中第一次指出，亚伯拉罕的神不同于罗马人的家神（Laren）和民族的神灵，后者虽也具有分离性，但他们仍然承认其他神拥有相同的权利，但亚伯拉罕的神被认为是独一的神，完全排斥其他神的权利。与稍后"Text 61"中提到的挪亚的神一样，亚伯拉罕的神是"他思想中的理想"，即统治和支配与他相敌对的整个世界和整个自然的理想："世界上没有任何东西在这种理想之外，相反，一切都受它支配。"⑦ 在"Text 48 I 2"中，黑格尔说，亚伯拉罕"以严格对立态度对待任何事物，维持自己，把思想提高为支配无限敌对的自然界的统一体

---

① 《黑格尔早期著作集》（上卷），第484页；*GW* 2, S. 31。具体分析参见朱学平《青年黑格尔论"犹太教问题"》，载《华东师范大学学报》（哲学社会科学版）2016年第2期，第62页。
② *GW* 2, S. 32.
③ 《黑格尔早期著作集》（上卷），第354页；*GW* 2, S. 35。
④ *GW* 2, S. 32.
⑤ 《黑格尔早期著作集》（上卷），第354页；*GW* 2, S. 35。
⑥ *GW* 2, S. 32.
⑦ *GW* 2, S. 33.

(Einheit),因为敌对的东西只能处于[不是你支配我就是我支配你的]支配的关系中。"① 黑格尔进一步强调,亚伯拉罕自己也处于这种理想(即他的神)的支配之下。只是因为理念在亚伯拉罕的精神之中,亚伯拉罕为理念服务,所以他也享受他的理想(即他的神)的恩宠。② 这里的"理念"与"理想"等术语显然也是在康德意义上使用的。康德在《纯粹理性批判》中曾指出理念与理想的如下区分:"但[诸]理念比起[诸]范畴来还要更加远离客观实在性;因为不可能找到任何它们能够得以具体表现出来的经验……但比理念显得还要更远离客观实在性的就是我称之为理想的东西,我把它理解为不单纯是具体的、而且是个体的理念,即作为一种个别之物、惟有通过理念才能规定或才被完全规定之物的理念……德行,以及连同它一起的、在其完全纯洁性中的人类智慧,都是理念。但(斯多亚派的)圣贤是一种理想,即一种仅仅在思想中实存的人,但这种人与智慧的理念是完全重合的。"③ 黑格尔称亚伯拉罕是"思想上的暴君"④,那么亚伯拉罕的神被认为是独一的神,这就没有什么可惊奇的了!而且这个神作为"思想中的理想"被看作"存在着的东西(Seienden)",⑤即主体,而且是真正的主体、"无限的主体"。与之相对的整个世界和整个自然则都成了客体、"被思想的东西"或质料:"它们是没有权利和没有爱的材料,是被诅咒的东西。"⑥ 在"Text 48 I 2"中,黑格尔进一步补充道,如果这些质料打算反抗,那就消灭它们:"那就指定给它们以应有的位置[死亡]。"⑦ 这种支配与被支配的关系对犹太人的影响是根本性的。一旦他们拥有了条件和权力,他们就试图实行一种暴虐和残酷的暴政——在最终定稿(即"Text 48 I 2")中,黑格尔的语气更加强烈:"他们就毫无顾忌地以最暴虐、最强烈、最灭绝人性的暴政统治一切;因为统一是以死亡作代价取得的。"⑧ 把这种支配关系或主奴关系在现实中实现出来,

---

① 《黑格尔早期著作集》(上卷),第355页;GW 2, S. 37。
② 《黑格尔早期著作集》(上卷),第357页;GW 2, S. 42。
③ 〔德〕康德:《纯粹理性批判》,邓晓芒译,杨祖陶校,北京:人民出版社,2004年,第455—456页。也请参见 Hegel, *On Christianity: Early Theological Writings*, translated by T. M. Knox, with an introduction and fragments translated by Richard Kroner, New York: Harper Torchbooks, 1961, pp. 187—188, n. 10。
④ GW 2, S. 33。
⑤ 《黑格尔早期著作集》(上卷),第353页;GW 2, S. 33。
⑥ GW 2, S. 33。
⑦ 《黑格尔早期著作集》(上卷),第358页;GW 2, S. 43。
⑧ 《黑格尔早期著作集》(上卷),第357页;GW 2, S. 43。

约瑟如此，摩西同样如此——摩西的立法原则就是亚伯拉罕的精神。①

犹太人与外在环境的普遍敌对所得到的仅是身体上的依赖，即一种动物性的存在，它只能"牺牲其他事物才能保证自身的存在"②。黑格尔径直指出，犹太人把这种动物性的存在或身体的依赖接受为生命，他们恳求他们的神赐予他们身体所需的东西："这样的恩赐、这种从埃及人奴役下的解放、这种对于具有丰富的蜂蜜和牛奶的土地的占有、以及充分有保证的食物、饮料和两性生活——这些东西就是他们敬神所祷祝的要求。"③ 在"Text 48 Ⅱ"中，黑格尔把犹太人的这种需要称为"单纯、空虚的需要，即保持肉体的存在并保证肉体的存在免于苦难（Not）"④。在黑格尔看来，犹太人的这种存在其实决定了"他们所崇拜的就是这些东西"，一种拜物教！这种崇拜是奴役状态，即奴役于自身的身体欲望，如吃、喝、住、性等保证安全存在与享受的东西！

（三）犹太人的命运

正如上文所示，黑格尔最终把亚伯拉罕的独立精神看作犹太人宗教异化与政治异化的根源，黑格尔也揭示了这种异化对犹太人历史的严重影响，这表现在犹太人与命运（Schicksal）的关系上。正如有学者所指出的，在"Text 43"—"Text 48"和"Text 61"这组文本中，由于对命运的理解发生了变化，黑格尔关于犹太人的命运的看法也发生了变化。⑤ 一开始黑格尔所坚持的基本上是古希腊人意义的命运，即"命运是一种无论是人还是神都不能与之抗衡的非人身的力量，是一种自然的必然性"，而且古希腊人被看作顺从命运、与命运和解的典范。⑥ 如在"Text 46"中黑格尔思想发生摇摆的地方，黑格尔认为，作为一的亚伯拉罕与作为多的外在环境之间的分离还没有达到完全的程度，"以致于他自己和命运还没有彼此对立"⑦。又如在"Text 47"中，黑格尔已经改变了关于亚伯拉罕与敌对环境之间的对立程度的看法，所以他关于亚伯拉罕与命运之间的关系

---

① 《黑格尔早期著作集》（上卷），第360页；*GW* 2，S. 48。
② 《黑格尔早期著作集》（上卷），第360页；*GW* 2，S. 49。也请参见 *GW* 2，S. 19。
③ 《黑格尔早期著作集》（上卷），第361页；*GW* 2，S. 49。
④ 《黑格尔早期著作集》（上卷），第363页；*GW* 2，S. 55。
⑤ 朱学平：《青年黑格尔论"犹太教问题"》，载《华东师范大学学报》（哲学社会科学版）2016年第2期，第62—64页。
⑥ 朱学平：《青年黑格尔论"犹太教问题"》，载《华东师范大学学报》（哲学社会科学版）2016年第2期，第63页。
⑦ 《黑格尔早期著作集》（上卷），第484页；*GW* 2，S. 31。

的理解也发生了变化。因为亚伯拉罕的精神要求他"坚持把他自己和别的人分离开",所以亚伯拉罕就反抗一般的命运,即反对"同别的人一起过一种静止的共同生活"。① 但在大饥荒面前,雅各不得不违反亚伯拉罕的精神、屈服于命运,即加入埃及,与埃及人一起生活。②

但随着把亚伯拉罕的主体性精神和敌对精神理解为犹太人异化的根源后,黑格尔除了仍旧坚持上述古希腊意义上的命运观,还承认另一种命运,即亚伯拉罕带给犹太人的命运:"这种命运并不像希腊人的命运那样,来自一种自然的必然性,而是产生于亚伯拉罕与自然的自觉对立,因此是主体活动的产物。换言之,犹太人的命运并非来自外部,而是产生于人类主体的活动本身,它是由于反抗前一种命运而产生的命运。"③ 这两种命运观并存在这之后的文本中。稍后我们也将看到,这种"命运"观已经非常类似于《基督教的精神》这组文本中的"命运":与生命整体或原初统一的分离就表现为命运或作为惩罚的命运。在"Text 48 Ⅱ"中,黑格尔一方面指出,犹太人从埃及解放并定居迦南地后,他们与亚伯拉罕、以撒和雅各等祖先在生活方式上发生了很大的改变,即从游牧生活转为农业生活,他们耕耘和改善土地,并把土地作为财产——而这正是犹太人的祖先所抗拒的命运,所以他们现在受制于这种命运。④ 虽然如此,但他们祖先的守护神(Genius)对他们的影响反而更强大、更可怕。原因在于,生活方式的改变使得犹太民族与其他民族在风俗方面的隔离消失了,他们只有在心志或精神上来保持犹太民族本身的纯粹性。⑤ 也就是说,他们仍旧保持着亚伯拉罕的敌对精神,而正是这导致了犹太人一直处于"卑鄙的、落魄的、恶劣的情况",黑格尔此时把亚伯拉罕的敌对精神产生的结果——即与自然、外族人相分离与对立,与自身相异化并压迫自身——称作"犹太民族的原始命运"。⑥ 具体来说,这种命运是"一种无限的力量",这种力量是"他们创造出来反对他们自身的不可克服的无限力量",犹太人一直受着这种命运的折磨。黑格尔强调,唯一能使犹太人摆脱这种不幸命运的手段是,"通过美的精神同它和解并从而通过和解把它扬弃"⑦。但犹太

---

① 《黑格尔早期著作集》(上卷),第356页;*GW* 2, S. 40。
② 《黑格尔早期著作集》(上卷),第358页;*GW* 2, S. 44。
③ 朱学平:《青年黑格尔论"犹太教问题"》,载《华东师范大学学报》(哲学社会科学版)2016年第2期,第63页。
④ 《黑格尔早期著作集》(上卷),第363—364页;*GW* 2, S. 56–57。
⑤ 《黑格尔早期著作集》(上卷),第363—364页;*GW* 2, S. 56–57。
⑥ 《黑格尔早期著作集》(上卷),第368页;*GW* 2, S. 67。
⑦ 《黑格尔早期著作集》(上卷),第368—369页;*GW* 2, S. 67。

民族缺少美的精神，所以他们摆脱这种命运的可能性微乎其微。值得注意的是黑格尔这里提出了"和解"与"扬弃"的思想。虽然在《耶稣传》中，黑格尔已经使用了"和解"，但此时"和解"显然被赋予了非常不同的意义。我们也将看到，"和解"与"扬弃"在《基督教的精神》中得到更多的使用。而且在那里，"和解"和"扬弃"与"生命""爱""命运"等概念都发生了重要的关系。

对于所罗门统治结束不久后犹太民族的分裂，黑格尔把原因追溯到亚伯拉罕带给犹太人的命运：一方面要求追求无限的权力，另一方面却实际上统治力很弱，以前用来对付外族人的"暴烈的无爱和无神的精神"被用来反对自己。[1] 因此这是一种非常不幸的命运。最终犹太人的国家也灭亡了，犹太人的狂热主义也无法改变这种命运，"民族的命运是不能用热情的幻术所能赶走的"[2]，唯有通过纯粹而活生生的热情在生命的深处唤起一种新的精神来加以改变。

由此看来，亚伯拉罕带给犹太民族的是一种悲剧命运。但这种悲剧不同于古希腊的悲剧，因为后者表现了"优美人物由于受命运支配而陷于必然性的失脚"[3]，它能唤起人的恐惧和怜悯；而前者由自己的普遍敌对性所造成的悲剧命运只能唤起憎恶。黑格尔强调，犹太人的命运与麦克白（Macbeth）的命运是一样的，因为他们都"越出了自然的界限，屈服于异己的力量，在为异己的力量服役的过程中，践踏了并且杀害人类本性一切神圣的力量，最后还是被他的神灵所抛弃（因为他的神灵是客体，而他本人是奴隶），为他的信仰本身所粉碎"[4]。稍后，黑格尔也在《基督教的精神》中重新引用了麦克白的例子，在那里，黑格尔要强调的是，根据惩罚法，麦克白的谋杀罪无法得到和解，除非从统一哲学或生命哲学出发，把犯罪理解为因伤害生命整体而引起的命运。[5] 可见，犹太人与麦克白的命运都是与古希腊意义上的命运相对抗的一种命运，都是由于与生命或统一分裂而产生的悲剧。而古希腊人则始终与自然处于和谐统一的关系，他们从未越出自然的界限，他们发展了人性中的神圣的力量，如理智和美等，他们不是反抗而是欣然接受自然必然性，即使这种命运让人恐惧。显然，黑格尔把希腊主义看作统一哲学的典范。

---

[1] 《黑格尔早期著作集》（上卷），第 371 页；GW 2，S. 73 – 74。
[2] 《黑格尔早期著作集》（上卷），第 371—372 页；GW 2，S. 74 – 75。
[3] 《黑格尔早期著作集》（上卷），第 371—372 页；GW 2，S. 74 – 75。
[4] 《黑格尔早期著作集》（上卷），第 373 页；GW 2，S. 78。
[5] 具体参见下文。

四、爱对道德和法律的扬弃

在《基督教的精神》("Text 52"—"Text 60")这组文本中,除了"Text 52"和"Text 53"这两个《基本纲要》外,黑格尔基本上沿着"Text 49"确定的"德行—爱—宗教"的思路来论述。首先是爱扬弃德行(和法律),主要体现在"Text 54"和"Text 55"中。其次,爱与反思综合进入宗教,主要体现在"Text 55"后半部分以及"Text 56"—"Text 59"中。其中在"Text 54"中,黑格尔关于爱对道德和法律的扬弃体现了这阶段的实定性批判和对康德实践哲学的批判,因此下面主要分析"Text 54"这个文本。

在"Text 54"中,黑格尔是从犹太律法的实定性批判入手讨论爱对道德和法律的扬弃的。正如我们在《犹太教的精神》这组文本中所看到的,犹太律法的本质是"单纯地对主的崇拜、直接的奴役、无欢乐、无人情、无爱的服从"①。黑格尔指出,针对这种奴役的命令,耶稣提出人的冲动和需要来加以对抗,如耶稣门徒在安息日掐麦穗充饥、耶稣在安息日治愈病人枯干的手等。② 在黑格尔看来,这些行为其实都不是紧急需要(Not),耶稣不过要表明人的意志(Willkür)和人的自然需要优越于犹太律法的实定性。③ 黑格尔在初稿中写得更清楚:"但是通过一个没有意义的行为去亵渎一个神圣的客体,只能源自对神圣的客体的轻视;稍有崇敬之感就会拒绝表现这种想法或一个任意的要求。紧急需要越小,在亵渎中任意性越大,一个客体或命令的神圣性与对它们的亵渎之间的对立越大。耶稣通过下列方式来表明他对处于客观命令之下的奴役的完全轻视,即他或者通过任意自由的行为来打破它们,或者任其它们被打破。"④ 与之类似,针对饭前洗手的命令,耶稣提出人的主体性和内心的纯洁的优越性来予以对抗。⑤

但是黑格尔笔下的耶稣对主体性、意志和内心的强调不但不同于康德对主体性和道德法则的规定,而且也是对后者的批判。众所周知,康德对主体性的强调在实践哲学中表现为道德法则——即人的自律或自我立

---

① 《黑格尔早期著作集》(上卷),第375页;*GW* 2, S. 142。
② 参见《马太福音》12:1-8 和 12:10-13。
③ 《黑格尔早期著作集》(上卷),第377页;*GW* 2, S. 148。
④ 参见 *GW* 2, S. 144。
⑤ 参见《马太福音》15:2-11。

法——以及对道德法则的敬重，但康德同时要求理性命令或道德法则要支配人的感性冲动、嗜好、病态的爱等。在黑格尔看来，这表明，在康德的道德哲学中存在着理性（道德法则、绝对命令、义务等）与感性（冲动、病态的爱、嗜好等）的分裂、对立与支配。在这一点上，康德的道德命令与犹太人的律法的性质相同，二者都表现了现代性的分裂特征。

　　黑格尔强调，道德法则与市民法或道德命令与民事命令在本质上是一样的，即它们都是对立面在一个概念里的统一——黑格尔在"Text 49"和"Text 52"中已经多次提到过理智的统一，它与生命的统一的根本差别在于，它以对立的存在为前提，并保持着对立，同时这种统一是普遍对特殊的支配。因此它们都是一种"应当"（Sollen），因为概念允许对立面的存在，"而概念自身又与实在相对立而存在，所以概念所表达的乃是一个应当"①。根据康德，"作为概念（普遍性）它又是主观的东西，并且由于是主观的东西，作为人的能力（理性、普遍性能力）的产物，它就失掉了它的客观性、实定性和他律性"②。黑格尔在伯尔尼时期写作《耶稣传》和《基督教的实定性》时基本根据康德对法律和道德的区分而提出，法律具有外在强制性（实定性），而道德则没有强制性（实定性）。但他此时强调，康德关于道德自律的做法仅仅能使实定性部分得到消除而已。服从外在命令（即法律）的人与服从道德法则的人的差别仅仅在于："前者的主子在自身之外，而后者的主子则在自身之内，但同时仍然是他自己的奴隶。"③ 也就是说，在人自身之内，康德的道德法则或绝对命令作为一种普遍性与作为特殊的东西的感性冲动、嗜好、爱等处于对立状态，前者支配并压迫后者，对后者来说，前者"必然地而且永远地是一种异己的东西、客观的东西"④。这也可看作黑格尔对自图宾根时期以来就被纠缠着的问题的一个回答，即普遍的道德法则如何成为人的主观动机。黑格尔在《图宾根残篇》和《基督教实定性》中虽然对康德的回答一直有所迟疑，但并未予以否定。此时黑格尔坚定认为，这种矛盾在康德实践哲学内实际上是无法解决的，而必须在统一哲学思路下讨论这一问题。按照同样的思路，康德的义务（Pflicht）概念就是"空洞的普遍性思想"，因为它排斥或支配着与它对立的一切关系。⑤ 同时，对道德法则或义务的敬重，这种

---

① 《黑格尔早期著作集》（上卷），第 378 页；*GW* 2，S. 149。
② 《黑格尔早期著作集》（上卷），第 379 页；*GW* 2，S. 152。
③ 《黑格尔早期著作集》（上卷），第 379 页；*GW* 2，S. 152。
④ 《黑格尔早期著作集》（上卷），第 379 页；*GW* 2，S. 152。
⑤ 《黑格尔早期著作集》（上卷），第 379—380 页；*GW* 2，S. 153。

要求也是一种强制，因为它往往要与人的感性嗜好相矛盾。① 因此，就调整对象而言，道德法则和市民法的差别在于，前者主要是就主体自身而言的，即它主要处理一个人自身内部一个方面和力量与另一个方面和力量之间的对立关系；后者主要是就主体间关系而言的，即它主要处理人与人之间的对立关系。用黑格尔的话说，道德法则是就概念形式来看，即"就概念是人所造成的、是人所理解的来看"，它"限于处理一个有生命的存在的一个方面、一个力量与同一有生命的存在的另一个方面、另一个力量之间的对立"；市民法是就概念的内容来看，即概念或应当由一个异己的权力所规定而言，它"限于处理有生命的存在与有生命的存在之间的对立"②。就强制性（实定性）来源而言，道德法则的强制性或异己性和实定性来自自身，而法律的强制性或异己性和实定性则来自外部。

针对法律和道德的强制性和支配性，耶稣在"登山宝训"中提出了解决之道：用爱加以扬弃。黑格尔强调，"登山宝训"中的精神不是康德的道德性精神，而是爱和统一的精神。正如黑格尔在"Text 49"中所说的，爱是一种全体的生命感，这是一种统一的精神，而非分裂、支配和压迫的精神。只有爱的精神才能恢复人的全面性和人与人之间的和谐。具体来说，爱的精神要求"扬弃"道德和法律：废除道德和法律的普遍形式，同时保留它们肯定性的内容，使倾向或偏好与法则合一或一致。这里的倾向是指按照所命令的律法办事的倾向，即内容上符合律法规定。在初稿中，黑格尔还作了以下补充："这种倾向不是那种通过偏好对道德意向的支持，而是一种倾向性的道德意向，即一种没有斗争的道德意向。"③ 黑格尔用了几种不同的词汇来表达这种合一：律法的成全（πλήρωμα）④、对可能性的补充、存在（Sein）、生命和爱。其中，"可能性"是指一个思想物、普遍的东西，如道德法则和市民法，"对可能性的补充"就是使可能性成为现实的东西。⑤ "存在"（Sein）则是指主体与客体的综合或统一：主体与客体失去了对立性，二者不再是不同的东西。具体到这里则是指，主观偏好失去了特殊性，客观法则失去了普遍性，它们之间的对立也由此消失

---

① 黑格尔在"Text 52"中具体分析了这一点，参见《黑格尔早期著作集》（上卷），第511页；*GW* 2, S. 118。

② 《黑格尔早期著作集》（上卷），第378—379页；*GW* 2, S. 149-150。

③ Vgl. *GW* 2, S. 157.

④ 《黑格尔早期著作集》（上卷），第382页；*GW* 2, S. 158。关于"律法的成全"（das πλήρωμα des Gesetzes）参见《罗马书》13：10 "爱是不加害与人的，所以爱就完全了律法"。

⑤ 关于"对可能性的补充"（complemnet der Möglichkeit）的来源，参见历史考订版编者注解（*GW* 2, S. 682）。

了，此时二者成为一样的。"Sein"在初稿中被写成"Wirklichkeit"，在定稿最初也是如此。① 显然这与黑格尔在"Text 40"—"Text 42"中从统一哲学角度对存在（Sein）的阐发是一致的。

黑格尔从"登山宝训"中选出耶稣对某些市民法、道德义务以及宗教规定等的扬弃作为事例对上述思想具体加以说明。就单纯道德义务（如行善）和一些宗教规定（如祈祷、禁食）方面而言，关于通过爱扬弃它们，黑格尔所表达的基本意思是，一方面人的行为本身符合肯定性内容，另一方面这种行为又与义务形式和义务意识等无关。因此类似于孔子所讲的"从心所欲而不逾矩"。在康德看来，这只在神那里才有可能，人只能无限接近，却无法真正达到这种状态。

例如，针对"不要杀人"这条命令②，耶稣提出一个较高的和解精神，爱的一种特殊形态（Modifikation），它不仅不与这条命令对立，而且使这条命令成为多余的，它自身包含着更丰富更有生命的充实内容。③ 这里的"和解精神（爱的特殊形态）"，在初稿中黑格尔的表达有所不同，他用的是"人的爱的意向"（在初稿一开始，黑格尔在前面还加了"一种德行"，后被删去），它使这条命令的内容成为多余的，也扬弃了命令的形式，即命令者与被命令者之间的对立，牺牲、毁灭、压制心志的想法也被排除了。由此可见，人的爱的意向"比起理性的冷酷的命令是一个具有更丰富更有生命的充实内容"④。值得注意的是，黑格尔这里所使用的"和解"（Versöhnung），虽然在《耶稣传》和《犹太教的精神》最后（"Text 48"），黑格尔已经使用了"和解"概念⑤，但根据下文可知，它正是在这里才开始成为黑格尔思想中一个重要概念。在这里，和解主要是指排斥生命的分裂，如作为思想物、可能性、普遍性的概念或命令形式，概念被生命所代替，这样就保持了与接触到的个人所发生的活生生的关系的丰富性。⑥ 耶稣正是根据和解精神才提出，愤怒是一种犯罪，因为作为情感对于压迫的反应，愤怒是"重新鼓动起压迫他人的报复愿望"。叱骂弟兄为笨蛋、恶棍是一种比愤怒更大的犯罪，因为这种叱骂是一种思想上的孤

---

① Vgl. *GW* 2, S.158.
② 参见《马太福音》5：21－26。
③ 《黑格尔早期著作集》（上卷），第 383 页；*GW* 2, S. 160。
④ 《黑格尔早期著作集》（上卷），第 383 页注释 1；*GW* 2, S. 160。
⑤ 如《黑格尔早期著作集》（上卷），第 368—369 页；*GW* 2, S. 67。
⑥ 《黑格尔早期著作集》（上卷），第 383 页；*GW* 2, S. 160。

立、对立、仇恨、压制,甚至消灭。①

又如,耶稣提出通过爱来扬弃"不可奸淫"②和"人若休妻,就当给她休书"③。爱一方面排斥淫欲,因为爱作为对全体的感觉,它的圣洁性能防止人自身本质的分裂。④爱另一方面也取消了离婚许可(除非妻子不贞),因为当爱还保持着时,说不上什么离婚许可和权利;当丈夫停止了对妻子的爱,但妻子还保持着爱,此时丈夫的爱是不忠实的,丈夫就犯了罪,丈夫把爱转引给其他人,这就是爱的背叛,最终导致婚姻破裂。即使丈夫可以从法律和权利上获得支持,把正义和正当拉在他这边,但黑格尔强调这是一种卑鄙的手段。⑤

又如,通过爱扬弃"以眼还眼,以牙还牙"这条命令:"通过爱,扬弃权利,超出正义或非正义的整个范围……在爱里,连同权利,不平等感和平等观念所要求的应有不平等之感,亦即对仇敌的恨也消失了。"⑥黑格尔深知,报复和报复的对等性是尘世国家的基本原则,黑格尔称之为"一切正义的神圣原则""每个国家宪制所依据的原则",因此扬弃了这个原则就等于扬弃了国家的强制性形式。这是一种非常激进的政治哲学思想。这种思想在论惩罚与命运这个主题中得到了进一步发挥。

很明显,在上面关于市民法方面的几个例子中,爱对律法规定的扬弃表现为两个方面。在内容方面,法律的肯定性内容仍旧保存着,即人的行为仍然符合法律规定。在形式方面,法律的形式被废除了,就是说,权利和义务形式以及相应的意识被废除了。正是在这种基础上,黑格尔在"Text 55"前半部分进一步从爱对犯罪、惩罚、自卫等的扬弃来说明这一点,下面将对此作一比较详细的分析。

五、作为强制的刑罚与作为自由的惩罚

在一般理解中,犯罪与刑罚都意味着强制,但在近代西方,一些启蒙思想家试图从自由出发去理解刑罚的正当性。在这种涉及刑罚的法哲学发

---

① 《黑格尔早期著作集》(上卷),第383—384页;GW 2, S. 161-162。
② 参见《出埃及记》20:14。
③ 参见《马太福音》5:31,以及《申命记》24:1。
④ 《黑格尔早期著作集》(上卷),第384页;GW 2, S. 163。
⑤ 《黑格尔早期著作集》(上卷),第384—385页;GW 2, S. 163-164。
⑥ 《黑格尔早期著作集》(上卷),第386页;GW 2, S. 167-168。参见《马太福音》5:38-42。

展史中，黑格尔与黑格尔学派占有一席之地，至今仍有影响，其重要性可见一斑。这从德国当代著名的刑法学者和法哲学家米夏埃尔·帕夫利克（Michael Pawlik）教授的一系列著作中可以明显看出来。比如他在《人格体　主体　公民：刑罚的合法性研究》(*Person*, *Subjekt*, *Bürger*: *Zur Legitimation von Strafe*) 一书中就借鉴黑格尔的刑罚理论资源批判预防论，并提出一种新版本的报复论："刑罚是要制裁公民的不法，并且通过正是履行忠诚义务与享有自由之间的相互性，得以将法作为法进行恢复。"① 帕夫利克指出，20世纪80年代以来，德国刑法学界出现了报复论的复兴，黑格尔的刑罚理论是这股复兴潮流中得到借鉴的重要传统资源。对此，德国和英美学界多有阐述，国内学界的相关阐述相对较少。② 值得注意的是，这些对黑格尔刑法哲学的研究大部分是从黑格尔成熟时期的法哲学著作入手的。众所周知，在《法哲学原理》中，黑格尔关于犯罪与刑罚的论述主要集中在第90—103节（"强制和犯罪"）与第218—220节。最能体现黑格尔犯罪和刑罚理论特色的莫过于他对犯罪和刑罚之本质的阐述。黑格尔强调犯罪的本质在于对法本身的破坏，而非对社会（或他人）的危害。这决定了刑罚的本质就在于法本身的恢复，而不在于对罪犯的矫正、预防犯罪、威吓、惩戒等。在黑格尔看来，人只有在意志自由的情况下才能接受惩罚。而且人只能是目的。只有如此，刑罚才是正义的。黑格尔的刑罚理论常常被称为"报复论"。他所谓的刑罚正义就是报复（Wiedervergeltung）。③ 报复不同于同态复仇（Rache）（如以眼还眼，以牙还牙），报复主要是从普遍的价值方面来确定，而非局限于被侵害的东西的质和量。报复与复仇在内容上是一致的，都是正义的。但在形式上，复仇因为是主观意志或特殊意志的行为，不免会超出罪刑适当原则，成了一种应受刑罚的新的侵害，因此是不正义的。④ 而报复则是客观且普遍法律所规定的行为，即用法院审判的方式实现刑罚正义。值得注意的是，黑格尔认为刑罚正义

---

① 〔德〕帕夫利克：《人格体　主体　公民：刑罚的合法性研究》，谭淦译，北京：中国人民大学出版社，2011年，第79页。

② 德语学界关于黑格尔刑罚理论的重要研究文献，请参见〔德〕帕夫利克《人格体　主体　公民：刑罚的合法性研究》，谭淦译，北京：中国人民大学出版社，2011年，第34页注释3，第45页注释4。英美学界的相关研究，可参见〔美〕伍德《黑格尔的伦理思想》，黄涛译，北京：知识产权出版社，2016年，第179、181页。

③ 〔德〕黑格尔：《法哲学原理》，范扬、张企泰译，北京：商务印书馆，2018年，第120页。

④ 〔德〕黑格尔：《法哲学原理》，范扬、张企泰译，北京：商务印书馆，2018年，第123页。

表现为法律同自身的和解以及罪犯与自身的和解。①

其实黑格尔在伯尔尼时期（1793—1796年）就对犯罪与刑罚制度感兴趣。在法兰克福时期（1797—1800年），当他刚开始构建其观念论体系时就尝试着从统一哲学基础所理解的自由方面去探讨犯罪与刑罚，这算是黑格尔正式对犯罪与刑罚进行哲学讨论，有些想法一直延续到《法哲学原理》中。在耶拿时期（1801—1806年），黑格尔在新的哲学体系中不断更新和加深对犯罪与刑罚问题的讨论（如《论自然法》和《伦理体系》）。本部分着重探讨的是黑格尔法兰克福时期的犯罪与刑罚思想，首先分析黑格尔阐述犯罪与刑罚思想时的历史语境与哲学前提，然后重点分析黑格尔法兰克福时期对犯罪与刑罚问题所作的哲学分析。

（一）黑格尔早期刑罚思想的历史语境

福柯在《规训与惩罚》开头曾描述了1757年3月2日在法国实施的一场公开处决的场面，其后又引述了1837年左右一处监管所的监禁规章，他通过这两个例子来说明欧美当时刑罚思想和制度的重大变革："正是在这段时间里，无论在欧洲还是在美国，整个惩罚体制在重新配置。这是传统司法'丑闻'迭出、名声扫地的时代，也是改革方案纷至沓来、层出不穷的时代。当时出现了一种新的有关法律和犯罪的理论，一种新的关于惩罚权利的道德和政治论证；旧的法律被废弃，旧的惯例逐渐消亡。各国各地纷纷酝酿或制定'现代'法典：俄国在1769年，普鲁士在1780年，宾夕法尼亚和托斯坎尼在1786年，奥地利在1789年，法国在1791年、共和4年、1808年和1810年，这是刑事司法的一个新时代。"② 关于福柯所说的"一种新的有关法律和犯罪的理论，一种新的关于惩罚权利的道德和政治论证"，他并未明说，对此，罗森（Rosen）在《剑桥十八世纪政治思想史》第十九章中曾加以概述，即"18世纪后半期关于犯罪与刑罚的哲学思考的发展，重点是孟德斯鸠、贝卡里亚与边沁的著作……把这些重要思想家的哲学观点与那些更为现实的讨论，主要是在英国进行的讨论联系到一起，这些讨论涉及废除死刑以及诸如流放和监禁等各种替代惩罚方

---

① 〔德〕黑格尔：《法哲学原理》，范扬、张企泰译，北京：商务印书馆，2018年，第262页。

② 〔法〕福柯：《规训与惩罚》，刘北成、杨远婴译，北京：生活·读书·新知三联书店，2012年，第7页。

式"①。显然，罗森所考察的孟德斯鸠、贝卡里亚和边沁等人的刑罚思想应该属于福柯所说的新理论和新论证。它们的共同之处或可概括为"将个人自由问题作为立论的基础"，并强调"惩罚的确定性要比严厉性更重要"，以及"罪罚相称的观念或惩罚分级的观念"。② 在新时代，就像福柯所洞见到的那样，"作为一种公共景观的酷刑消失了……将肉体作为刑罚主要对象的现象消失了……肉体痛苦不再是刑罚的一个构成因素。惩罚从一种制造无法忍受的感觉的技术转变为一种暂时剥夺权利的经济机制"③。

显然，这也正是黑格尔所处的时代，这种变革自然就构成了他思考刑罚问题的历史语境。正如福柯所描述的时代转变一样，黑格尔在伯尔尼时期就开始关注"作为公共景观的酷刑"，思考监禁制度，关注普鲁士刑罚制度的改革。在对《卡特密信》的翻译和评注中，黑格尔曾就书中提到的某些刑事制度作了自己的理解和发挥。比如针对瓦特和本邦德语居民部分实行不同的刑事制度，黑格尔强烈批评了那种刑事审判权由政府掌控的情况，他强调司法权与立法权、行政权分立的必要性。黑格尔还针对当时刑事诉讼程序上的一些不正当表现作了批评。④ 在大约 1795 年，黑格尔从乔治·福斯特（George Forster）的《来自莱茵河下游的观点》（*Ansichten Vom Niederrhein*）中摘抄过福斯特对于监禁制度（Gefängnißwesen）的看法。福斯特强调，"人格的自由"（die Freiheit der Person）比单纯活着更重要，前者才无可争议地是"与人的规定不能分开并因此不能转让的善"，监禁（甚至终身监禁）的初衷是对犯人进行道德改造，使他们悔罪等，但实际情况是它往往并不能达到这些目的，因为在监禁中，人格自由被压制了。⑤ 根据罗森克朗茨的记载，黑格尔曾对普鲁士邦法改革中的监禁制度表达过一些看法。尤其值得注意的是如下这段话："隔绝和人交往是正当的，因为罪犯已把自己孤立起来。用冷冰冰的理智，把一些人时而看作能劳动和能创造的东西，时而又看作须得改良的东西，并且指令人们这样

---

① 〔英〕马克·戈尔迪、〔英〕罗伯特·沃克勒主编：《剑桥十八世纪政治思想史》，刘北成、马万利、刘耀辉、唐科译，北京：商务印书馆，2017 年，第 527 页。
② 〔英〕马克·戈尔迪、〔英〕罗伯特·沃克勒主编：《剑桥十八世纪政治思想史》，刘北成、马万利、刘耀辉、唐科译，北京：商务印书馆，2017 年，第 531、541、543 页。当然这些思想家之间的理论在某些方面仍具有很大的不同。
③ 〔法〕福柯：《规训与惩罚》，刘北成、杨远婴译，北京：生活·读书·新知三联书店，2012 年，第 7—12 页。
④ 参见〔德〕黑格尔《黑格尔政治著作选》，薛华译，北京：中国法制出版社，2008 年，第 4 页。
⑤ *GW* 3, S. 217, 293–294.

做,这会成为最可恶的暴政,因为整体的福利作为目的如果并非是正当的,就对这些人是异己的。"① 黑格尔在这里表明了监禁的某些正当性,但他否定从手段方面来理解人,相反要从人是目的这个方面来理解刑罚的本质和目的。黑格尔还专门写过关于公开实施死刑的思考片段,他反对基于预防犯罪和教育民众的刑罚理论而为公开实施残暴的死刑辩护。他最后强调,如果公民拥有正当的权利,那些因不公开实施死刑而引发的不安(如法官实行不法)就会消失。②

在某种程度上,黑格尔在《黑格尔全集》历史考订版第二卷"Text 55"中直接针对了康德在《道德形而上学》"法权论"部分关于犯罪和刑罚的思想。众所周知,康德于1797年分别出版了《法权论的形而上学初始根据》和《德性论的形而上学初始根据》,这两部分合在一起就是所谓的《道德形而上学》。黑格尔从1798年8月10日开始对康德的《道德形而上学》作了评释,于是可以猜测,黑格尔在这里对刑法和刑罚的批判针对的是康德该书《法权论》第二篇("公法")第一章("国家法")中的"惩罚的法权与赦免的法权"。

康德在《道德形而上学》的"惩罚的法权与赦免的法权"中首先对惩罚的法权与犯罪(Verbrechen/crimen)作了定义,并区分了私人犯罪(Privatverbrechen)与公共犯罪(öffentliches Verbrechen)——前者是对私法的违反,后者是对公法的违反。③ 康德还区分了司法的惩罚(Richterliche Strafe)与自然的惩罚(natürliche Strafe)。④ 司法的惩罚不能作为促进另一种"善"的手段而使用,而只能因为有人犯了罪,因为人不能是手段,而只能是目的。因此惩罚只能来自刑法(Strafgesetz)所规定的"应当"。对于刑法,康德强调,它是一项定言令式。因此它是普遍的、确定的、必然的。刑罚正义就在于刑法本身的满足,即按照刑法的规定进行处罚,其他任何试图免除刑罚或减轻刑罚的行为都是不正义的。康德进一步指出,刑罚的原则是对等(Gleichheit)原则,即罪犯给别人造成多大的

---

① 〔德〕黑格尔:《黑格尔政治著作选》,薛华译,北京:中国法制出版社,2008年,第16页;GW 2, S. 586。不能确定黑格尔的这个片段是写于伯尔尼时期,还是法兰克福时期(Vgl. GW 2, S. 663)。

② GW 2, S. 602 – 604。

③ 参见〔德〕康德《康德著作全集》,第6卷,张荣、李秋零译,北京:中国人民大学出版社,2013年,第342—343页。原文参见Kant, *Gesammelte Schriften*, Bd. 6, Berlin: Druck und Verlag von Georg Reimer, 1914, S. 331。

④ 参见〔德〕康德《康德著作全集》,第6卷,张荣、李秋零译,北京:中国人民大学出版社,2013年,第343页。

伤害，他自己就要受到同样的伤害。就此而言，"只有报复法权（Wiedervergelgungsrecht/ius talionis［罪罚相等的法权］），但听好了，是在法庭面前（而不是在你的私人判断中）的报复法权，才能明确地规定惩罚的质和量；其他一切法权都是摇摆不定的，而且由于其他种种干预性的考虑，不能与纯粹的和严格的正义之判决相符合"①。康德尤其强调要对杀人犯判处死刑，"在此并无任何替代物可以满足正义"——但要禁止任何形式的虐待。② 他批判了贝卡利亚基于人道的同情性伤感而提出废除死刑的主张。

（二）作为命运的惩罚与和解

黑格尔在法兰克福时期关于犯罪与刑罚的论述集中体现在《黑格尔全集》历史考订版第二卷"Text 55"前半部分，正如前述，黑格尔在"Text 54"中关于爱对道德和法律的扬弃的论述构成了黑格尔讨论刑罚问题的前提。

在"Text 55"中，黑格尔也首先讨论了犯罪与刑法。从字面来看，犯罪（Verbrechen）行为当然就是指违反了法律（Gesetz）规定的行为，或者说做了法律所禁止的行为。如杀人违反了"不要杀人"这条法律，偷窃违反了"不要偷窃"这条法律。很明显，犯罪行为损害了法律的内容，并因此损害了法律的统一性。针对犯罪行为，为了补救法律的统一性，也为了对受害人进行救济，法律往往都作了相应的刑罚规定，如"以眼还眼、以牙还牙"等最古老的同态复仇规定。这种针对犯罪行为的法律，就是"刑法"（strafendes Gesetz）。③ 值得注意的是，笔者按一般理解将"strafendes Gesetz"译为"刑法"，其翻译为"惩罚法"更好一些，因为它既包括客观的、实定的惩罚法，也包括主观的"愧悔的良心"（böses Gewissen）。即使仅就实定的惩罚法而言，它也不等同于现代意义上的刑法。黑格尔在这里没有区分现代意义上的侵权与犯罪，而只是强调应对犯法者给予何种惩罚以及给受害人何种救济。在这个意义上，黑格尔所使用的"strafendes Gesetz"类似于罗马法中的惩罚法。④ 但在"Text 55"中，黑格尔主要是

---

① 〔德〕康德：《康德著作全集》，第6卷，张荣、李秋零译，北京：中国人民大学出版社，2013年，第344页。

② 〔德〕康德：《康德著作全集》，第6卷，张荣、李秋零译，北京：中国人民大学出版社，2013年，第345页。

③ 《黑格尔早期著作集》（上卷），第499页；GW 2, S. 182。

④ 对于后者，可参考王华胜《罗马法中的"刑法"与"惩罚法"》，载《西南民族大学学报》（人文社会科学版）2010年第11期。

就杀人这种最极端的犯罪行为来讲述惩罚与命运的,因此将其翻译为"刑法"也有道理。

与一般的法律一样,刑法具有普遍性、确定性、必然性和强制性。对于个人而言,在他未犯罪时,刑法主要是一种恫吓性、警告性的存在。当他犯罪后,刑法既不能赦免罪行,也毫不留情,否则它就把自身给取消了,因为这是与它的性质相悖的。黑格尔还曾形象地指出,罪犯以为破坏了刑法的内容后,他就成了法的主人,但因为刑法的形式仍旧存在,所以刑法现在就按照规定对罪犯施加刑罚,此时刑法变成了惩罚人的具体行动的形式,即刑罚,而不再是恫吓的静止形式了。① 根据对等原则,罪犯所受的刑罚就是"丧失同他由于犯罪而损害别人的权利相等的权利"②。把罪犯施加给别人的伤害同等地返回到他自己身上,这就是法律上的公平和正义。黑格尔还指出阻碍刑罚正义实现的几种可能性,比如刑法本身仅仅是一种概念性规定,所以它仅仅还只是一种应然状态,为了使惩罚成为现实,刑法必须与享有权力的执法者(Exekutor)和法官(Richter)等有生命者联系起来,而这些因素都可能会使刑罚正义的实现成为偶然的。③

很明显,黑格尔上面关于刑法的性质以及刑罚正义的实现的论述,与康德关于刑法的性质、对等原则和刑罚正义的讨论差别不大。但黑格尔下面就开始从统一哲学角度直陈刑法、刑罚和正义本身的问题所在,并提出解决之道:爱一方面扬弃刑法的形式,另一方面扬弃它的内容,即刑罚和正义。

黑格尔强调,刑法的普遍性和必然性,使得和解成为不可能:不论是罪犯与受害者或复仇者之间的和解,还是罪犯与刑法之间的和解,都不可能。具体来说,对于罪犯而言,客观的、实定的刑法是异己的力量和敌对的存在。刑罚的实施并不代表罪犯与刑法的和解,它只能使刑法得到满足。在这之后,刑法就仍旧返回到它一开始针对所有人的恫吓形象,而没有成为友好的东西。④ 就此而言,惩罚之前、惩罚过程中和惩罚之后,罪犯与刑法一直处于对立、敌对状态。在刑法面前,罪犯就只是罪犯,是罪恶的存在,是孤立的人,似乎与人类无关,这个孤立的人受到刑罚就是事情的全部。

---

① 《黑格尔早期著作集》(上卷),第396页。
② 《黑格尔早期著作集》(上卷),第393页。
③ 《黑格尔早期著作集》(上卷),第393—394页。
④ 《黑格尔早期著作集》(上卷),第394—395页。

对此，黑格尔指出，只有从生命、命运和爱等角度来理解犯罪和刑罚，才能有和解。从统一哲学或生命哲学来看，在犯罪行为之前，不存在分离、对立和统治他的东西。黑格尔强调，作为全体和统一的生命，既不由法律所调整，也不是不法的。① 犯罪就等于脱离统一的生命、杀害生命。比如，杀害了别人的生命并不是指把别人的生命变成无，而是指整体生命的分离（Trennung），把生命变成自己的敌人："生命是不死的，生命被杀害了的它就表现为它的可怕的鬼魂，这个鬼魂要维护生命的每一方面，报复任何仇恨。"② 比如在《麦克白》中，麦克白谋杀了班科，但班科并不因此不存在了，他作为恶的鬼魂重新出现在麦克白的宴会上，宣告麦克白的命运。③

从统一哲学或生命哲学来看，"生命不与生命相区别"，所以罪犯对异己生命的杀害就是罪犯对自己生命的摧毁。他摧毁了生命的友好性，生命成为他的一个敌人或异己的力量。换一种说法就是，犯罪是对本性（Natur）或统一的破坏，就此而言，侵害者与被侵害者所遭受的破坏同样多。这就是命运或作为命运的惩罚。被伤害了的生命作为一个反对罪犯的敌对力量，虐待罪犯，就像罪犯之前所做的一样。就此而言，作为命运的惩罚就是罪犯本身的力量反作用于自己。

但与刑法上的惩罚不同，命运或作为命运的惩罚能够得到和解，因为"命运是在生命的范围之内发生的"④。作为生命、统一整体的分离，命运或作为命运的惩罚是人对自身的侵犯，因此可以返回到自己的生命和爱。用更形象的语言来说就是："生命可以重新医治它的创伤，使分裂了的敌对生命重新返回到自身，并且可以扬弃犯罪行为的罪过、扬弃法和惩罚。"⑤ 具体说，在作为命运的惩罚中，罪犯感觉到自己的生命受到摧残，这也是对被摧毁的生命的感觉，这种生命感就是爱。罪犯重新认识到生命，因此罪犯对那业已失去了的生命产生一种渴望（Sehnsucht），即渴望返回到生命本身。只有通过"愈益强烈的爱"，犯罪行为引起的命运才能停止。⑥ 这就是命运在爱中的和解。

---

① 《黑格尔早期著作集》（上卷），第397页。
② 《黑格尔早期著作集》（上卷），第397页。最后一句直译就是："这个鬼魂要使它的一切方面都是有效的，抛弃它的仁慈。"（GW 2, S. 190）
③ 《黑格尔早期著作集》（上卷），第397页。参见莎士比亚《麦克白》，第四场第三幕。
④ 《黑格尔早期著作集》（上卷），第397页。
⑤ 《黑格尔早期著作集》（上卷），第398页。
⑥ 《黑格尔早期著作集》（上卷），第406页。

就此而言，对命运的恐惧是对分离的恐惧，是对自己本身的害怕。而对刑法中惩罚的恐惧，则是对一个异己的东西的恐惧。① 同时，命运的和解意味着罪犯的矫正（Besserung），因为命运的惩罚让罪犯产生对生命之丧失的感觉，使他认识到，丧失了的东西是生命，是一度对它很友好的东西——这种认识本身就是生命的享受本身。而刑法的惩罚并不能使罪犯有所矫正，因为刑罚对罪犯而言仅仅是一种受苦，让他产生一种无力感。②

（三）两种自由基础上的刑罚理论

与黑格尔在法兰克福时期的刑罚理论相比，黑格尔在《法哲学原理》中的论述与康德在《道德形而上学》中所阐述的刑罚理论具有更多类似性。首先，成熟时期的黑格尔和康德都强调意志自由（个人自由或主体性，即现代人的自由）是刑法和刑罚强制之正当性的前提。其次，刑罚的目的仅在于恢复受到侵害的法，刑罚的本质规定是报复。而黑格尔在法兰克福时期，作为其刑罚理论前提的不是意志自由，而是生命的原初统一，类似于古代人的自由。粗略而言，意志自由对应着主体性，生命的原初统一对应着实体性。从这种实体性原则出发，黑格尔在法兰克福时期就强调，以主体意志自由为基础的刑法及其规定的刑罚在本质上内含着对立、分裂和强制，刑罚正义本身也不过是一种幻象。为此，他才提出一种没有强制的惩罚，即作为命运的惩罚。它不是一种外在的强制，而是让犯人产生一种内在的悔恨和对恢复统一的渴望。只有这种惩罚才能实现真正的和解。

这也表明，虽然黑格尔在法兰克福时期批判了康德的刑罚理论，但他后来其实在某种程度又回到了康德。一般认为，黑格尔到了耶拿后期才重新以康德式的主体性或意志自由作为其法哲学的基点。③ 这说明，黑格尔在法兰克福时期囿于一种原初的实体性原则之中，还没有把主体性原则作为其体系的出发点。同时我们也要看到，黑格尔此时并不像后来那样是在法哲学意义上来讨论刑罚问题的，而是在宗教意义上来论说的。正如上述所言，在《基督教的精神》这组文本中，黑格尔写作的思路是"德行—爱—宗教"，即德行、法律（包括审判和刑罚）被爱所扬弃，然后爱与反

---

① 《黑格尔早期著作集》（上卷），第 398 页。
② 《黑格尔早期著作集》（上卷），第 399 页。
③ 朱学平：《古典与现代的冲突与融合：青年黑格尔思想的形成与演进》，长沙：湖南教育出版社，2010 年，第 257—258 页。

思综合到宗教之中。这种思路决定了黑格尔此时不可能在一般法律意义上来讨论刑罚问题。也就是说,黑格尔在法兰克福时期把爱和法律以及道德和法律混在一起,而到了成熟时期才对它们进行划界。

虽然成熟时期的黑格尔与康德在刑罚的前提和本质问题上具有诸多类似之处,但不可否认,两人在论述上仍有一些差别,而这些差别可以部分追溯到黑格尔在法兰克福时期的讨论。一方面,与康德不同,黑格尔非常强调刑罚所具有的和解作用,即通过刑罚,被破坏的法同自身得到和解,犯人同自身得到和解,而和解正是黑格尔在法兰克福时期从爱、生命和统一出发所特别强调的。另一方面,在《法哲学原理》中,在论述完强制和犯罪后,黑格尔就从抽象法过渡到道德上去,而这与康德的叙述方式显然不同。在这一点上,黑格尔也与他在法兰克福时期的刑罚思想相关。在法兰克福时期的文本中,黑格尔将刑法规定的刑罚转变为作为命运的惩罚后,外在的强制就转化成了内在的悔恨。后续在谈到如何面对侵害时,黑格尔提出了主动放弃权利并退回自身的"灵魂之美"(Schönheit der Seele)。[①] 这类似于黑格尔在《法哲学原理》中提到的从犯罪向道德(主观领域)的过渡——当然黑格尔在《法哲学原理》中是从意志自身的发展来论述这种过渡的。

虽然黑格尔很快就扬弃了从统一哲学或生命哲学出发对刑罚的讨论,但这并不能否定这些讨论自身所具有的独立意义。一方面,如何克服法律本身的强制性,这确实是一个重要的问题,对此问题的提出和回答在中外法学理论史上不断出现。就西方法学理论而言,爱和法律常常被对置起来加以讨论,这说明了用爱来克服法律的强制性并非仅仅是青年黑格尔自己的主张。这种回答的经典版本当然就是黑格尔此时所借用的耶稣之爱对犹太律法的克服,这个版本也一再被拿出来加以运用,黑格尔所做的只不过是给这种回答赋予了生命哲学或统一哲学的论证。另一方面,正如本章第一节所示,黑格尔正生活在欧美刑罚思想和制度发生重大变革的时代,黑格尔在法兰克福时期的刑罚思想可算作是对这场变革的一种回应,这种回应虽然不同于康德、贝卡利亚和他后来所强调的自由意志、刑罚确定性和罪罚相称原则等,但它也符合福柯对这场变革的判断,即刑罚对象主要不再是肉体,而是转向了诸如权利和灵魂等方面。

总之,在《犹太教的精神》和《基督教的精神》中,黑格尔把犹太律法与康德的道德学说和法权学说看作同样强制性的东西,即康德式的定

[①] 《黑格尔早期著作集》(上卷),第402—403页。

言命令式阻碍着特殊物（主体）与普遍物（义务）之间的和解："普遍的东西必然地且永远地是一种异己的东西、客观的东西。那里面总残留着一种不可摧毁的实定性。"① 值得注意的是，与伯尔尼时期的《基督教的实定性》不同，不论在《犹太教的精神》中，还是在《基督教的精神》中，"positiv"和"Positivität"都已不再是出现很频繁的词了，主导性的概念反而是爱和生命，但与这些概念相对的东西正是实定的东西或实定性，只不过黑格尔用"分裂"和"客观性"等词来表示。

第三节 自由与实定性的历史辩证

在1799年，黑格尔的思想发生了重要的变化，这一方面与他在法兰克福对商业社会的感受以及阅读斯图亚特的政治经济学有关，另一方面与他在《基督教的精神》中对其哲学体系、耶稣以及基督教会的命运的反思有关。简言之，黑格尔承认了通过爱去实现统一这种计划的局限，承认了诸如私有财产、市民社会和现代国家等现实世界的必然性。这也意味着，之前在黑格尔思想中占主导地位的人民宗教理想和传统实践哲学观念被削弱了。比如珀格勒说："正是在法兰克福这个伟大的商业城市，黑格尔首次研究英国经济体系，写作对斯图亚特《原理》（*Principles*）的评释。直接民主制在大的现代国家中永远不再可能了，这一事实使代议立宪制成为不可避免的。"② 黑格尔从一种理想主义转向了现实主义。这种转变也决定了黑格尔对实定性的理解的根本变化，这些变化既体现在上述对私有财产和现代国家的态度转变上，也直接体现在他自1800年9月24日起对伯尔尼时期的《基督教的实定性》所作的补充与修订中，即所谓的《基督教的实定性·新序言》。③

在这个文本中，黑格尔首先围绕着实定性概念考察了实定宗教、自然宗教、人性概念以及相关的知性思维方式。正是在这些考察中，黑格尔提出了对人性和实定性等概念的历史辩证理解。他指出，宗教的实定性概念

---

① 《黑格尔早期著作集》（上卷），第379页，*GW* 2, S. 152。
② Otto Pöggeler, "Editorial Introduction", in Hegel, *Lectures on Natural Right and Political Science*, translated by J. Michael Stewart and Peter C. Hodgson, California: University of California Press, 1996, p. 15.
③ 这个文本在《黑格尔全集》历史考订版第二卷中被标为"Text 65"，关于它的写作和流传情况，参见 *GW* 2, S. 654-656。

是在近代才开始出现并成为重要概念的。实定宗教往往被看作与自然宗教相对立的一个概念。比如莱辛、康德等都曾从实定宗教（或启示宗教）与自然宗教的对立角度来考察基督教。① 而"人性"（die menschliche Natur）或"人的规定"（Bestimmung des Menschen）概念则被看作区分实定宗教与自然宗教的根本标准。自然宗教就是符合人性的宗教。且因为人性被理解为唯一的，所以自然宗教也被看作唯一的。② 与之相反，实定宗教则被看作违反人性的宗教、反自然的宗教或超自然的宗教。这其实也正是黑格尔在1793—1795年的《基督教的实定性》中所理解的实定宗教。但此时黑格尔要反思和批判的正是这种人性概念标准以及从此出发所理解的自然宗教和实定宗教。在黑格尔看来，近代启蒙思想家所理解的人性概念其实是知性思维通过对人性现象的无限多样性进行抽象概括而得到的一种一般概念。③ 它的普遍性和必然性必定使人类的特性成为固定的，并因此使"各民族的或个人的所有其余的多样性的伦理、习惯和意见都因而成为偶然性、成见和错误了"，使与这些多样性相适应的宗教就成为实定宗教了。④ 也就是说，对于理解实定性或实定宗教来说，普遍的人性概念是片面的和空洞的，它其实只是某个历史阶段的抽象理解而已，不能用来衡量历史上一切阶段的宗教。因此，要从客观方面和历史性来理解人性和宗教的变化。正如有学者所指出的："宗教与自然（本性），本质上都是社会历史范畴，需要联系各民族、各时代来进行理解。宗教是自然的，还是实定的，都要依当时的时代精神而定。"⑤ 在黑格尔看来，能够体现这种客观性和历史性的概念是"人类理想"（Ideal von Menschheit）或"人性的理想"（Ideal der menschlichen Natur）。⑥ 它们能包含特殊性的东西，如一个民族特殊的风俗、习惯和意见等客观性的东西，也包括被一般人性概念斥为偶然性、偏见和错误的那些东西。黑格尔强调，如果在这些特殊性中自由被取消时，这些特殊性就是实定的："只有当它专横到反对理智和理性，并违反它们的必然规律时，它才成为实定性的东西。"⑦ 但他旋即对理智和理性作出限定："只有当这种标准的普遍性被呼吁，理智和理性才

---

① Vgl. *GW* 2, S. 351, 688.
② 《黑格尔早期著作集》（上卷），第336页；*GW* 2, S. 351。
③ 《黑格尔早期著作集》（上卷），第337页。
④ 《黑格尔早期著作集》（上卷），第337页。
⑤ 朱学平：《古典与现代的冲突与融合：青年黑格尔思想的形成与演进》，长沙：湖南教育出版社，2010年，第130页。
⑥ *GW* 2, S. 354；中译文参考《黑格尔早期著作集》（上卷），第339页。
⑦ *GW* 2, S. 355；中译文参考《黑格尔早期著作集》（上卷），第339—340页。

能作裁判官。凡是自己不要求于合于理智或合于理性的东西，就不属于它们权限的范围。"① 在这种新的实定性和实定宗教概念下，黑格尔对基督教的理解也发生了根本性的变化，即从批判转向理解：理解基督教在西方历史中的合理性和必然性或命运。

因此，基于对现代性的重新定位，黑格尔在1799—1800年就实定性问题有了新的看法：不再是用一套概念来确定某些制度为实定的并加以批判，而要把这些东西放置在具体历史环境之中来理解其合理性。用几乎写于同时的《1800年体系残篇》中的话来说，生命与实定的东西（即生命要排斥的东西，如法律和私有财产等）要发生关系，要丧失个体性于这些东西中，要与它们结合在一起，这是一种必然性。如果我们用"自由"这个词来替换这里的"生命"，仍旧符合黑格尔的意思，并能得到黑格尔后来的具体自由观念，即自由要在客观的现实中得到真正的实现。鉴于历史和客观的东西的必然性，实定的东西也应被看作一种描述的对象，而不能再被赋予太多否定性和批判性的色彩。这种对实定性的理解成为黑格尔其后关于实定法和实定宗教的重要基础。

比如在《论自然法》（全称为《论自然法的科学探讨方式，它在实践哲学中的地位及其与实定法学的关系》）中，黑格尔在最后一部分讨论了自然法与实定法学（positive Rechtswissenschaften）的关系，"首次发表自己对实定法学的看法"②。黑格尔主要从形式和内容两个方面分析实定法学。其中与《基督教的实定性·新序言》中的实定性概念直接相关的是黑格尔从内容方面对实定法学或法学中的实定性所作的讨论。黑格尔强调要从"普遍物和特殊物的同一"（Identität des Allgemeinen und Besondern）出发去理解一般"被反思视为特殊性的东西"，即一般被反思视为实定的东西（ein positives），只有如此，特殊物才不是偶然的和实定的东西。③ 只有如此，"一族人民的特定气候及其在全人类教化中所处的时期，即属于一种必然性，这族人民的当下仅仅构成这个长长的必然性之链的一个环节，这个环节按照前一方面从地理出发得到理解，按照后一方面从历史出发得到理解"④。这种说法显然同《基督教的实定性·新序言》中所强调的要放置在具体历史环境之中来理解一般被认为属于实定之物的合理性的

---

① GW 2, S. 355；中译文参考《黑格尔早期著作集》（上卷），第340页。
② 〔德〕黑格尔：《论自然法》，朱学平译，北京：商务印书馆，2021年，"译者序言"，第 lii 页。
③ 〔德〕黑格尔：《论自然法》，朱学平译，北京：商务印书馆，2021年，第107页。
④ 〔德〕黑格尔：《论自然法》，朱学平译，北京：商务印书馆，2021年，第107页。

观念是一样的。

黑格尔举了采邑制和奴隶制为例加以说明。单纯从近代主体性角度来看，具有人身依附关系的采邑制和奴隶制就是完全实定的东西，"但是首先从必然性方面来看，采邑制并不是一种绝对的个别物，而是完全处于必然性的总体之中的。就内容而言，相对于生命本身，采邑制是不是实定的（positiv），取决于人民自身［是否］在其中作为个体性（Individualität）真正组织起来，完全充实并且鲜活地弥漫于那个体系的形态，取决于这些关系的法律是否就是伦常"①。奴隶制同样如此，"如果一族人民被另一族人民战胜，必定失去其独立性，因此宁愿遭受丧失独立的不幸和耻辱，也不愿战斗和死亡；如果他们如此卑劣地沉浸于动物生活的现实之中，不能提高到形式的观念性，提高到一个普遍之物的抽象，从而在自然需要的关系规定中无法承受法权的关系，而只能承受人身的关系……那么采邑制和奴隶制就具有绝对真理，并且这种关系就是唯一可能的伦理形式，因此也就是必然的、正义的和伦理的形式"②。

黑格尔当然不是要为采邑制和奴隶制本身辩护，而仅仅是要从一族人民（如他在前面所分析的犹太人）的历史发展阶段去理解这些制度的现实性。黑格尔在理念上当然是渴求自由反对奴役的，不然就不会如此一贯地赞扬古希腊人和批评犹太人。因此从积极方面看，黑格尔所要强调的是，要达到这种自由，就需要一族人民在自我意识上达到相应的自由阶段。很明显，在讨论实定性问题过程中，黑格尔已经展现了普遍性—特殊性—个体性的逻辑框架，也展现了"凡是合乎理性的东西都是现实的，凡是现实的东西都是合乎理性的"③ 这种现实观。

黑格尔在《法哲学原理》中也讨论过实定法，他明确提到实定法的内容之一是历史要素，即"一国人民的特殊民族性（den besonderen Nationalcharakter eines Volkes），它的历史发展阶段，以及属于自然必然性的一切情况的联系"④。黑格尔明确地把实定法的这种历史要素与孟德斯鸠所指出的"真正的历史观点和纯正的哲学立场"联系起来，即"整个立法和它的特别规定不应孤立地、抽象地来看，而应把它们看作在一个整体中

---

① 〔德〕黑格尔：《论自然法》，朱学平译，北京：商务印书馆，2021 年，第 107—108 页。
② 〔德〕黑格尔：《论自然法》，朱学平译，北京：商务印书馆，2021 年，第 108 页。
③ 〔德〕黑格尔：《法哲学原理》，范扬、张企泰译，北京：商务印书馆，2018 年，第 12 页。
④ 〔德〕黑格尔：《法哲学原理》，范扬、张企泰译，北京：商务印书馆，2018 年，第 5 页。

依赖的环节,这个环节是与构成一个民族和一个时代特性的其他一切特点相联系的。只有在这一联系中,整个立法和它的各种特别规定才获得它们的真正意义和它们的正当理由"①。很明显,对实定法历史要素的阐述与《论自然法》中的分析是一致的,与《基督教的实定性·新序言》所提出的客观观念论和历史辩证法也是契合的。如果进一步追溯,这种思想的萌芽在黑格尔图宾根时期第一次构建人民宗教时就出现了,而且在这些不同阶段的文本中,孟德斯鸠都直接或间接"现身"。

小　　结

综上所述,青年黑格尔在1793—1800年对实定宗教、实定信仰和实定性等的批判是其自由思想的一个方面,且可粗略分为三个阶段,其思想的变化可被归结为自由与实定性的辩证。在1793—1795年,在法国大革命的影响下,为了提升德意志民族的道德性、自主性和政治自由,青年黑格尔试图通过康德道德哲学批判作为私人宗教、客观宗教、实定宗教的基督教,以作为实现人民宗教理想与复兴古典共和主义的手段。在这个阶段,黑格尔的实定性批判思想主要体现为康德式主体自由与实定性之间的对立,前者代表内在性和自律,后者代表外在性和他律。

在1795—1799年,在类似的目的之下,黑格尔在哲学基础上从康德主体自由理论转变为席勒式统一哲学。相应地,实定信仰或实定性的根源被归结为分裂以及不能统一的东西被统一。在这个阶段,黑格尔的实定性批判思想也可以概括为自由与实定性的对立——只不过此时的自由不再是康德式的主体自由,而是统一哲学中的自由了。但要注意的是,黑格尔此时并非否定康德式主体自由,相反,他是试图予以补充或使之真正实现——就像耶稣用爱来补充或完成犹太律法一样。

尽管在1795—1799年黑格尔对实定性的理解有所变化,但在这两个时期,人民宗教的理想与古典共和主义的政治观念都保存着。反倒是到了1799—1800年这段时期,在法兰克福商业社会的浸淫下,通过对英国政治经济学的研究、对耶稣和基督教的命运的反思以及对自己体系哲学的改造,黑格尔的上述理想和政治观念被放弃了,现代性被承认为历史的必然

---

① 〔德〕黑格尔:《法哲学原理》,范扬、张企泰译,北京:商务印书馆,2018年,第5—6页。

性和命运。实定宗教或实定性也要从客观观念论和历史辩证法角度来重新加以认识。在客观观念论中，自由只能被看作在实定制度中的自由，它在历史中逐渐丰富和实现。由此，自由与实定性之间的对立被破除。在这里，黑格尔的具体自由观念已见雏形。因此，在这三个阶段，自由与实定性的关系呈现为从对立到和解的过程。这对黑格尔后来关于自然法、实定法、国家等实践哲学思想影响深远。

第三章　政治自由与人民宗教

在黑格尔早期的自由和实践思想中，人民宗教是一个重要的概念。它以古希腊城邦和古罗马共和国的宗教为原型，因此是依附于黑格尔早期的古典共和国理想的，并与古代人的政治自由和实践直接相关。同时，黑格尔清醒地认识到，这种人民宗教必须以近代启蒙理性哲学为基础才有可能，只有如此它才能与现代时代精神相符，并进而对现代人的自由和实践产生积极影响。这也意味着当黑格尔的古典共和国理想和哲学基础发生变化时，人民宗教的构成和地位也将随之发生变化。本章旨在考察黑格尔早期对人民宗教的建构和修正，并在其中考察人民宗教与古代和现代政治自由与实践之间的紧密关系。

第一节　人民宗教的第一次建构

黑格尔对人民宗教的第一次建构出现在《图宾根残篇》（对应于《黑格尔全集》第一卷的"Text 16"）①中，它是黑格尔图宾根时期所保留下来的篇幅最长的一篇手稿。②它一方面表明了黑格尔原初的问题意识，另一方面，它引入的一些重要概念对他后来的实践哲学思想发展影响深远。因此，本节主要讨论黑格尔在这个文本中对人民宗教的构建以及人民宗教与政治自由之间的关系。

虽然这篇手稿具有独立性，但它仍是不完整的，而且有些地方显得

---

① 在《黑格尔全集》历史考订版第一卷中，这个文本被编号为"Text 16"。同时，德文编者常以每个片段的前几个字母作为标题，《黑格尔早期著作集》（上卷）中译本的部分片段亦按此标题编排。历史考订版编者认为，"Text 16"可能写于1793年，并应该在黑格尔去伯尔尼之前完成。具体参看 GW 1, S. 475。

② 在最早编辑出版《黑格尔早期神学著作》（Hegels theologische Jugendschriften）时，诺尔把这篇手稿作为《人民宗教与基督教》的第一部分，德语学界习惯以手稿首句作为标题，因此这篇手稿被称为《宗教是我们生活里最重要的事务之一……/Religion ist eine der wichtigsten Angelegenheiten...》，英语学界则常称之为《图宾根残篇》（Tübingen fragment/Tübingen essay），下文用《图宾根残篇》来指称这篇手稿。

"生硬勉强"①，甚至被认为是"对几个松散主题的一系列断想，而非一篇思考集中的论文"②。正是其"不完整性"导致了学者们对这篇手稿之主旨的理解莫衷一是。

学者们的解释基本上可归结为三类，其一把这篇手稿的主旨归结为神学问题，比如诺尔和拉松。卢卡奇如是揣测诺尔的态度："仿佛黑格尔之在图宾根神学院读书……是因为神学问题构成了他整个思维的基础和出发点。"③ 关于拉松，卢卡奇则指出："拉松认为宗教和神学根本是整个黑格尔思想体系的轴心。"④

其二则把手稿主旨归结为伦理学或道德哲学问题。比如赖贤宗强调，青年黑格尔在这篇手稿中着力要解决的是康德伦理学中的"实践的动力问题"，即"伦理行动中客观和主观的综合、普遍和特殊的综合问题"——这是青年黑格尔受康德哲学影响而形成的第一个基源问题。⑤ 约书亚·D.戈德斯坦（Joshua D. Goldstein）则认为，黑格尔这篇手稿的问题意识（Problemstellung）在于：通过构建一种人民宗教来满足人的精神的自然需要：德性的需要（包括感性与理性两方面）、在世的需要（being at home in the world）以及二者的统一。⑥

其三则把黑格尔的意图归结为社会和政治方面。比如卢卡奇指出，黑格尔"想把康德在《实践理性批判》里提出的观点应用到社会和历史上……实践问题，即人对社会现实的改造问题，构成他的思维中心问题"⑦。哈里斯也认为，黑格尔的目的在于发现"宗教如何成为一种能动的社会力量"，并希望"运用宗教力量来重塑他自己所处的社会"。⑧ 董特则指出，黑格尔从古希腊文化中找到了"宗教和政治相互影响的有力证

---

① Peter Fuss and John Dobbins, "Introduction" to Hegel, *Three essays (1793—1795)*, ed. and trans. Peter Fuss and John Dobbins, Indiana: University of Notre Dame Press, 1984, p. 2.

② Hodgson, *Hegel and Christian Theology: A reading of the lecture on the Philosophy of Religion*, Oxford: Oxford University Press, 2005, p. 23.

③ 〔匈〕卢卡奇：《青年黑格尔》，王玖兴译，北京：商务印书馆，1963年，第37页。

④ 〔匈〕卢卡奇：《青年黑格尔》，王玖兴译，北京：商务印书馆，1963年，第37页。

⑤ 赖贤宗：《康德、费希特和青年黑格尔论伦理神学》，台北：桂冠图书股份有限公司，1998年，第172、209页。

⑥ Goldstein, J. D., *Hegel's idea of the good life*, Netherlands: Springer, 2006, pp. 31, 40, 47–48.

⑦ 〔匈〕卢卡奇：《青年黑格尔》，王玖兴译，北京：商务印书馆，1963年，第35页；Lukács G., *Der junge Hegel*, Neuwied/Berlin: Hermann Luchterhand Verlag, 1967, S. 40.

⑧ Harris, H. S., *Hegel's Development: Toward the Sunlight (1770—1801)*, Oxford: Oxford University Press, 1972, p. 122.

据",并以此试图"将这种和谐移植到现代性中来","在其带有宗教色彩的思想的基础上,他运用一种接近社会学、或者说是完全历史的观察方法,研究在怎样的客观条件下才能深刻改变基督教、或者是彻底重建基督教、更抑或是某种全新的宗教,从而使其能够支持并肯定'国家',激发公民及爱国情感,唤起个体的社会道德感。"①

综合思想语境与文本逻辑,我们可以发现,卢卡奇、哈里斯、董特等学者可谓切中了《图宾根残篇》之主旨,但限于他们的研究视角和性质,此手稿的深刻内涵和意义尚未得到完全澄清。本节旨在阐明,《图宾根残篇》在根本上是一篇以政治自由问题为核心的实践哲学之作,其核心在于,青年黑格尔站在古典共和主义立场上讨论并推进了西方近代政治哲学中的公民宗教问题。下面首先讨论《图宾根残篇》的思想史语境,然后分别讨论此残篇的主旨、从主观宗教到人民宗教的发展逻辑以及黑格尔早期的具体人民宗教思想。

一、近代西方公民宗教思想的发展:《图宾根残篇》的思想史语境

一般而言,西方公民宗教思想可追溯至古希腊城邦和古罗马共和国时期。公民宗教是古代共和体制的一个组成部分,它与其他宪制设计一起维持着城邦/国家与公民的政治自由。在那里,宗教与政治和法律是统一的,即宗教教条、仪式、节日等都由国家法律来规定。公民宗教的根本效用也在于国家整体方面,正如卢梭所说:"它把对神明的崇拜与对法律的热爱结合在一起;而且由于它能使祖国成为公民崇拜的对象从而就教导了他们:效忠于国家也就是效忠于国家的守护神。"② 在马基雅维利看来,罗马公民宗教的创制可追溯至努马·蓬皮利乌斯:"努马发现罗马人民极其凶悍,希望通过和平的技艺使之变得温和并且顺从,便转向作为如果要维持一种文明就完全必要的事物的宗教,而且他建立宗教到如此地步,以至多个世纪以来,对神所怀有的敬畏之情,从来没像在那个共和国里那样

---

① 〔法〕雅克·董特:《黑格尔传》,李成季、邓刚译,上海:上海人民出版社,2015年,第52—53页。
② 〔法〕卢梭:《社会契约论》,何兆武译,北京:商务印书馆,2003年,第174页。

深切过。"①

西方文艺复兴以降，马基雅维利、霍布斯、卢梭等人都对公民宗教思想多有阐述和发展，并成为他们政治哲学体系的重要部分，也构成了黑格尔《图宾根残篇》的思想史语境。

众所周知，在《君主论》中，马基雅维利试图把政治从道德、宗教、社会等因素中分离开，单单从政治活动本身去考察政治的性质，比如为达政治目的可以采取任何不道德的手段等。但考虑到《君主论》的写作目的与当时意大利的特殊情势之间的关系，真正体现马基雅维利公民宗教思想的并非《君主论》，而是《论提图斯·李维著〈罗马史〉前十卷》（简称《李维史论》）。在《李维史论》中，马基雅维利表明其理想是古典共和主义。国家创建后，长治久安之道即在于践行古典共和主义。他强调宗教的政治效用，首先，立法者借助宗教使人接受并敬重法律："确实，从来没有哪一个给一个民族创建不平常的法律的人是不求助于神的，因为否则的话，这些法律就不能得到接受。因为有许多好处是一个审慎的人所知晓的，但它们本身没有明显的道理能够使他人来信服它们。"② 其次，宗教要培养公民的私人美德和为国家献身的精神，前者有助于国家内部的良好风尚，后者则有助于维护国家的安全。③

虽然霍布斯主张绝对君主制，反对古典共和主义，但在宗教与政治的关系问题上，霍布斯仍持一种古典共和主义式的公民宗教观。这表现在，霍布斯努力要把被基督教分割开的政治权力与教会权力结合起来。一方面，在基督教国家，国家与教会是同一事物的两个不同名称，因为二者都是由相同的那群人结合而成的共同体。④ 另一方面，霍布斯主张，教会在聚会、宗教仪式、教规、教义争端等各方面都要受制于世俗权力，即主权

---

① 〔意〕马基雅维利：《马基雅维利全集》第1卷，潘汉典、薛军译，长春：吉林出版集团有限责任公司，2013年，第181页；也请参见〔英〕爱德华·吉本《罗马帝国衰亡史》，第1卷，席代岳译，长春：吉林出版集团有限责任公司，2011年，第26页；以及〔英〕霍布斯《利维坦》，黎思复、黎廷弼译，杨昌裕校，北京：商务印书馆，2010年，第83、87页。

② 〔意〕马基雅维利：《马基雅维利全集》第1卷，潘汉典、薛军译，长春：吉林出版集团有限责任公司，2013年，第182页。

③ 参见〔意〕马基雅维利《马基雅维利全集》第1卷，潘汉典、薛军译，长春：吉林出版集团有限责任公司，2013年，第182、188—195页。

④ 参见〔英〕霍布斯《论公民》，应星、冯克利译，贵阳：贵州人民出版社，2003年，第214页；霍布斯：《利维坦》，第306、373页。

者，因此不存在与国家权力相分离的教会权力。① 虽然在世俗事务和精神事务方面，主权者被赋予了绝对的权力，但霍布斯后来仍给个人宗教崇拜自由留下了空间。②

与马基雅维利和霍布斯类似，卢梭也坚持宗教的政治效用。他多次提及宗教对政治体的不可或缺性，他在《社会契约论》初稿中曾写道："一旦人们进入政治社会而生活时，他们就必须有一个宗教，把自己维系在其中。没有一个民族曾经是，或者将会是没有宗教而持续下去的。假如它不曾被赋予一个宗教，它也会为自己制造出一个宗教来，否则它很快就会灭亡。"③ 在《论人与人之间不平等的起因和基础》中，卢梭也曾表达过类似的想法："人类的政治组织是多么需要比单纯的理性更为坚固的基础，而且为了公共的安宁，是多么需要神意的参与，以便给予最高权力以一种神圣不可侵犯的性质，从而剥夺臣民对于最高权力的那种可怕的处分之权。"④ 卢梭在《社会契约论》最后详细阐发了其公民宗教（civil Religion）思想。他把公民宗教定义如下："每个公民都应该有一个宗教，宗教可以使他们热爱自己的责任，这件事却是对国家很有重要关系的。"⑤ 公民宗教的教条由两部分组成，一部分是与国家及其成员有关的道德和责任，这部分要由主权者制定；另一部分则与国家及其成员无关，而只是私人信仰问题，这是主权者（遑论其他人）所不能干涉的。卢梭重点阐发了前一方面，首先，制定原则是"简单，条款很少，词句精确，无需解说和注释"。其次，公民宗教的正面的教条包括以下四个方面：全能的上帝存在；灵魂不朽；正直者得幸福，坏人受惩罚；社会契约和法律具有神圣性。最后，公民宗教的否定性教条是禁止不宽容。⑥ 这就构成了每个国家都应该有的公民信仰的宣言（a civil profession of faith），其目的不在于确立一种宗教教条，而在于使每位公民具有社会性的感情，培养公民对法

---

① 参见〔英〕霍布斯《论公民》，应星、冯克利译，贵阳：贵州人民出版社，2003 年，第 223—227 页；〔英〕霍布斯：《利维坦》，黎思复、黎廷弼译，杨昌裕校，北京：商务印书馆，2010 年，第 286—287、296、374 页。

② 参见〔英〕霍布斯《利维坦》，黎思复、黎廷弼译，杨昌裕校，北京：商务印书馆，2010 年，第 399、563—564 页。

③ 〔法〕卢梭：《社会契约论》，何兆武译，北京：商务印书馆，2003 年，第 167 页，注释 1。

④ 〔法〕卢梭：《论人与人之间不平等的起因和基础》，李平沤译，北京：商务印书馆，2007 年，第 111 页。

⑤ 〔法〕卢梭：《社会契约论》，何兆武译，北京：商务印书馆，2003 年，第 180 页。

⑥ 〔法〕卢梭：《社会契约论》，何兆武译，北京：商务印书馆，2003 年，第 181—182 页。

律、正义和国家的热爱。①

正如前两章所述，黑格尔此时处于启蒙运动、德国新古典主义背景下。在斯图加特中学时期，黑格尔接受了良好的古典人文主义教育与启蒙思想。在政治方面，他已经表现出对古典共和主义的倾慕。在1787年的《希腊人和罗马人的宗教》中，黑格尔第一次具体处理宗教问题，并已经有意识地从政治、历史和启蒙等角度来剖析古代宗教。在图宾根神学院时期，黑格尔接受了专业的哲学和神学教育，并继续坚持古典共和主义理念。卢梭的著作和法国大革命的爆发深深触动和激发了他的政治热情，《图宾根残篇》正是黑格尔在这种环境下思考的结果。

二、《图宾根残篇》的主旨

毋庸置疑，《图宾根残篇》是一部讨论宗教问题的著作，但黑格尔探讨宗教的意图何在，这是首先要搞清楚的问题。根据整个文本，我们能逐步看出以下几个层次的意图。

首先，《图宾根残篇》开篇明言"宗教是我们生活里最重要的事务之一"②，这既是对当时社会状况的事实描述，同时也隐含了黑格尔探究宗教问题的原因。我们至少能从中看出黑格尔的表面意图，即基于宗教在人的生活中的重要性，通过考察和改造宗教，就势必能影响人的生活。

其次，黑格尔提出，宗教的目的在于"提供给道德性（Moralität）和道德性动因以一种新的崇高的振奋，并对感性冲动的势力给予一种新的强烈的阻碍"③。也就是说，在黑格尔看来，宗教的根本目的不在于信仰、个人得救、来世幸福等，而恰恰在于道德、现世的德行。黑格尔强调，通过影响人的内心和情感，宗教促进人对道德法则、道德义务的敬畏感，以及促进对上帝的崇高性和至善的观念的赞美、卑谦和感恩等情感。也就是说，通过培养人的这些道德情感，宗教推动人按道德律行事，履行道德责任等。既然如此，黑格尔要做的就是，考察"有些什么样的措施，使得宗教的教义和力量可以渗透进人的情感的深处，从而成为人的行为的推动

---

① Rousseau, *The Social Contract and other later political writings*, edited and translated by Victor Gourevitch；（影印本）北京：中国政法大学出版社，2003年，第150页。
② 《黑格尔早期著作集》（上卷），第59页；Werke 1, S.9。
③ Werke 1, S.12；《黑格尔早期著作集》（上卷），第62页，译文有改动，汉译本在这里将"Moralität"译为"道德"，后来也曾译为"道德性"，为了统一译名起见，笔者将"Moralität"译为"道德性"。同时，汉译本也把"Tugend"译为"道德"，笔者一般改为"德行"这种译法。

力,并表明其自身在他们那里是有生命力的、是有作用的"①。这构成了黑格尔《图宾根残篇》的深一层的意图。整个手稿大部分也主要是阐述,通过哪些措施来使宗教能动地影响人的情感和行为,并进而促进人的道德完善。

但黑格尔的意图远不止于此。在提到公共宗教时,他曾写道:"其(指公共宗教——引者注)效果不仅是使人们直接理解到,个人不应该盗窃,由于这是上帝所禁止的,而且特别是使人们必须考虑到较长远的东西,而且长远的东西常常应该被视为最重要的东西。这些东西主要是民族精神的提高和高尚化,从而可以使得那些常常沉睡着的民族情感和尊严在灵魂里得以唤醒,这样,那个民族就不会自暴自弃,也不会被轻蔑、被抛弃,而民众也不仅感觉自己是人,而且还可以用人道和善良的清新笔触描画出自己光明的远景。"② 这段话表明,黑格尔要达到的目的远不止于个人道德,因为它远非"最重要的东西"。在黑格尔看来,只有"民族精神的提高和高尚化"和"民族情感和尊严"的苏醒才是最重要的——这几乎是黑格尔一生的目标所在。怪不得卢卡奇说:"在一个有决定作用的论点上黑格尔从最年轻时代起就已经超过了康德。康德是从个人观点分析道德问题……与此相反,青年黑格尔的那种指向着实践的主观主义,则从来就是集体的(kollektiv)、社会的(gesellschaftlich)。"③ 因此可以说,黑格尔此时是想通过革新宗教,创建一种公民宗教,来影响人的道德,并进而达到提高民族伦理和民族精神的目的,最终为维护人民的政治自由和实践提供保障。

如果再联系黑格尔所处的时代,就可想见这一目的的实践性和政治性。当时德意志民族在神圣罗马帝国的外壳下处于四分五裂的状态,尚不是一个统一的民族国家,而且在政治、经济等各方面远远落后于英国和法国。因此此时的黑格尔就像近代中国的鲁迅一样,希望通过改造"国民性"和培养自由精神来推动本民族在实践上的发展。董特表达了类似的观点,他认为,黑格尔忧虑的很多问题都是政治的:"忧虑当时德国松弛和断裂的社会纽带能否恢复;忧虑眼前四分五裂的民族认同感和民族统一性

---

① 《黑格尔早期著作集》(上卷),第67页;Werke 1, S. 16。
② 《黑格尔早期著作集》(上卷),第62页;Werke 1, S. 12。
③ 〔匈〕卢卡奇:《青年黑格尔》,王玖兴译,北京:商务印书馆,1963年,第36页;Lukács, G., *Der junge Hegel*, Neuwied/Berlin: Hermann Luchterhand Verlag, 1967, S. 40。

能否重建；忧虑这些堕落、丧失自我、痛苦不堪的个人能否重归正途。"①
而且当时宗教与政治之间的紧密关系——宗教在当时是政治压迫的工具——也使得宗教批判成为间接的对专制的政治批判。卢卡奇和董特都指出，黑格尔的这篇手稿与当时法国大革命时期的宗教思潮之间具有类似性，其中董特提到，法国"教士福歇（Fauchet）有一部内容非常清晰，名为《论民族宗教》（1789年）的著作"②，与黑格尔的《图宾根残篇》非常切合。

三、从主观宗教到人民宗教

在《图宾根残篇》中，公民宗教的提出并非一蹴而就，黑格尔是从宗教概念入手，经由主观宗教和公共宗教等范畴，最后才引出公民宗教理想，只是黑格尔用来指称"公民宗教"的术语是"人民宗教"（Volksreligion）。

黑格尔首先试图重新界定宗教的概念。他强调"宗教不仅只是历史性的或者理性化的知识，而乃是一种令我们的内心（Herz）感兴趣，并深深地影响我们的情感，和影响那些规定我们的意志的东西"③。这里明显体现出黑格尔对天启宗教、实定宗教和近代理智宗教、自然宗教的拒斥，以及对莱辛和卢梭所教导的情感宗教的倾慕。在文中，黑格尔把前者统称为"客观宗教"（die objektive Religion）或"神学"，而把后者称为"主观宗教"（die subjektive Religion）。在黑格尔看来，宗教只能是主观宗教，而不能是神学或客观宗教。宗教的本质在于对人的内心和实践起作用，这种宗教就是主观的宗教："它将扩展它自身于人的意欲的一切部门……并且到处发挥作用。"④ 实践理性所要求的上帝和灵魂不朽构成主观宗教的客观内容，内心、想象、爱等感性方面的东西构成主观宗教的活动形式，尤

---

① 〔法〕雅克·董特：《黑格尔传》，李成季、邓刚译，上海：上海人民出版社，2015年，第53—54页。
② 〔法〕雅克·董特：《黑格尔传》，李成季、邓刚译，上海：上海人民出版社，2015年，第53页。同时参看〔匈〕卢卡奇：《青年黑格尔》，王玖兴译，北京：商务印书馆，1963年，第42—46页。
③ Werke 1, S. 11；《黑格尔早期著作集》（上卷），第62页，译文有改动，汉译本大多情况下把"Herz"译为"心情"，有时也译为"心灵"和"心"等。哈里斯与彼得·福斯（Peter Fuss）和约翰·多宾斯（John Dobbins）一般将"Herz"译为"heart"。笔者认为"内心"更恰切一些，因此在正文中，基本上都用"内心"这个译法。
④ 《黑格尔早期著作集》（上卷），第67页；Werke 1, S. 17.

其表现在宗教礼仪和仪式上。只有受主观宗教影响的人的行为才是活生生的，非机械性的。而神学和客观宗教都是通过理智和记忆形成的一套僵化的理论体系，它的根本目的不在于道德性，而且客观宗教只能引起机械性的行为。在伊波利特看来，黑格尔关于主观宗教与客观宗教的划分的灵感源于卢梭："主观宗教，类似于萨瓦人的代理主教的宗教，是与伏尔泰的干巴巴抽象的理性主义对立的，同时又是和权威宗教的实定神学相对立。"① 在《爱弥儿》"萨瓦教士的信仰告白"中，卢梭"力图把宗教奠立在他有时称为'内心之光'或'情感'或'良心'的东西之上……宗教的观念、教义或信念应该与我们的切身体验有关，并且是对于我们的切身体验的一种反映……它应该同我的道德情感有关"②。虽然黑格尔在手稿中未曾提及卢梭的名字，但当他一再强调宗教是内心的事情，强调人的情感，强调理智没有使人更道德、更善良，强调"道德不是教义和空谈的产物，而是像一株植物，虽说需要相当的培养，但却是依据自己的本能和自己的力量成长起来的，那么人们发明各式各样的技术，想要把道德在温室里培养出来，实正足以败坏道德"③，他心中所想的应该就是卢梭。

但主观宗教与客观宗教不是具体的宗教类型，而只是为判定那些具体的宗教类型能否促进民众道德与民族伦理提供了一套标准。这些具体的宗教被黑格尔统称为公共宗教（öffentliche Riligion）。

公共宗教在内容上是指关于神的概念、灵魂不灭的概念以及其他与之相关联的东西，这往往构成了一个民族的信仰，并影响着这个民族的行为和思想方式，就此而言，历史上的希腊宗教、犹太教、天主教、新教、伊斯兰教、佛教等都是公共宗教的具体形式。只不过黑格尔期望，公共宗教在功能上"一方面可以把神、灵魂不灭等观念教导民众，一方面也可以使那些观念深入人心"，在效果上"不仅是使人们直接理解到，个人不应该盗窃……而且特别是使人们必须考虑到较长远的东西……这些东西主要是民族精神的提高和高尚化……民众也不仅感觉自己是人，而且还可以用人道和善良的清新笔触描画出自己光明的远景"④。黑格尔把公共宗教的各种形态抽象为三种形式：迷信（Aberglauben）、拜物教（Fetischglauben）

---

① See Hyppolite, J., *Introduction to Hegel's philosophy of history*, trans. Bond Harris and Jacqueline Spurlock, Florida: University Press of Florida, p. 9.
② 〔美〕詹姆斯·利文斯顿：《现代基督教思想》（上），何光沪、高师宁译，南京：译林出版社，2014年，第84—85页。
③ 《黑格尔早期著作集》（上卷），第81页；Werke 1, S. 32。
④ 《黑格尔早期著作集》（上卷），第62页；Werke 1, S. 12。

和人民宗教（Volksreligion）。用主观宗教与客观宗教这对范畴来衡量，迷信和拜物教都是客观的宗教，而只有人民宗教是主观的宗教，也只有它能达到黑格尔所设定的目的。

迷信是一种低级的公共宗教，它在理智上还处于比较低的层次，主要是人的无知和恐惧的产物。它主要对人的感性起作用，但其中的道德因素太少："从宗教中取走了道德的动因，则宗教就成了迷信。"① 黑格尔所理解的拜物教主要是指理智与功利计算占主导的公共宗教类型："拜物教则相信除了基于善意本身的爱之外，还可以通过某种别的东西去接近神。"② 这主要表现在人的宗教礼拜和仪式上，比如献祭是为了赎罪或取悦神或祈福，献祭比不献祭对自己更有利；这与作为感性最高原则的"爱"完全相违背。拜物教也表现为启蒙道德体系，其道德原则和规范皆建立在理智推论基础之上。拜物教的有害性在于："理智计算出在某种情况下做什么、在哪里做以及如何做……怜悯、上帝的爱以及个人犯罪后上帝的宽恕等都需要理智。"③ 虽然拜物教发挥了人的理智能力，能使我们更聪明，但它却不能使我们更善良、更道德。

在黑格尔看来，只有人民宗教才能真正达到他所设定的宗教目的：促进民众道德和民族伦理。这里对"人民宗教"（Volksreligion）这个术语的翻译稍作解释。"Volk"有"民族""民众""人民"等意思。贺麟等学者在《黑格尔早期著作集》（上卷）中将"Volksreligion"译为"民众宗教"。王玖兴在翻译卢卡奇的《青年黑格尔》时则译为"人民宗教"④。朱学平在《古典与现代的冲突与融合》中将其译为"民族宗教"，在其《从古典共和主义到共产主义：马克思早期政治批判研究（1839—1843）》中则译为"人民宗教"。基于黑格尔此时对卢梭"人民主权"学说的接受，"人民宗教"更符合黑格尔的本意。故本书采用"人民宗教"这种译法。

人民宗教是主观宗教，它要强烈地作用于人的内心和情感，同时其基本原则只能是普遍理性，并且要与公共生活紧密结合："整个一大堆的宗教基本原则，及从这些原则产生出来的情感，特别是这些情感借以影响行为方式的强烈程度，——这些就是一个人民宗教的主要之点。"⑤

---

① 《黑格尔早期著作集》（上卷），第69页；Werke 1, S. 18。
② 《黑格尔早期著作集》（上卷），第78页；Werke 1, S. 28。
③ Goldstein, J. D., *Hegel's idea of the good life*, Netherlands：Springer, 2006, p. 14.
④ 〔匈〕卢卡奇：《青年黑格尔》，王玖兴译，北京：商务印书馆，1963年，第64页。
⑤ 《黑格尔早期著作集》（上卷），第63页；Werke 1, S. 13。

四、黑格尔的第一套人民宗教方案

根据以上原则,黑格尔提出了一套人民宗教方案,即他的公民宗教理想:"Ⅰ.它的教义必须建立在普遍理性的基础上。Ⅱ.想象、内心、感性在它这里必须不要空无着落。Ⅲ.它必须与生活的一切需要结合起来,必须与公共的政治行为结合起来。"①

第一个要素强调,人民宗教的教义必须建立在普遍理性的基础上,这是经过启蒙自由思想洗礼之后的必然要求,即使作为宗教教义权威性来源的启示也必须符合普遍理性。这种普遍理性可理解为康德所谓的理论理性和实践理性,它既包括又高于启蒙理智。在这方面,人民宗教就要高于启蒙的理智宗教,即上文所称的"客观宗教"或"拜物教"。其次,这些教义必须是简单的:"由于它们具有简单性这一特点,从而它们更可以对于心灵有更大的力量、更深的印象,对于决定意志使见诸行动也能起更大的作用。"最后,这些普遍的教义必须是人性的,即它们"适合于一个民族所赖以立脚的精神文化和道德所达到的阶段"②。

很明显,黑格尔对人民宗教第一个要素的规定与卢梭的公民宗教有相似性。首先,卢梭曾指出,古代民族的宗教虽然使民众具备了共和精神,但因缺少理性基础而带有强烈的欺骗、迷信色彩,而这对公民共和精神危害甚大。当然,卢梭对理性的强调不及黑格尔这么强烈。其次,卢梭强调,"公民信仰的宣言"的制定原则是"简单,条款很少,词句精确,无需解说和注释",这也与黑格尔对人民宗教教义的简单性完全相同。

但黑格尔也指出了一种危险性,即哪怕这些以普遍理性为基础的教义也有可能陷入哲学争论中,失去其实践性,这样就比较容易堕落为启蒙的理智宗教。只以普遍理性为基础的宗教,最好的结果,也不过是康德式的纯粹理性宗教,即"只是在精神内和真理内祈求上帝,只是在道德行为中表现其崇拜"③。这种宗教本身存在着根本困境,即关于普遍真理,"每一时代只有极少数卓越人物才能达到,才能全心全意地把握它、热爱它",纯粹理性宗教往往显得与经验和感性相矛盾,因此它"不能构成人们精神

---

① 《黑格尔早期著作集》(上卷),第82页;Werke 1, S.33。
② 《黑格尔早期著作集》(上卷),第83页;Werke 1, S.34。
③ 《黑格尔早期著作集》(上卷),第78页;Werke 1, S.28。

的、意欲的体系中有机组成部分"。① 纯粹理性宗教不过是一种理性的理想罢了，因此必须把感性成分加到人民宗教中来，这正是黑格尔的公民宗教理想的第二个要素的内容。

人民宗教的第二个要素表明，为了弥补纯粹理性宗教之不足，人民宗教必须要满足人的精神的感性方面的需要，即内心和想象的需要。要做到这一点，人民宗教一方面要保证人的内心、想象是自由的，不受其他东西（如利益、权力等）影响，另一方面则"要以伟大的、纯洁的形象去充实想象，要以仁爱的情操去唤醒人的内心"，即通过引导人的想象与内心使人趋向道德，阻止人的内心"误为虚假的表象和她自己的便利所诱惑，而去依赖于外在的东西，或在低劣的、虚假的、卑谦的情绪中吸取养料"。② 只有通过这种方式，宗教才能真正"提供给道德和道德动因以一种新的崇高的振奋，并对感性冲动的势力给予一种新的强烈的阻碍"③。同时，为了弥补纯粹理性宗教之不足，人民宗教还需要具有一些礼俗和仪式，它们的主要目的在于唤醒和促进人的虔敬、圣洁的情绪和献身的信念，同时要避免它们成为拜物教。

但仅仅包含理性和感性要素的宗教最多构成卢梭所谓的"人（类）的宗教"或"纯粹而又朴素的福音书宗教"，即表现为对至高无上的上帝发自纯粹内心的崇拜以及对道德的永恒义务。卢梭早就指出了这种宗教的好处与不足：这种宗教虽然能使人们结合在一个人人皆兄弟的人类普遍社会中，但因它缺少与政治体的具体联系，所以无法对政治产生积极作用。相反，因其反社会性，它很可能会对政治社会起到一种伤害作用："它远不能使公民全心全意依附于国家，反而使公民脱离国家，正如他们脱离尘世间的一切事物那样。"④

黑格尔也看到了这一点，他指出，如果人民宗教仅仅满足理性要求和感性要求这两个要素，那么它也可能只是一种私人宗教（Privatreligion），即关于个人、处理个别情况的宗教："按照各人的性格给予个人以教养、关于各种在冲突情况中的处理、对于达到［同一］德行所要求的不同手段、对于个人陷于苦难与不幸境况的安慰和慰藉。"⑤ 也就是说，私人宗教只适用于个体，而完全不能达到促进民族伦理之目的。因此，人民宗教

---

① 《黑格尔早期著作集》（上卷），第 73—74 页；*Werke* 1，S. 23–24。
② 《黑格尔早期著作集》（上卷），第 80 页；*Werke* 1，S. 30–31。
③ 《黑格尔早期著作集》（上卷），第 62 页；*Werke* 1，S. 12。
④ ［法］卢梭：《社会契约论》，何兆武译，北京：商务印书馆，2003 年，第 175—176 页。
⑤ 《黑格尔早期著作集》（上卷），第 80—81 页；*Werke* 1，S. 31。

还需具有一种普遍性和整体性，这正是黑格尔的方案的第三个要素的内容。

人民宗教的第三个要素不仅体现了人的精神在理性需要方面与感性需要方面的统一，而且它要求把个人的道德提升为民族的伦理。在总体上，人民宗教要与生活的一切方面相结合："只要生活与教义间有一条鸿沟，或者只要两者彼此间有了分离或广大距离，那么就会产生一种怀疑，认为宗教的形式有一种缺点。"① 因此，宗教要与人的欢快生活和一切情感和谐相处，而不能横加干涉。

更重要的则在于，人民宗教要与民族的历史和政治制度相融合："民族精神、历史、宗教以及它的政治自由的程度既不容许按照它们彼此之间的影响进行考察，也不容按照它们的性质把它们分割开来单独地考察，它们交织在一起成为一条纽带。"② 黑格尔尤其强调人民宗教和政治自由之间的关系，二者携手共进："那创造和哺育伟大志操的民众宗教是同自由携着手前进的。"③ 黑格尔在手稿前面也曾暗示这一点，即在谈到宗教的本质在于人的内心虔诚而非理智知识时，他曾提出提修斯（Theseus）、柯里奥兰（Coriolan）和古斯塔夫·阿多尔夫（Gustaf Adolf）的例子。对于后两位，黑格尔指出："柯里奥兰在处于幸运高峰时担心复仇女神——就像阿多尔夫在吕村战役中在上帝面前恭顺一样——他向诸神恳求使自己变得卑微恭顺，而不是为罗马伟大精神而恳求。"④ 提修斯、柯里奥兰和阿多尔夫都是政治人物，前者是统一雅典的政治领袖，柯里奥兰是古罗马时期的一位将军，阿多尔夫则是近代的一位新教领袖。黑格尔在此处用这三位政治人物作为例子，表明了人民宗教与政治自由之间的关系。

这里也体现出，与马基雅维利和卢梭一样，黑格尔也寻求如何保持宗教与政治的统一性以及政治自由。按照卢梭的解释，通过社会契约从自然

---

① 《黑格尔早期著作集》（上卷），第89页；Werke 1, S. 41。
② 《黑格尔早期著作集》（上卷），第90页；Werke 1, S. 42。
③ 《黑格尔早期著作集》（上卷），第89—90页；Werke 1, S. 41。
④ Werke 1, S. 19. 汉译本把 "…die Götter bittet, nicht den Genius der römischen Größe, sondern ihn zu demütigen"（即"他向诸神恳求使自己变得卑微恭顺，而不是为罗马伟大精神而恳求"）译为"……祈求神灵，而对罗马帝国的守护神却不予尊敬，反而加以侮辱"（《黑格尔早期著作集》（上卷），第70页），有误。哈里斯译为："and besought the gods to humble him and not the spirit of Roman greatness"（see Harris, H. S., *Hegel's Development: Toward the Sunlight (1770—1801)*, Oxford: Oxford University Press, 1972, p. 488）；福斯和多宾斯的译文是："and asked the gods…not to glorify the spirit of Roman greatness but rather to make him more humble" [Hegel, *Three essays (1793—1795)*, ed. and trans. Peter Fuss and John Dobbins, Indiana: University of Notre Dame Press, 1984, p. 38]。

状态进入社会状态或者结合为国家后，人们必须要依靠公民宗教来维持人们的社会性感情，来培养公民对法律、正义和国家的热爱，这样才能保持国家的整体、完整与公民的自由。在以原子式的个人为基础的现代国家中，宗教的这种政治功能尤为必要。

值得注意的是，与马基雅维利、霍布斯和卢梭稍有不同的是，黑格尔特别强调民族精神的培养问题和民族的历史因素。关于历史因素，"民族精神、历史、宗教以及它的政治自由的程度既不容许按照它们彼此之间的影响进行考察，也不容按照它们的性质把它们分割开来单独地考察，它们交织在一起成为一条纽带"，在这句话中，最初并没有"历史"一词，它是黑格尔后来补充进去的。① 把"历史"因素加入其中，说明黑格尔的观点更趋于完善。但在添加上"历史"后，黑格尔并没有修改后面的话，这使得文本语句有些不顺。因为按照最初的版本，黑格尔只提到民族的精神、宗教与政治自由程度，黑格尔说："它们就像三个僚友，没有一个人可以离开另外的人能够做出什么事情，可是每一个人却又可以从另外的人那里吸取某种东西。"② 可是在添加了"历史"后（即这里就变成了四个），后面的这段话并没有修改，因此显得有些前后不一致。黑格尔后面也只是提到培养民族精神是人民宗教与政治境况的事，而没有提及历史，这也是明显的证据。

黑格尔对民族精神的强调，显然是受孟德斯鸠的影响。比如伊波利特指出，黑格尔正是从孟德斯鸠那里借来民族的"精神"和"天才"这些表达用法。众所周知，孟德斯鸠在《论法的精神》中强调一个民族的法律决定于该民族的地理、气候和民族普遍精神等因素，因此法律具有特殊性和多样性："为某一国人民而制定的法律，应该是非常适合于该国人民的，所以如果一个国家的法律竟能适合于另外一个国家的话，那只是非常凑巧的事情。"③ 黑格尔把宗教的功能（也是黑格尔自己的使命）定位在"民族精神的提高和高尚化"，而且人民宗教要"适合于一个民族所赖以立脚的精神文化和道德所达到的阶段"，民族精神与民族的历史、宗教和政治"交织在一起成为一条纽带"。这些表述都表明黑格尔与孟德斯鸠之间的诸多相似之处。

---

① GW 1. S. 112.
② 《黑格尔早期著作集》（上卷），第90页；Werke 1，S. 42。
③ 〔法〕孟德斯鸠：《论法的精神》（上册），张雁深译，北京：商务印书馆，1995年，第6页。

黑格尔在手稿最后以希腊典范来描述他的公民宗教理想。他以一种非常形象的神话寓言来阐述希腊历史、政治和宗教是如何培养和发展了希腊民族精神："克罗诺斯是这个天才的父亲，在对他的依赖中他保持了他的全部生活，城邦、国家制度是他的母亲，宗教是他的助产妇、乳母，它为了教育而接纳了美的艺术、身体和精神运动的音乐。"① 简而言之，首先，希腊民族精神的"父亲"是历史传统，它为希腊精神的形成提供了地理、语言、文化等基础。在黑格尔看来，希腊历史是幸运的，它使希腊民族强大有力，它也给希腊民族提供了精神上的东西，即"对幸福的信赖和对行为的自豪"，这些使得希腊精神是幸福和自由的。其次，希腊精神的"母亲"是城邦、国家制度，它负责维持城邦人民的团结和独立，满足希腊民众的自然需要和欢快生活，同时培养希腊人的自由和美的精神——在教育方面，黑格尔尤其提到希腊人的自然教育。希腊精神的"保姆"是宗教，它使希腊人接受"神灵赏善罚恶"等道德观念，使他们认识和接受命运和自然必然性，培养希腊人的高贵的情操。哈里斯认为，黑格尔所描述的希腊是指黄金时代的雅典，即"Pentekontaetia 的雅典和伯里克利的雅典"，其特征主要来自希罗多德、修昔底德和柏拉图的作品。②

综上所述，在新的智识背景和时代背景（尤其是法国大革命）下，图宾根时期的黑格尔在《图宾根残篇》中一方面第一次提出了他的人民宗教理想，其构成要件包括：普遍理性基础，感性、内心和幻想方面的需要，与公共生活的联系。此时的人民宗教表现为启蒙理性、情感宗教和古典共和主义（以古希腊城邦为典范）的综合。另一方面，黑格尔提出，民族精神与民族的历史、宗教和政治"交织在一起成为一条纽带"，人民宗教与人民的政治自由紧密相关。

从西方政治思想史上看，黑格尔的人民宗教显然是以古希腊城邦和古罗马共和国的公民宗教为原型，并且其研究属于文艺复兴以降马基雅维利、霍布斯和卢梭等人开创的现代公民宗教思想传统。与马基雅维利、霍布斯和卢梭一样，黑格尔试图在基督教国家中重建宗教与政治的统一，发挥宗教的政治效用。与他们有所不同的是，黑格尔一方面更加自觉地把启蒙理性精神置入公民宗教中，另一方面则在孟德斯鸠的影响下更强调公民

---

① *Werke* 1，S. 42. 汉译缺少此段，中译文取自朱学平《古典与现代的冲突与融合——青年黑格尔思想的形成与演进》，长沙：湖南教育出版社，2010 年，第 11 页。

② Harris, H. S., *Hegel's Development: Toward the Sunlight (1770—1801)*, Oxford: Oxford University Press, 1972, pp. 151–152.

宗教与民族精神的紧密关联。

同时我们也看到，在《图宾根残篇》中，黑格尔的人民宗教构建是很初步的，且不成功。在写作过程中，黑格尔逐渐认识到宗教要对个人道德和民族伦理产生影响所需要的条件。就个人来说，首先，个人的精神和各种官能都要是自由的，不受外在强制；其次，个人的情志（Gemüt）要通过教化的培养而易于接受宗教或宗教动因的刺激。就民族来说，首先同样需要民族精神的自由；其次则需要民族政治方面的改善。在《图宾根残篇》中，黑格尔虽然已把基督教判定为私人宗教，并把它与古希腊公民宗教作了简单对比。但与预备性笔记"Text 12"相比，黑格尔尚未对犹太教和基督教的教义、精神和历史等各方面作真正的研究。为此他必须考察犹太教和基督教的历史，考察基督教与国家的关系，考察古典时期自由精神堕落为不自由精神的原因，等等，这些都将是黑格尔在伯尔尼时期和法兰克福时期所要着力解决的重要问题。

第二节　以康德实践哲学为基础的人民宗教

《黑格尔全集》历史考订版第一卷中编号为"Text 17"—"Text 26"的这些文本（除了"Text 18"之外）就是一般所称的伯尔尼时期的《人民宗教与基督教》。① 在这些文本中，黑格尔所关心的主要问题是对基督教教义和历史的批判——这是《图宾根残篇》所遗留的问题，但也包括了对人民宗教方案的修正。黑格尔之所以建构并一再修正人民宗教的理想，主要是为批判具有专制色彩的基督教和历史上的犹太教提供一种理论框架，以期待复兴古代的自由宗教，或把基督教改造为自由宗教。黑格尔在伯尔尼时期的《耶稣传》和《基督教的实定性》等文本中基本上是按这种框架来探究基督教的实定化过程和内涵的。在《基督教的实定性》之后，黑格尔在"Text 34"中研究了古罗马公民宗教陨落的原因，这也是黑格尔伯尔尼时期人民宗教思想发展的一个重要方面。

正如上述，在《图宾根残篇》中，黑格尔虽然构建了一套人民宗教，但其实并不够完善，因此他仍需要不断加以改进。这尤其体现在所谓的

---

① 根据历史考订版的分析，"Text 17"—"Text 26"都是黑格尔于1793—1794年在伯尔尼写就的，其中"Text 17"—"Text 22"或许作于1793/1794年冬季；"Text 23"—"Text 26"写于1794年，具体参见 GW 1. S. 475–482。

《伯尔尼1794年计划》中。《伯尔尼1794年计划》包括一篇《纲要》和两版手稿，分别对应着《黑格尔全集》历史考订版第一卷中的"Text 23"和"Text 24—25"。①

在《纲要》中，黑格尔首先重新定义了"客观宗教"与"主观宗教"。虽然黑格尔沿用了《图宾根残篇》中的"客观宗教"与"主观宗教"等术语，但此时它们的意义"都必须从康德实践哲学出发才能得到理解"，主观宗教现在是康德所谓的道德宗教，而客观宗教则主要是指以图宾根神学院施托尔为代表的保守的神学家们利用康德的实践理性重新炮制出来的一套神学体系。②虽然宗教的道德本质没有发生变化，但黑格尔此时把人民宗教从古希腊典范偏向了康德实践哲学的道德宗教，如黑格尔强调"人的最高目的是道德"，宗教是达至这一目的的手段。

黑格尔指出，要通过"教义""仪式"和"国家"等方面使客观宗教成为主观的，促进宗教目的（即道德）的实现。他进一步在《第二稿》的导论中提到要在"教义""传统""仪式""对国家的关系方面或作为公共宗教、公共设施"等四个方面来看对人民宗教的要求。因此与《图宾根残篇》相比，三要素变成了四要素。但之前的三要素仍旧保存着，只是在表述形式上有所变化而已。具体来说，"教义"对应着之前的"普遍理性基础"，传统和仪式主要对应着之前的"感性、幻想和内心需要的满足"，"对国家的关系方面"则对应着"与公共生活的统一"。从整体上看，在整个《伯尔尼1794年计划》中，黑格尔主要分析了"教义"部分，即批判基督教神秘的教义，如复活、善恶报应、天意、三位一体、原罪等等。关于"仪式"和"传统"，黑格尔几乎没有阐述；关于"对国家的关系"方面，黑格尔也只是在《纲要》和《第二稿》导论部分简单提及。这说明黑格尔这里对人民宗教的探讨很不完整，而且重心明显偏向于对基督教的考察。

在"国家"与人民宗教的关系方面，黑格尔强调构建人民宗教是国家的大事情，国家要通过宪制和行政精神促进道德，同时"各种机构必须使自己同内心自由协调，不向良心和自由施加强制，而必须间接地影响意志

---

① 《纲要》《第一稿》和《第二稿》是《黑格尔全集》理论著作版第一卷编者所加的标题，参见 Werke 1, S. 70 - 72, 72 - 87, 87 - 99。

② 参阅朱学平《古典与现代的冲突与融合：青年黑格尔思想的形成与演进》，长沙：湖南教育出版社，2010年，第21—22页。

的规定根据"①。之所以如此说，是因为黑格尔已经认识到历史上基督教与专制主义的结合对个人与国家所造成的巨大危害。比如，基督教的教会警察制（Kirchenpolizei）和"国中之国"体制的确立表明公共权力侵入了个人的内心圣地，教会有权随意检查人的身心，随意审判和处罚良心等。②同时，历史上基督教与政治权力的媾和也对国家产生了危害，如十字军东征，其中尤以教权僭越国家权力（即神权政治）危害最大："不是有过这样一些时代，那时邦君受他们的忏悔神父指导，不是有过这样一些国家，那里由教会统治主当政，而这样的时代和这样的国家不是最不幸的吗？"③

关于人民宗教的"教义"，在《第一稿》中，黑格尔强调它应是一个"道德和宗教真理"的体系："教义应尽可能简单，不可包含任何不为一般人类理性承认的东西，不包含可能会使某种确定化，使某种东西被教条化的东西，超过理性界限的东西。"④ 这里与黑格尔在《图宾根残篇》中对人民宗教第一个要素——即普遍理性基础——的论述基本上是一致的，如"以普遍理性为基础"和"必须是简单的"等。有所不同的是，黑格尔此时特别强调"不包含可能会使某种东西确定化，使某种东西被教条化的东西"，即要避免宗教教义变成侵害个人内心自由的东西，这是黑格尔自"Text 21"后一直在思考的问题。这就是黑格尔稍后强调的"实定性"的萌芽。这说明，黑格尔已经注意到，实定性是人民宗教一定要避免的东西。在《第二稿》中，黑格尔延续《纲要》中的说法，明确表明要以康德的实践哲学作为人民宗教的教义：至善，道德和跟道德相应的幸福。很明显，这种思路带有强烈的自然宗教色彩，它甚至一直持续到黑格尔的法兰克福末期。直到《基督教的实定性·新序言》，他才在根本上对这种思路予以反思和扬弃。

---

① *GW* 1, S. 139；《黑格尔早期著作集》（上卷），第 114 页，译文稍有改动，中译本在这里将 "die Bestimmungsgründe des Willens" 译为 "意志的活动的动机"，似乎不妥。在《图宾根残篇》中，汉译本曾译为 "决定意志的根据"（如第 61 页）。邓晓芒把康德《实践理性批判》中的 "Bestimmungsgrund" 译为 "规定根据"，把 "die Bestimmungsgründe des Willens" 译为 "意志的规定根据"，笔者也采用这种用法。

② 《黑格尔早期著作集》（上卷），第 107 页；*GW* 1, S. 131。

③ 《黑格尔早期著作集》（上卷），第 105 页；*GW* 1, S. 128。

④ 《黑格尔早期著作集》（上卷），第 116 页；*GW* 1, S. 141。

第三节　古代人民宗教的陨落

正如上述，黑格尔的人民宗教是以古希腊和古罗马的公民宗教为原型进行建构的，黑格尔在伯尔尼后期对古代人民宗教被基督教取代的原因的分析，无疑是黑格尔人民宗教思想的一个重要方面。

一、作为人民宗教基础的民族幻想

在具体讨论基督教取代古希腊人和古罗马人的宗教的原因之前，黑格尔先讨论了民族幻想问题——自图宾根时期开始，黑格尔就非常重视幻想在人民宗教中的重要性。他首先考察了古希腊人和古罗马人的民族幻想。一方面，神灵、天使、魔鬼或圣者等想象的产物作为民族幻想的一部分，它们通过儿童教育（尤其影响其想象力）在一代代人那里流传下去。另一方面，民族英雄，即祖国历史上的古代英雄、国家的创立者或解放者，也构成人们幻想的一部分，并起着公民教化的作用："他们的历史、对他们功绩的纪念同公共节日、全国性竞赛，同国家内部的许多设制和国家的对外关系，同许多著名建筑和名胜地区，同许多公共寺院和其他纪念物联系在一起。"① 通过参与这些节日和庆典，人们很容易熟悉该民族的历史、文化和立法。正因为民族幻想在古希腊人和古罗马人的宗教中的重要地位，黑格尔又称这种宗教为"幻想宗教"（die Phantasiereligion）。

由古希腊人和古罗马人的民族幻想，黑格尔联想到德意志人的民族幻想。他悲愤地看到，基督教摧毁了古希腊人和古罗马人的民族幻想，也摧毁了德意志人的民族幻想，代之以犹太民族的民族幻想。而犹太人的民族文化对德意志人来说完全是外来的、异己的："这个民族的气候、法律、文化、兴趣，对于我们说来都是异己的，它的历史同我们也完全没有任何联系。"② "民族的气候、立法、文化、兴趣"，强调民族的特殊性，黑格尔的这些用法显然是受到孟德斯鸠的影响。黑格尔渴望德意志人的民族英雄（黑格尔把路德算作一个），寻求国家创立者和解放者："谁会是我们的提修斯（Theseus）？这个希腊神话人物曾经创立了一个国家，并为这个

---

① 《黑格尔早期著作集》（上卷），第314—315页；GW 1, S. 359。
② 《黑格尔早期著作集》（上卷），第315页；GW 1, S. 359。

国家制定了法典。哪里找得到我们的哈尔摩丢瑟（Harmodiosse）和亚里士多吉东（Aristogitone）？对于他们，作为我们国土的解放者，我们可以于饮酒时高唱颂歌。"① 早在《图宾根残篇》的预备性笔记 "Text 14"（"我们的传统……"）中，黑格尔就已经沿着同样的思路来论述德意志人的民族传统。在那里，黑格尔已提及了古希腊的两位诛暴君的英雄，而且与那里的用法类似。② 这说明黑格尔在民族幻想方面的思想一直持续着。在伯尔尼早期的 "Text 29"（"历史文献……"）中，黑格尔也提出了类似的观点。黑格尔强调，宗教改革和为了保证改革宗教的权利而作的流血战争有重要的意义，因为人民"基于对一种永久权利的感觉，基于下列感觉，即在宗教意见方面，他有权利信从他自己赢得或保存的信念"③。因此值得通过欢庆节日的形式来加以纪念，为的是使人们铭记祖先从前感觉到的这种权利，铭记千千万万的人曾经为争取这种权利而冒生命危险。

由于基督教的影响，德意志人的古老民族幻想破碎为各种迷信形式，逐渐一点点地消失殆尽。黑格尔反对完全把这些残余消灭掉，因为在这些民族幻想碎片中，仍有"提高其中神话因素的可能性"，仍有"将本族民众的感情方式和幻想加以美化的可能性"。④ 但他也意识到，当前德意志有教养阶层与普通民众之间的隔阂与差别太大了，以至于他们很难像雅典公民那样持有共同的宗教幻想与政治幻想，也很难通过对幻想表象进行诗艺加工来获得美的享受。

二、作为公民宗教、自由宗教和幻想宗教的人民宗教

显然，在黑格尔看来，古希腊人和古罗马人的幻想宗教在各个方面都优于基督徒的实定宗教，但在历史上前者竟然被后者所取代了，黑格尔称之为"惊人的革命之一"。对他来说，考察基督教兴起并取代古希腊人和古罗马人的幻想宗教的原因就显得异常重要。

根据在 "Text 19"（"国家宪制……"）中所阐发的历史哲学，黑格尔的总体判断是，基督教之取代古希腊人和古罗马人的幻想宗教，在于时代精神的变化。这一论断的依据在于："在大的、使人注目的革命运动之前，

---

① 《黑格尔早期著作集》（上卷），第 315 页；*GW* 1, S. 360。
② 参见《黑格尔早期著作集》（上卷），第 58 页；*GW* 1, S. 80。
③ *GW* 1, S. 360；《黑格尔早期著作集》（上卷），第 316 页，译文有改动。
④ *GW* 1, S. 361；《黑格尔早期著作集》（上卷），第 317 页，译文有改动。中译本将 "die Empfindungsweise" 译为"朴素感情"不妥，笔者直译为"感情方式"。

必定在时代精神内有一个沉静的、秘密的革命为其先导，这种革命并不是每双眼睛所能看得见的，也是极少为同时代人所能观察到的，既难于把握住，也难于用语言文字去表达。由于人们不熟悉这种精神世界内的革命，于是就感到那结果特别惊人。一个本地的原始的宗教为一个外来的异己的宗教所代替，这就是精神领域本身内直接发生的革命，像这样的革命其原因更必须在时代精神本身内去寻找。"① 除了"Text 19"所阐发的历史哲学外，黑格尔还在"Text 29"（"历史文献……"）中根据吉本的《罗马帝国衰亡史》勾勒了当时的时代精神。如上所述，在《基督教的实定性》第一篇中，黑格尔也从"时代精神"角度来分析耶稣的教导及其实定化问题。这说明黑格尔的精神式的历史哲学慢慢成熟。之后，对时代精神的强调就成为黑格尔哲学的重要特征之一。如在《法哲学原理》中，黑格尔强调宪制的历史生成，在讨论公共舆论时，他强调，只有伟大人物才能看出时代精神。

而引起当时时代精神变化的则是源于古罗马人政治自由的丧失。对此，黑格尔从这一革命发生前古希腊人和古罗马人的宗教和政治的状况、古罗马人政治自由的丧失、基督徒的实定宗教等方面具体加以阐述。

黑格尔一直坚持认为，在基督教取代古代人民宗教之前，古希腊人和古罗马人处于政治自由状态。与传统实践哲学所强调的政治行动以及自由相适应，古希腊人和古罗马人的宗教是一种公民宗教、自由宗教和幻想宗教。从公民宗教方面来看，它与国家宪制有最密切的联系；城市和帝国的兴起都被归功于神灵；宗教信仰与生活的各个方面息息相关，尤其在战争方面；宗教信仰与民族完全融合，宗教庙宇、祭坛和雕像都是民族的骄傲和艺术的光荣；宗教节日就是公共节日，对于神灵的崇拜和庆祝是举国欢腾的节日。②

不仅如此，古希腊人和古罗马人的宗教还是自由宗教：它与人的能力的所有方面相关联，尤其与人的最自主的能力本身最密切地交织在一起。在理智方面，古希腊人和古罗马人的宗教远不是像一些流俗看法所说的那样差，而且个人的意志自由和道德法则也得到了神灵的尊重。黑格尔指出："当人与神灵发生冲突时，他自己、他的自由也可以同这些自然界的统治者、他们的力量相对立。人的意志是自由的，他服从他自己特有的法则，他不知道有什么神圣的命令，换言之，如果他把道德律叫做神圣的命

---

① 《黑格尔早期著作集》（上卷），第321页；GW 1, S. 365 - 366。
② 《黑格尔早期著作集》（上卷），第321—322页；GW 1, S. 366。

令的话，那么这个命令也并没有用文字的形式写在什么地方，它只是以看不见的形式主宰着。"① 显然，黑格尔后半句指的是索福克勒斯的《安提戈涅》。在这里，古代人的自由和现代人的自由明显混合起来了。

黑格尔还尤其重视它们作为幻想宗教的重要性："宗教，特别是一种幻想宗教，是不能被书斋内进行的冷静的理智推论，从内心（Herz）——至少是民族的内心和整个生活——分割开的。"② 正如前述，真正使民众的内心和全部生活完全交融在一起的只有古希腊人和古罗马人的幻想宗教，而基督教和启蒙的理智宗教都远远没有做到这一点。所以，就公民宗教、自由宗教和幻想宗教这三方面而言，古希腊人和古罗马人的宗教"在一切伟大的、美的、高尚的和自由的东西方面仍然还可作我们的范例"③。

三、政治自由的丧失与时代精神的变化

但宗教毕竟是附属于国家政治和时代精神的，因此，一旦政治和时代精神发生变化，宗教必定随之变化。在历史上，古罗马人政治自由的丧失导致时代精神的变化，也使得原来的公民宗教不再适合新的时代精神，并最终被基督教所取代。

在这种新的时代精神下，适应民众的精神需要的不再是之前的公民宗教，而是实定性的基督教了。首先，个人观念、国家观念、生死观念的变化导致了古罗马人宗教观念的变化，公民宗教已不能给予个人以依归，不能满足个人完善理想的追求："在这种情形下，没有对某种固定的东西和绝对的东西的信仰；服从一个异己的意志和异己的立法成为习惯；没有自己的祖国，公民生活在这样一个国家内，对于这个国家他没有愉快的感情，他所感受到只是压迫；他有了这样一种宗教崇拜，对于它的庆祝和节日，他没有欢乐的情绪，因为欢乐的情绪已从他的生活里飞走了。在这种情形下，一个奴隶虽说就天赋才能和教育说，常常胜过他的主人，但是他也不复有获得自由和独立的展望。"④ 其次，基督教与这种政治状况和精神状态非常相适应，宗教成为现实苦难的反映。黑格尔所述也是如此："在这种情形下，提供给人们这样一种宗教，这个宗教或者已经适合于时

---

① 《黑格尔早期著作集》（上卷），第 324 页；GW 1，S. 368。
② GW 1，S. 367；《黑格尔早期著作集》（上卷），第 322 页，译文稍有改动。
③ GW 1，S. 367；《黑格尔早期著作集》（上卷），第 322 页。
④ 《黑格尔早期著作集》（上卷），第 326—327 页；GW 1，S. 370。

代的需要，因为它是从一个具有相似的腐朽状况和具有相似的空虚和缺陷（只是色彩不同）的民族里产生出来的宗教，或者它是这样一种宗教，从其中人们可以形成他们所愿意皈依的、和满足他们所需要的东西。"① 在对福斯特的《来自莱茵河下游的看法》的摘录中，在第三个片段最后，福斯特在宗教方面表达了一种近似唯物主义的观点，即"我们根据我们自己的形象为自己创造了诸神"，在作者看来，这是"自然的声音"（die Stimme der Natur），什么精神层次类型的人就会创造出与这种精神相仿的诸神。② 因此，基督教取代古希腊人和古罗马人的人民宗教就是顺理成章的事情了。最后，公民对服兵役的反对倾向也能在基督教那里找到理由，以前被看作耻辱和不道德的行为现在变成了光荣和道德的事情。也就是说，基督教反对暴力的诫命使得战争、兵役都成为不道德的东西了。面对战争，基督徒往往只是祈求上帝，而不是勇敢杀敌。基督教的诫命与当时的自私自利精神相混合。因此，最终基督徒的现世生活的不幸使得他们有强烈的来世观念：来世希望代替了现世生活，教会、天国代替了祖国和自由国家。这往往被看作黑格尔在《精神现象学》中所提到的"苦恼意识"的最初表达。这些无疑都是对传统实践哲学中政治行动和道德行动优先性的远离。

被压迫的人们首先在耶稣的教导中找到那独立自存的东西（Selbständigkeit）和道德性（Moralität），即上帝，作为完善的理想。但随着基督教的不断传播和扩张，基督教内部差别越来越大，并最终颠倒了耶稣的在本质上是道德的教导，把它变成完全的实定宗教。上帝的目的不再是道德，而只是与基督教的传播、个别教区或祭司有关的东西，而且人的虚荣、骄傲、野心、嫉妒、仇恨以及其他激情也都被掺杂进去。基督教内部关于神学教义的争论引起神学的不宽容，最终只会酿成流血斗争："对于这些问题的不同意见激动起最极端的仇恨和最血腥的迫害，并且常常导致所有的道德纽带和最圣洁的关系之完全破裂。像这样的本性的颠倒除了引起最恐怖的报复外不会有别的后果了。"③ 在黑格尔看来，相信神的客观性，相信奇迹以及"以这个神的名义去作战、残杀、污蔑、在十字架上烧死人、偷窃、撒谎和欺骗"④ 都不过是当时时代精神的表现，是基督教

---

① 《黑格尔早期著作集》（上卷），第 327 页；*GW* 1，S. 370 – 371。
② Vgl. *GW* 3，S. 218.
③ 《黑格尔早期著作集》（上卷），第 330 页；*GW* 1，S. 374。
④ 《黑格尔早期著作集》（上卷），第 330—331 页；*GW* 1，S. 374。

与专制政治媾和的表现，是时代存在更加无意义的表现罢了。吉本在《罗马帝国衰亡史》中对此作了详细的描述，黑格尔在"Text 29"中也提到了这一点。基督教成为国教后，它与政治同流合污，沆瀣一气，基督教成为政治阴谋和专制压迫、政治斗争的工具，基督教假借权利和最神圣的名义行罪恶之事。①

总之，在黑格尔看来，基督徒的实定宗教之所以能取代古代人民宗教，就是因为罗马皇帝的专制，它剥夺了人的公民德行精神与政治行动的自由，它迫使人寻求神的庇护，在天国里去寻求和仰望幸福。基督徒把神看作"最崇高的存在、天上和整个地上的主、无生命和有生命的自然界的主，以及精神世界的主"，他们关于虔诚、罪恶、惩罚、卑谦和骄傲等的观念都源于此。这些都完全与自由人的观念格格不入，自由人因为没有基督徒那样的上帝观念，所以就没有基督徒那样的虔敬和罪恶观念，也没有基督徒那样的狂热和同情态度，更没有基督徒那样的卑谦和骄傲观念。自由人的自由既表现在对自己的态度上（即不承认别人有权利或以道德原则去干涉他），也表现在对他人的态度上（即尊重他的意见、想法自由，自己没有权利或道德理由去干涉别人）。

综上所述，在伯尔尼时期一开始，黑格尔就对他的人民宗教方案作出了修订。一方面，人民宗教构成三要件（即普遍理性基础；感性、内心和幻想方面的需要；与公共生活的联系）变成了四要素，即"教义""传统""仪式"与"对国家的关系方面或作为公共宗教、公共设施"，但实际上并无实质改变，黑格尔有时仍喜欢以三要件为框架讨论人民宗教问题。最重要的变化在于，黑格尔此时明确要求用康德实践哲学作为人民宗教的理性或教义基础，黑格尔在《耶稣传》和《基督教的实定性》前两篇中主要就是以康德道德哲学来考察耶稣的诫命和基督教的实定性。另一方面，黑格尔第一次从政治自由和时代精神角度历史性地考察了古代人民宗教陨落的原因，这种陨落也意味着古代实践优先学说的崩溃和政治自由的丧失。我们也应看到，黑格尔伯尔尼时期的人民宗教方案内部也存在张力，这种张力是由作为教义基础的康德实践哲学与作为国家理想的古代城邦或共和国之间的冲突造成的，这表现在黑格尔对现代自由和古代自由、现代的实践与古代的实践的混合。这些张力促使黑格尔变更人民宗教的理性或教义基础。

---

① 参见〔英〕爱德华·吉本《罗马帝国衰亡史》第1卷，席代岳译，长春：吉林出版集团有限责任公司，2015年，第18、20章。

第四节　以统一哲学为基础的人民宗教的确立与解体

正如本书第一章中所述，在伯尔尼和法兰克福交替时期（1796—1797年），受荷尔德林和席勒等人的影响，黑格尔的思想在哲学前提方面发生了变化，即从康德的主体哲学转变为统一哲学，由此可以认为，统一哲学就成为黑格尔法兰克福时期人民宗教理念的理性基础。

一、作为"理性的神话学"的人民宗教

在《德意志观念论最早体系纲要》（Das älteste Systemprogramm des deutschen Idealismus）中，黑格尔提出了一种统一一切的理念：理性的最高行动是一种审美的行动，真与善只有在美中才能实现统一。[①] 也就是说，理性与感性、理论理性与实践理性、理论哲学与实践哲学都在美的理念中合而为一。这种理念是一种感性宗教的理念：它一方面是指"理性和内心的一神教"，即理性与内心的完全统一；另一方面则是指"想象力和艺术的多神教"，即强调自由与多样性。这种感性宗教也是一种"理性的神话学"（eine Mythologie der Vernunft）。一方面因为理念的感性化和神话化，理性的神话学就能满足大众对感性、审美的要求，其结果则是完成了对大众的理性启蒙，使大众理性化。另一方面，因为神话的理性化，理性的神话学又能满足哲人对理性的要求，其结果则是使哲人摆脱抽象务虚之窠臼，使哲学感性化。由此，启蒙了的和未启蒙的人们携起手来，使得"永恒的统一亲御我们之中"[②]。黑格尔最终要达到的是自由和平等的理想或人的完全解放。其一，人的能力（如理性、知性、感性、想象力等）自由全面发展："个人以及一切个体的所有能力（Kräfte）的均衡培养。再也没有能力受到压制。"[③] 其二是实现所有人的普遍自由和平等："所有精神的

---

① 〔德〕荷尔德林《荷尔德林文集》，戴晖译，北京：商务印书馆，1999年，第282页；GW 2, S. 616。
② 〔德〕荷尔德林《荷尔德林文集》，戴晖译，北京：商务印书馆，1999年，第283页；GW 2, S. 616。
③ GW 2, S. 617；〔德〕荷尔德林《荷尔德林文集》，戴晖译，北京：商务印书馆，1999年，第283页，译文有改动。

普遍自由和平等一统天下。"①

很明显，黑格尔上面的叙述在顺序上与黑格尔人民宗教的三要件（即普遍理性基础，感性、内心和幻想方面的需要，以及与公共生活的联系）或四要素（即教义、传统、仪式与对国家的关系方面或作为公共宗教、公共设施）基本一致。在最高理想上，理性神话学与人民宗教也是一致的。黑格尔把统一哲学或美学融入他的人民宗教方案中，人民宗教的理性基础也就从康德主体哲学转变为统一哲学。

二、犹太教为什么不是人民宗教？

在《犹太教的精神》文本中，黑格尔从人民宗教的三要件（普遍理性基础，感性、幻想和内心的需要，以及与公共生活的统一）或四要素（教义、传统、仪式与对国家的关系方面或作为公共宗教、公共设施）出发，讨论了没有政治自由的犹太教为何称不上人民宗教，完全不可与古希腊人和古罗马人自由的人民宗教相比。这种判断贯穿这组文本始终。在这之前，黑格尔已经从统一哲学角度考察了犹太人异化的表现、根源与命运的看法。

关于理性基础或教义方面，黑格尔说得比较少。最明显的是体现在《黑格尔全集》历史考订版第二卷"Text 48 Ⅰ 1"和"Text 48 Ⅱ"中黑格尔与门德尔松的争论中。门德尔松在其《耶路撒冷》中指出："犹太教不懂得任何神启教理，在他们的理解中，神启只是基督的信徒所接受的东西。以色列人拥有神圣的立法、律法、戒律、命令、生活规则和教训，它们都是出自上帝的意志，其目的在于使人类达到尘世的和永久的幸福……摩西揭示或启示的不是学说观念，不是救赎真理，也不是普遍的理性原则。"② 也就是说，门德尔松坚持，犹太教没有宣称一种关于永恒真理的启示，也没有要求信徒基于权威去信仰这些永恒真理；也就是说，犹太教不对真理问题进行规定，这是理性的事情，交由理性去作，这样就保证了人的理性自由；犹太教所命令的不是确定的信仰，而是确定的行动。

在"Text 48 Ⅰ 1"中，在黑格尔看来，门德尔松的观点不外是以下三

---

① GW 2, S. 617；〔德〕荷尔德林《荷尔德林文集》，戴晖译，北京：商务印书馆，1999年，第283页，译文有改动。
② 〔德〕摩西·门德尔松：《耶路撒冷》，刘新利译，济南：山东大学出版社，2007年，第41页，稍有改动，德文原文参见 GW 2, S. 676（"编者注解"）。

点：犹太人的律法中没有命令永恒的真理；所有律法都只与国家设制有关，仅仅限制任意（Willkür）；犹太教不是实定宗教。① 在"Text 48 Ⅱ 1"中，黑格尔还提到，在门德尔松看来，犹太教不命令或规定永恒的真理，"通过这一点，人类的这种自由、最可估量的善将受到最大的尊重"②。针对这种观点，黑格尔提出，犹太人的国家宪制是事奉神，被命令信仰这个神和被命令的统一使犹太教成为一种实定的宗教。③《黑格尔早期神学著作》的英译者在注释中也提到，门德尔松的看法是："犹太教关于一神的信仰不是一种启示，而仅仅是一种自然宗教的一部分，所有人，不论是犹太人还是异教徒，都能通过理性的训练达到这一信仰。"④ 在"Text 48 Ⅱ 2"中，黑格尔进一步指出，犹太教之所以不包含真理，原因并非门德尔松所认为的要为自由和理性留下余地，相反，恰恰因为犹太教中不存在真正的自由，而只存在权威、命令和奴役，即对上帝的永恒依赖。黑格尔强调："人所依赖的对象是不能具有真理的形式的……真理是一种自由的东西，我们既不支配它，也不为它所支配……真理加以理智的表示就是美，真理的否定的性格就是自由。"⑤ 因为犹太人在事物中只看见物质，所以他们无法预感（ahnen）到美；因为犹太人不是奴役者就是被奴役者，所以他们无法"运用理性和自由"；因为犹太人放弃了他们的意志能力和他们存在的本身，所以他们不能达到使个人意识得到拯救的"不朽"。一句话，犹太人"从来没有享受过超出吃喝之上的生活和意识"⑥。

关于人民宗教的其他两个要件，即感性、幻想和内心的需要以及与公共生活的统一，黑格尔作了大量叙述。但关于犹太教为何没有发展成为一种人民宗教，黑格尔的思想则稍有变化。在《黑格尔全集》历史考订版第二卷"Text 44"中，因黑格尔尚坚持摩西是犹太人异化的根源，他就此断定，犹太教之所以没有成为人民宗教与摩西有关，是因为犹太教不是犹太人自由制定的，而是摩西强迫赋予的："如果以色列人是自己自由制定宗教，那么他们的宗教必定或者是最简朴的，多少像埃及宗教那样，或者与埃及宗教有关——因为摩西宗教完全不是从［犹太人的］民族精神中产生

---

① 《黑格尔早期著作集》（上卷），第 489 页；*GW* 2, S. 39。
② *GW* 2, S. 59.
③ *GW* 2, S. 39.
④ Cf. Hegel, *On Christianity*: *Early Theological Writings*, translated by T. M. Knox, with an introduction and fragments translated by Richard Kroner, New York: Harper Torchbooks, 1961, pp. 195 - 196, n. 17.
⑤ 《黑格尔早期著作集》（上卷），第 365 页；*GW* 2, S. 60。
⑥ 《黑格尔早期著作集》（上卷），第 365 页；*GW* 2, S. 60。

的，与民族精神无关，对他们来说，摩西宗教是被给予的，是异己的，因此是僵死的。"① 此时在黑格尔看来，摩西宗教不符合犹太民族的幻想。当黑格尔在《黑格尔全集》历史考订版第二卷"Text 45"和"Text 46"中把犹太人的精神和异化的根源从摩西转到亚伯拉罕之后，虽然黑格尔可能不再认为摩西宗教不符合犹太人的民族精神和民族幻想，但他对摩西宗教或犹太教的看法则没变。

摩西宗教的神的特征是"不可见"和"不可名"，并禁止任何画像。在黑格尔看来，这种神"过于严肃"。摩西在西奈山立法时出现的雷轰、闪电、角声、山上冒烟等现象对犹太人造成了恐惧的幻想，他们因惧怕死亡而惧怕他们的神和摩西。② 同时，摩西把"神是主"作为原则，人的一切行动和享受都隶属于神，作为人的独立性标志的东西，如理想的东西、自由的东西、美的东西和不朽等都被否定。因此，这种信仰轻视人本身，它要求在人的每种享受和每个行动中，都要谨记"人的非存在"（Nichts-Sein）或"存在的微不足道"。

而且，犹太教中的神秘事物以及崇拜仪式都由祭司阶层所主导，因神圣的东西在普通犹太人之外，所以在这些仪式中他们既看不见也感觉不到神圣的东西。摩西宗教中唯一让黑格尔觉得合乎人性的是对三大节庆的规定，即除酵节、收割节和收藏节，因为在这些节庆中大部分会举行宴会和舞蹈来表示庆祝。对圣安息日，黑格尔也一脸鄙视，认为这只是对奴隶有好处的规定，而自由、有生命的人只会感到，安息日这天是空洞的、无活动的。无活动的精神统一性代替了有生命的精神统一性："留下一天作为单纯的空白、保持在一个无活动的精神的统一性中。"③ 黑格尔就此认为，摩西作为立法者把愁苦的、无感觉的统一当作最高的东西。

就此而言，摩西的宗教可谓一种不幸的宗教："出于不幸，为着不幸；不是为了幸福，幸福要求快乐的嬉戏。"④ 之所以不幸，在于其中存在分裂，作为规定者的主体（即人）成了客体。黑格尔强调："犹太人的神是最高的分离，排斥了一切自由的统一，而只允许统治或奴役。"⑤

与此形成鲜明对照的是古希腊人的厄琉希秘仪（eleusinische Geheimnissen），它通过言语、图像、献祭来教诲人，但为了保持神秘性而禁止把

---

① *GW* 2, S. 21.
② 《黑格尔早期著作集》（上卷），第 363 页；*GW* 2, S. 55。
③ 《黑格尔早期著作集》（上卷），第 363 页；*GW* 2, S. 54。
④ *GW* 2, S. 21.
⑤ *GW* 2, S. 22.

奥秘说出去。虽然具有神秘性，但其中的奥秘并不排斥任何人："关于厄琉希神灵（Eleusis）的图像，对厄琉希神灵的情感、灵感和崇拜，关于神的各种启示等不排斥任何人于其外的。"① 很明显，这种方式能使人们在"爱的直观"和"美的享受"里预感到"神圣化的迹象"。这是与古希腊民族幻想相适应的，古希腊宗教也因此是美的宗教、幸福欢快的宗教、爱的宗教和统一的宗教。在这里不存在分离，这种爱和统一就是古希腊人的神："他不进行统治，而是一种友好的本质存在、一种美，一种活生生的东西，其本质是统一。"②

在《黑格尔全集》历史考订版第二卷"Text 47"和"Text 48 I 2"中，黑格尔还比较了犹太教的神与古罗马人的家神和民族诸神，他指出二者有根本差别。作为古罗马人民宗教一部分的众家神和民族诸神虽具有一定程度的排他性，但也具有包容性，因此它们能在万神庙中和谐相处。而犹太教的神强调独一性，完全排斥其他异教神灵。虽然黑格尔没有具体说明犹太教的神与古罗马人的家神和民族诸神对国家和公民的影响，但根据黑格尔一贯的传统实践哲学，我们可以认为，犹太教与古罗马宗教的差别之一就在于，后者是人民宗教，而前者不是。而且在"Text 48 II 2"中，黑格尔径直以庞培（Pompeius）之口说出了犹太教的神与古罗马诸神在影响公民精神、灵魂和幻想方面的重大差别。根据约瑟夫的《犹太古史》，黑格尔描述到，当庞培快走进耶路撒冷犹太教庙宇的中心、祈祷的重地时："他曾希望在这里通过一个核心，就能认识到民族精神的根源、这个优秀民族的推动灵魂，曾希望瞥见一种可供他崇拜的东西，某种富于义蕴引起他敬畏的东西。"③ 这是在公民宗教熏陶下成长起来的公民一般会有的期待，但犹太教显然不能满足这种期待："当他进入神秘中心时，他发现他的希望落空了，而且发现所谓崇拜的中心只是一间空房子。"④

三、人民宗教的最高表达：教会与国家统一

正如前述，在1797年写的《爱》这个残篇中，黑格尔进一步发展了统一哲学，它也被称为生命哲学，黑格尔在这里形成了"德行—爱—宗

---

① 《黑格尔早期著作集》（上卷），第362页；GW 2, S. 54。
② GW 2, S. 22。
③ 《黑格尔早期著作集》（上卷），第361页；GW 2, S. 50 – 51。
④ 同上，关于庞培征服耶路撒冷并视察神庙，参见约瑟夫《犹太古史》第14卷第5章，德文参见 GW 2, S. 678 "编者注解"。

教"这种思路,《基督教的精神》这组文本基本上就是沿着这条思路展开的。其中在宗教部分,黑格尔构建了教会与国家的统一,这是黑格尔自图宾根时期以来人民宗教的最高表达,它比之前的人民宗教方案有了更强的思辨哲学基础。

根据"德行—爱—宗教"这个思路,黑格尔必定要从爱过渡到宗教。黑格尔所谓的宗教其实就是黑格尔生命哲学或统一哲学的最后阶段:发展了的统一状态。在《基督教的精神》的前面部分,黑格尔提出通过爱来扬弃道德、法律和生活之间的分离。但爱完全是一种主观的感觉或情感,它尚未与客观或反思结合起来。因此爱要过渡到宗教:"宗教是爱的完成（πληρωμα）,它是反思与爱在思想中的统一、结合。"[①] 这句话被认为是黑格尔思辨体系的第一次表达,代表了黑格尔哲学思想的重要发展。

对神人统一关系的理解最明确地表达了黑格尔此时对宗教的理解。在黑格尔看来,犹太人对神人关系的理解采取的是一种反思范式。反思把神圣的东西放在人自身之外,把神和人（或神性和人性、神的本质与人的本质）设定为两种绝对不同的东西,每一种都有人格性（Persönlichkeit）和实体性（Substantialität）。[②] 黑格尔强调,这种立场内部又有两种分别。其中一派,一方面设定神人两种实体的绝对差别性,另一方面要求从最内在的关系上把绝对的东西理解为一。前一方面保留了理智,后一方面又取消了理智,因此这派观点本身前后不一致,充满矛盾。另一派,一方面承认人性与神性作为两种不同的实体,另一方面并不要求二者的统一。这种做法拯救了理智,却保持了二元论,犹太人和康德即属此派。[③] 犹太人坚持神人二元论,并"把理智、绝对分离、死亡提高到精神的顶点"[④]。这最终产生的只会是神人—主奴关系。黑格尔讽刺犹太人是可怜的人,他们不能在耶稣作为现实的人身上认识神圣的东西:"他们只意识到他们的悲惨遭遇、他们的深深的奴役和与神圣的东西的对立,意识到在人的存在与神的存在之间有一个不可逾越的鸿沟。"[⑤] 显然这种批判同样适用于康德,因为康德严格区分了现象界与物自体。

针对这一点,耶稣提出神人关系是父子关系。很明显,黑格尔所谓的父子关系不是指在血缘、养育和教育意义上的父子关系——此时父与子是

[①] 《黑格尔早期著作集》（上卷）,第 422 页;*GW* 2, S. 246–247。
[②] 《黑格尔早期著作集》（上卷）,第 432 页;*GW* 2, S. 265。
[③] *GW* 2, S. 265–266;《黑格尔早期著作集》（上卷）,第 432 页。
[④] 《黑格尔早期著作集》（上卷）,第 432 页;*GW* 2, S. 266。
[⑤] 《黑格尔早期著作集》（上卷）,第 432 页;*GW* 2, S. 267。

分离的①；也不是概念上的统一——这种理解脱离了有生命之物。父子关系是指有生命之物之间的活生生的关系：父与子具有同样的本性，在根本上二者是一，或者说父与子是相同的生命，是同一种生命的特殊形态。或者说，人是神圣的东西的一个形态。因此不能从普通逻辑角度来理解"耶稣是人"这个命题。因为按照普通逻辑，作为谓词的"人"是一种概念或思想物或共相（ein Allgemeines），人子作为从属于这个概念之下的东西，也只是这个概念的一个特殊形态，而不是本质和生命。② 神和人不是不同的本质和绝对实体。③ 黑格尔所理解的父子关系就是太一与杂多（以及全体与部分）的关系，在这个问题上，黑格尔反对新柏拉图主义的流溢说，也反对基督教神学中所谓的"无中生有"或"从无限生有限"。他坚持一种斯宾诺莎意义上的泛神论思想或内无限思想。这种思想强调万物作为部分，与太一具有相同的本质。这明确体现在黑格尔对《约翰福音》1:3-4的解释上："现实事物的多样性和无限性就是神的无限可分性之表现为现实，一切事物都是通过道（Logos）而存在……作为现实事物它是流射出来的，是无限分割的一部分。但同时在部分里或者在无限分割着的东西里存在着生命。个别的东西、有限制的东西作为与生命相反对的东西、死的东西，同时是无限的生命之树的一个分枝；外在于全体的每一部分同时又是一个全体、一个生命。而这生命又一次作为被反思的东西，而且从被反思分析成为主词和宾词的关系来看，就是生命（ξωη），而且是被理解了的生命（Φως[光]，真理）。"④

黑格尔强调，这种父子关系就是全体与部分的关系：部分作为部分，又是全体，部分与全体合一。黑格尔用几个例子来具体说明。第一个例子是阿拉伯人中称呼一个人时常用的说法："柯勒希家族的一个儿子。"根据这种表达，首先，这个人是全体中的一个部分，即全体不是外在于他的东西。其次，这个人就是全体，即整个家族。⑤ 另一个例子是树与分枝的统一关系。对于一棵有三个丫枝的树来说，这棵树是全体，这三个丫枝是部分。但每个丫枝也是一棵树，部分与全体在本质上是一致的。⑥ 第三个例子，即国家与个人的关系，此处不赘述。

---

① *GW* 2, S. 246.
② 《黑格尔早期著作集》（上卷），第429页；*GW* 2, S. 260。
③ 《黑格尔早期著作集》（上卷），第428页；*GW* 2, S. 257。
④ 《黑格尔早期著作集》（上卷），第425—426页；*GW* 2, S. 255。
⑤ 《黑格尔早期著作集》（上卷），第428页；*GW* 2, S. 257。
⑥ 《黑格尔早期著作集》（上卷），第428—429页；*GW* 2, S. 258。

回到父子关系上来，黑格尔强调，神人—父子关系只能从信仰角度去理解。黑格尔把信仰理解为"纯粹生命进入意识作为关于生命的信仰"①。在信仰中，神或纯粹生命在信仰者那里活生生地存在着。信仰的条件在于，人既能脱离一切行为和被规定的东西，又能纯粹地抓住每一行为、一切被规定的东西的灵魂。囿于被规定的东西，人就无法直观到纯粹的生命，也没有纯粹的生命感情。对于第二点，没有灵魂，就没有精神，就没有神圣的东西。只有精神才理解精神，并在自身内包含精神。信仰就是通过精神认识精神，且只有相同的精神才能互相认识和理解。② 就圣父、圣子、圣灵来说，圣子在本质上和精神上都与圣父合一，圣父生活在圣子中。从此出发，谁信仰圣子（就是信仰圣父），圣子和圣父就在他身上，③即神圣的精神或圣灵在他身上。④ 如上述，要信仰作为精神的神，人必须也是精神。信仰就是信仰者身上的神圣精神在信仰对象上重新发现自己，发现它自己的本性——即使他没有意识到他所发现的只是它自己的本性。既然神或神圣的精神就是光和生命，每个人里面都有光和生命，那么信仰就是人用自身的光和生命照亮自己，是人点燃自身的燃料，从自身冒出火焰，而不是异己的光照亮自己。因此，信仰根源于人自身本性的神圣性，是对自己里面神圣精神的信仰，而非对异己的东西的信仰。

但信仰毕竟只是一种对神圣精神或生命或统一的预感、要求和渴望，他还没有完全意识到自身的神圣精神或整个神圣生命，此时他尚是"自在的"精神。因此信仰只是一种过渡阶段，是从远离神圣的东西（即被现实性的东西所束缚）过渡到自己整个神圣生命、自己信赖自己。在自己整个神圣生命中，他就成了自为的精神："神浸透了他的意识的各个脉络，他对世界的一切联系受到神的调整，神吹煦了他的整个本质。"⑤ 就耶稣门徒与耶稣的关系而言，信仰只是最初阶段，而圆满状态应该是他们与耶稣（以及神）的合一，尤其参见《约翰福音》17：20 - 26："……使他们都合而为一。正如你父在我里面，我在你里面，使他们也在我们里面……你所赐给我的荣耀，我已赐给他们，使他们合而为一，像我们合而为一。我

---

① 《黑格尔早期著作集》（上卷），第 423 页；*GW* 2, S. 249。
② 《黑格尔早期著作集》（上卷），第 407 页；*GW* 2, S. 216。
③ 黑格尔最早在 "Text 52" 中表达了这种思想，参见《黑格尔早期著作集》（上卷），第 514 页；*GW* 2, S. 125。
④ 这种信仰尤其体现在《约翰福音》4：24："神是精神，敬拜的人必须在精神和真理中敬拜他。"
⑤ 《黑格尔早期著作集》（上卷），第 434 页；*GW* 2, S. 269 - 270。

在他们里面，你在我里面，使他们完完全全地合而为一……使你所爱我的爱在他们里面，我也在他们里面。"① 比如信仰光只是最初阶段，成为光之子才是圆满状态。这种合一是类似于葡萄树与枝子的合一②，是神圣精神（或圣灵）的降临，是在自身得到永恒或无限生命。③ 黑格尔把"圣父—圣子—圣灵"理解为"统一——分裂—统一"的过程：最初，一切都生活在神性中，一切有生命的东西都是神的儿女，虽然他们处于全体和谐中，但本身还没有发展；然后他们开始带着恐惧去信仰在本身之外的神明，并慢慢与神相分离；最后，他们"回复到那原始的统一，但这现在已是发展了的、自我产生的、感觉到了的统一。并且现在他认识神了，这就是说，神的精神在他内部了，超出了他的许多局限了，扬弃了特殊的形态，并且恢复了全体"④。由这些达到完满状态的人组成的团体就是"教会"或"神的国"⑤，这被看作耶稣所创立的宗教的全体，其实也是黑格尔此时人民宗教理念的顶点。

四、人民宗教理念的解体

虽然黑格尔在《基督教的精神》中以基督教会与国家的统一赋予了人民宗教最高的表达形式，但随着他的政治经济学研究、对耶稣和基督教会的命运的反思以及对时代精神的分析，黑格尔的人民宗教理念解体了。他承认现代国家和财产，就意味着他所构想的国家与教会的一体是不可能的。基督教会摇摆于神与现实这两个极端之中，它的命运就表现为："教会和国家、崇拜与生活、虔诚与德行、精神活动与世间活动决不能溶合为一。"⑥ 也就是说，在现代精神条件下，古希腊城邦和古罗马共和国理想以及国家与宗教（教会）一体的状态是不可能的了。这说明黑格尔的以统一哲学与古代城邦和共和国为核心要件的人民宗教框架已经解体了。这也意味着，他必须回到他在伯尔尼时期曾阐述过的宗教与国家的分离这一基础上来，并在新的理论哲学和实践哲学上进行新的理论建构。

---

① 《约翰福音》12：36。
② 参见《约翰福音》15：5。
③ 参见《约翰福音》6：40。
④ 《黑格尔早期著作集》（上卷），第 441 页；*GW* 2，S. 277。
⑤ 《黑格尔早期著作集》（上卷），第 445 页；*GW* 2，S. 281。
⑥ 《黑格尔早期著作集》（上卷），第 470 页；*GW* 2，S. 328。

小　结

综上所述，在《图宾根残篇》中，黑格尔第一次明确表达出人民宗教的理念以及构成要件，它以古希腊和古罗马公民宗教为原型，同时融合了启蒙理性，其目的是培养人民政治自由，复兴古代共和国。在伯尔尼初期的《人民宗教与基督教》中，黑格尔把人民宗教的三要件改成了四要素，并明确以康德实践哲学为基础。这种人民宗教理念是批判犹太教和基督教实定性、专制性的标准。

在伯尔尼后期，黑格尔从古罗马人政治自由的丧失引起的时代精神的变化角度来分析古代人民宗教的陨落。在伯尔尼和法兰克福交替时期，黑格尔的人民宗教基础由康德主体哲学变为统一哲学。在《德意志观念论最早体系纲要》中，人民宗教被表述为"理性的神话学"或"感性宗教"。与犹太教和基督教类似，康德实践哲学具有强制性和分裂性，因此不是真正的自由，其道德法则和法律要被爱所扬弃，然后爱再进入到宗教，这种融合了耶稣教导与古希腊精神的宗教可以看作人民宗教的最高表达。

耶稣和基督教会的命运使黑格尔认识到，这种人民宗教无法实现精神与现实、宗教与国家的真正统一。加之，黑格尔对斯图亚特政治经济学的研究使他对以分裂为特征的现代社会及其精神有了新的认识和肯定。在这种新的自由和时代精神影响下，黑格尔所希望的以宗教和国家的统一为根本内容的人民宗教不得不解体了，也就是说，他接受了现代意义上的教会与国家的二分。

第四章 私有财产和劳动的现代命运

正如引言中所说的,根据里德尔的研究,劳动与行动的关系在黑格尔耶拿时期及以后处理实践哲学的三个阶段中起着重要作用,即在第一阶段,黑格尔接受亚里士多德关于劳动(Arbeit)和行动(Handeln)的关系的理论,以行动(实践)优先,但也给予劳动以及相应的政治经济学相应的地位;在第二阶段,黑格尔强调劳动作为人对自然的改造和主体的对象化是精神的核心环节,这颠倒了亚里士多德关于劳动与行动的理论;在第三阶段,黑格尔按照"劳动和行动相统一的模式"来解释客观精神,人类世界在家庭、市民社会和国家等领域之中的行动是精神的主题。①

根据上面几章的阐述,黑格尔耶拿时期之前大多以古希腊城邦和古罗马共和国为理想,与此相应,黑格尔就非常认同亚里士多德在实践哲学中所强调的实践(行动)优先理论,即政治行动和伦理行动作为实践优先于制作(劳动)。黑格尔早期财产思想和劳动思想变化背后是他对实践与制作、行动和劳动的关系的理解的变化。

第一节 私有财产的现代命运

根据政治思想史的叙述,对私有财产的不同态度构成了区分现代政治哲学与古代政治哲学的重要之点。古代政治哲学以国家、公民政治行动和伦理行动为核心,劳动及其产品财产在其中几乎没有任何独立地位,甚至是被极力压制的对象,因为一方面劳动被认为是目的不在自身的活动,另一方面财产会导致不平等,导致政治自由、政治行动和伦理行动的败坏。因此,古代只存在家政学,但没有现代意义上的政治经济学。相反,现代政治哲学以市民以及自我保存为理论根基,私人的劳动在实践哲学的地位上逐渐提升,私有财产的保护也就成为现代国家的重要目的。

---

① 〔德〕曼弗雷德·里德尔:《在传统与革命之间》,朱学平、黄钰洲译,北京:商务印书馆,2020年,第20—38页。

第四章　私有财产和劳动的现代命运

如霍布斯提出，因为大多数人都热衷于追求财富、支配权和感官快乐，所以政治哲学只能建立在对死亡的恐惧这种激情（passion）基础之上。① 洛克在其《政府论》第二篇中强调，私有财产权是人的自然权利，而私有财产的根源和本质就在于劳动，政治权力的重要功能之一就是"为了规定和保护财产而制定法律"②。稍后，斯密、休谟等人开创了古典政治经济学，这种古典政治经济学要求颠倒亚里士多德实践哲学中行动（实践）与劳动（制作）之间的关系，对私有财产在现代社会中的积极意义给予进一步强调和论证。因此，亚里士多德开创的传统实践哲学在近代逐步受到批判。

值得注意的是，几乎同时，对私有财产在现代社会中的命运的反思也日渐增多，这尤其表现在卢梭那里。他强调私有财产的建立是社会不平等的起源，"以自我保存为基础的现代国家构成了一种恰与能使人们幸福的生活方式相反的生活方式"③。受传统实践哲学影响，卢梭仍然崇尚实践（行动）优先理论。

黑格尔是处在卢梭与马克思之间的一位重要政治哲学家。关于他的劳动和私有财产思想，我们比较熟悉的是其在耶拿时期《实在哲学》和《精神现象学》中的劳动观，"主奴辩证法"体现的是行动和劳动之间的辩证法。在《法哲学原理》中，黑格尔提出了一种基于自由意志论的财产权理论。但更主要的是，黑格尔强调了以追逐私利为特征的市民社会的必然性和积极意义——同时希望在伦理国家中达到特殊利益与普遍利益的统一。这种财产主张在黑格尔耶拿时期的《论自然法》中就已出现，并在《实在哲学》中逐渐成熟。值得注意的是，黑格尔在耶拿时期之前七年多的时间中，就私有财产以及劳动的现代命运问题曾有过复杂的思想历程，本节就旨在探寻黑格尔早期关于财产思想的变化历程。

一、对基督教财产原则的批判

黑格尔关于私有财产的明确表述可以追溯到他的伯尔尼时期（1793—

---

① 参见〔美〕施特劳斯、〔美〕克罗波西主编《政治哲学史》（第三版），李洪润等译，北京：法律出版社，2009年，第283页。
② 〔英〕洛克：《政府论》（下篇），叶启芳、瞿菊农译，北京：商务印书馆，2004年，第4页。
③ 〔美〕施特劳斯、〔美〕克罗波西主编：《政治哲学史》（第三版），李洪润等译，北京：法律出版社，2009年，第560页。

1796年）。当时，黑格尔正在做家庭教师。根据罗森克朗茨的报道，黑格尔在这一时期曾研究过伯尔尼的金融和财政制度等。① 可惜的是，黑格尔这一时期相关的研究笔记大多遗失了，所以这些论断无法得到文本的支撑。但黑格尔这一时期关于私有财产的思想及其变化仍可在他此时的宗教著作中发现，比如《人民宗教与基督教》《耶稣传》和《基督教的实定性》等等。

通过对这些宗教著作的分析，我们能够发现，在伯尔尼初期和中期（1793—1795年），黑格尔对私有财产主要持一种肯定态度，而对基督教的财产原则与侵权行为持否定态度。

（一）作为"小团体"原则的基督教财产观

在《人民宗教与基督教》这组文本的"Text 17"中，黑格尔第一次提到了市民生活错综复杂的关系。人处于市民社会之中，市民社会的关系决定着人的各项权利和义务，因此任何公共的道德与宗教都不能脱离市民社会的关系。在这方面，黑格尔对耶稣和基督教展开了批判。耶稣的学生"摆脱一切其他关系，只享受和基督的交往，享受他的教导"②，因此他们后来所形成的宗教只不过是属于小团体的宗教。最根本的是，耶稣所教导的是一种私人宗教，即"只适于个别一些人的教养，以教养个别一些人为目标"，其原则是"小社团和小乡村的原则"。③ 因此，耶稣的教导不能扩展到市民社会和国家中来："基督的许多诫命是和市民社会立法的根本基础、和财产原则以及自卫原则等等抵触的。"④ 因此，耶稣的一些教导与公民自由不能相容，尤其是耶稣关于财产的诫命与现代财产制度相矛盾。

在这个文本中，与耶稣及其门徒的私人活动相对比，黑格尔赞扬苏格拉底教导城邦和实践行动优先的理论：苏格拉底要求学生在尘世复杂关系中认识最高利益，即城邦；苏格拉底使每个学生"自己就是导师，许多人创立自己的学派，有些人是大将军、政治家和各类英雄；这些英雄不是一种类型，每人都是自己本行的英雄，不是在殉道和受难上是英雄，反之都

---

① Rosenkranz, *Hegels Leben*, Berlin: Verlag von Duncker und Humblot, 1844, S. 61, 86；同时参见〔以〕阿维纳瑞《黑格尔的现代国家理论》，朱学平、王兴赛译，北京：知识产权出版社，2016年，第6页。
② 《黑格尔早期著作集》（上卷），第94页；*GW* 1, S. 117。
③ 《黑格尔早期著作集》（上卷），第106页；*GW* 1, S. 129。
④ 《黑格尔早期著作集》（上卷），第105页；*GW* 1, S. 129。

是行动上和生活中的英雄"①。因此在这个文本中，黑格尔应该暗含了对行动与劳动的比较。这里也表明这个文本中所提到的"市民社会"还不是《法哲学原理》中的"市民社会"，而是与国家等同的"公民社会"。行动优先于劳动的理论更明显地表现在"Text 26"（"那群人现在需要……"）中，黑格尔在描述古罗马公共德行消失与基督教的兴起中提到了自由的共和主义者的高尚行为，他们"曾怀着自己人民的精神为自己的祖国耗尽了自己的力量与生命，而且是出于义务这样做，并不高估自己的劳苦，不会要求对之能有报偿；他们为自己的理念，为自己的义务而劳作，除此之外他们更有何求？"②

（二）教会与国家在财产问题上的冲突

在《基督教的实定性》的第一篇中，黑格尔基本上是沿着《人民宗教与基督教》的思路来继续批判基督教财产原则，强调这种原则与公民的财产权利与国家权利相冲突。如上面所言，耶稣和基督教的财产原则作为"小社团和小乡村的原则"是与现代立法和财产原则相违背的，一旦它们扩展到整个社会和国家时，就会成为不正当、压制和不合适的。

黑格尔分析了教会与国家在财产问题上的冲突。在本质上，教会的财产与国家的财产不同。但在某些情况下，教会的财产往往与国家的财产相等同。比如，当"国家形成一个单一的教会国家"，或"许多教会联合起来形成一个教会国家"。③ 因教会财产而引起的争执表现在，当存在不同的教会时，各教会就会因与国家财产的不同关系而发生冲突。在历史上，国家往往支持某一方，压迫另一方。结果不但国家的法律受到削弱，而且国家本身也出现灾难。比如，西方历史上历次的宗教迫害，甚至宗教战争。黑格尔强调，国家应该采取信仰中立立场和宽容政策，保护每一教会的正当利益："准许每一个教会按照它的需要享有一定的［物质］手段进行它自己方式的崇拜。"④

在某种程度上，西方社会的历史就是基督教不断扩张的历史，即基督教原则不断渗透到社会和国家之中的历史。在黑格尔时代，基督教原则的威力仍很强大。为此，黑格尔激烈批判教会与国家二元体制下教会对公民

---

① 《黑格尔早期著作集》（上卷），第 96 页；*GW* 1, S. 119。
② 《黑格尔早期著作集》（上卷），第 138 页；*GW* 1, S. 163。
③ 《黑格尔早期著作集》（上卷），第 272—273 页；*GW* 1, S. 320。
④ 《黑格尔早期著作集》（上卷），第 273 页；*GW* 1, S. 321。

财产权和国家财产权的侵犯。比如,在基督教国家,持非正统信仰的人(如犹太人)不能获得任何种类的不动产,在纳税方面也受到不平等待遇,等等。①

(三) 基督教财产原则批判的原因分析

值得分析的是,黑格尔此时的私有财产观念是在何种背景下出现的,以及这种观念的意义何在?这首先要从黑格尔在伯尔尼时期的问题意识谈起。如前所言,在青年黑格尔所处的时代,德意志民族在神圣罗马帝国的外壳下处于四分五裂的状态,尚不是一个统一的民族国家,而且在经济方面远远落后于英国和法国。经历过启蒙运动与古典文化教育的双重洗礼后,黑格尔表现出强烈的实践兴趣和关怀。黑格尔图宾根时期最重要的《图宾根残篇》表明,他希望从宗教入手来寻求德意志政治上的变革,即首先通过宗教批判和革新来改造德意志人的"国民性",进而推动本民族的发展。为此,黑格尔提出"人民宗教"概念,它以古希腊的公民宗教为原型,表现为理性、情感与政治参与三方面的综合。② 尤其值得注意的是,与"人民宗教"相对的概念之一是"私人宗教"(privatReligion),黑格尔在文本中恰恰把基督教判定为私人宗教。③ 虽然黑格尔此时尚未对基督教的教义、精神和历史等各方面作具体的研究,但在某种程度上,私人宗教的定性似乎决定了黑格尔在伯尔尼初期和中期对基督教的态度。正因为基督教本身的私人性,它不能被扩展到国家中去,或者说不能作为人民宗教。④

在这一时期,同时决定了黑格尔对基督教的态度和财产思想的是他所谓的"实定性"(Positivität) 概念。正如卢卡奇等学者所公认的,黑格尔此时的焦点在于,以康德的自由和道德原则为标准来批判基督教的实定性。⑤ 而实定性概念与私人宗教的概念并不矛盾,甚至在某种程度是一致的。但在康德影响下,黑格尔也力图在"实定性"问题上把耶稣与基督教区分开,即耶稣之教训在于自由和道德性,而后者的本质则是实定性。在黑格尔看来,基督教的实定性表现在教义、仪式以及与国家的关系等各方

---

① 参见《黑格尔早期著作集》(上卷),第270页;*GW* 1, S. 318。
② 《黑格尔早期著作集》(上卷),第82页;*GW* 1, S. 103。
③ 《黑格尔早期著作集》(上卷),第80—82页;*GW* 1, S. 102 – 103。
④ See Goldstein, J. D., *Hegel's Idea of the Good Life*, Netherlands: Springer, 2006, p. 69.
⑤ 〔匈〕卢卡奇:《青年黑格尔》,王玖兴译,北京:商务印书馆,1963年,第48—49页;Lukács, G., *Der junge Hegel*, Neuwied/Berlin: Hermann Luchterhand Verlag, 1967, S. 52 – 53。

面。基督教的私人宗教特性和实定性本质就决定,当基督教扩展到社会或国家中去后,它必然会侵犯个人情感、公民权利和国家利益等。从基督教历史上来说,虽然耶稣教训的本质在于道德性,但其中仍旧蕴含着实定性因素,如对奇迹、个人人格的强调等。① 耶稣的门徒因为自身理性能力的欠缺而进一步在早期教会中把这些实定性因素强化了。在基督教成为国教并形成教会与国家二元体制后,基督教的实定性达到了最高程度。黑格尔在伯尔尼初期和中期对基督教财产原则的批判和否定就是在这种语境下作出的。财产权作为公民自由权利之一种,在市民社会范围内理应受到法律和国家的保护。

很明显,在伯尔尼初期和中期,黑格尔对私有财产的认识是附属于他对基督教私人性和实定性之批判的。也就是说,私有财产问题不属于他此时政治哲学思考的核心问题。他的财产思想此时也并非建立在他对现代性本身的认识基础之上,而不过是为宗教批判服务而已,或者说是宗教批判的产物。

二、对私有财产的拒斥与批判

值得注意的是,在伯尔尼初期和中期,虽然黑格尔主导的财产思想是强调市民社会关系中公民财产权的重要性,但他也已经显露出对财产本身的批判倾向,他承认了耶稣和基督教财产原则的道德化解释。比如在《黑格尔全集》历史考订版第一卷"Text 26"中,黑格尔就说道:"道德观念如果能在人类中取得地位,那么那些财富就将贬值,而那些仅仅保证生命和财产的制度将永不再当作最佳的,那整套可厌的机关,那套千千万万弱者在其中寻求慰安的人为的讲动机和慰藉理由的体系就将是多余的。"② 这种态度在《耶稣传》中再次出现:"要以毫不介意的态度牺牲财产的占有,要以温和、善良和高尚的情操,牺牲你们自己的即使是合法的利益。"③ 针对犹太人对财富(Reichtum)的贪爱,黑格尔指出:"凡在感官看来被认作伟大、表现为值得重视的东西,在上帝面前便成为一文不值。"④ 也就是说,在德行面前财产没有任何价值,这里体现出感性欲望

---

① 《黑格尔早期著作集》(上卷),第 234 页; GW 1, S. 288。
② 《黑格尔早期著作集》(上卷),第 139 页; GW 1, S. 164。
③ 《黑格尔早期著作集》(上卷),第 159 页; GW 1, S. 217。
④ 《黑格尔早期著作集》(上卷),第 193 页。

与德行之间的冲突,也体现出对财产权的贬低。关于福音书中要求变卖财产的诫命(如《路加福音》18:18-30),黑格尔此时也承认它的道德意义,并进一步解释道:"贪爱财富是怎样牢固地束缚住人们啊!财富对于他走上德行之路是多大的障碍啊!"① 显然黑格尔突出了德行与爱财之间的对立:前者要求牺牲,后者要求新的利得;前者要求自己限制自己,后者则要求扩张自己,增多自己的东西。他认为二者是不能统一的:"人性的这种冲动不会使得德行成为不可能了吗?"② 随着黑格尔从康德道德哲学转向统一哲学,这种对财产的否定倾向愈加明显,并成为他在伯尔尼后期与法兰克福初期和中期的主导财产思想。

在伯尔尼后期,黑格尔的财产思想发生了明显变化,即从之前的肯定态度变为拒斥和批判。这首先表现在《基督教的实定性》第三篇中,继而在《德意志观念论最早体系纲要》和《犹太教的精神》中达到强化,并在《基督教的精神》的大部分文本中达到顶峰。

(一)对私有财产及私利精神的第一次批判

在《基督教的实定性》第三篇中,黑格尔把私有财产或私利精神看作与现代性和基督教同时出现的东西,由此正式展开了对私有财产的第一次正式批判。

正如上一章所言,黑格尔认为,在基督教取代古希腊和古罗马的人民宗教之前,古希腊人和古罗马人处于政治自由状态,公民在实践中以政治行动和伦理行动优先,可以为国家牺牲自己的财产、欲望和生命等,国家是个人的最高理想和最高目的所在,个人个体性或特殊利益都消融其中。但在历史上,古希腊人和古罗马人终因统治者的私利精神和财富欲望而丧失了政治自由。简单来说,一种有军事荣誉和财富的贵族出现了,他们通过自己的行为和金钱等手段诱使民众将更多的国家权力赋予他们,他们最终丧失了作为共和国根本原则的德行,为了自己的私人利益,他们不惜用武力剥夺了民众的政治自由。随着共和国变成一种专制机械国家,人民丧失了政治自由,而仅仅在与别人的关系中产生自己的价值,并因此为特殊利益所据,一切活动、一切目的都以个人自己为核心,公民权利现在仅仅成为保障财产的权利,它是一个人最主要的权利、最关心的东西。公民也开始惧怕死亡。对个人生命、财产和享受的关心使得公民不再愿意服兵

---

① 《黑格尔早期著作集》(上卷),第196页。
② 《黑格尔早期著作集》(上卷),第196页;GW 1, S. 252。

役。传统实践哲学所倡导的实践优先理论也就随之丧失了,并为一种私人活动优先的理论所取代。在黑格尔看来,罗马共和国向罗马帝国转变的过程就是古代向现代的转变,私利精神被看作现代性的精神,现代国家就是以保护私有财产为目的的国家,而基督教恰恰是与这种精神和国家相符合的宗教。① 在《德意志观念论最早体系纲要》中,黑格尔提出了废除机械国家的主张,由此废除与之相关的私有财产也就顺理成章的事情了。

(二) 作为拜物教的犹太教

在《犹太教的精神》中,黑格尔把犹太教看作一种以私利精神为核心的拜物教。犹太人与外在环境的普遍敌对所得到的仅是身体上的依赖,即一种动物性的存在,它只能"牺牲其他事物才能保证自身的存在"②。黑格尔径直指出,犹太人把这种动物性的存在或身体的依赖接受为生命,他们恳求他们的神赐予他们身体所需的东西:"这样的恩赐、这种从埃及人奴役下的解放,这种对于具有丰富的蜂蜜和牛奶的土地的占有、以及充分有保证的食物、饮料和两性生活——这些东西就是他们敬神所祷祝的要求。"③ 在黑格尔看来,犹太人的这种存在其实决定了"他们所崇拜的就是这些东西",一种拜物教。这种崇拜是奴役状态,即奴役于自身的身体欲望,如吃、喝、住、性等保证安全存在与享受的东西。因此,犹太人就缺少国家和公民意识,这尤其反映在战争问题上。在摩西律法中,关于服兵役的规定不利于激发犹太人的英勇意识:"谁建造房屋,尚未奉献,他可以回家去,恐怕他阵亡,别人去奉献。谁种葡萄园,尚未用所结的果子,他可以回家去,恐怕他阵亡,别人去用。谁聘定了妻,尚未迎娶,他可以回家去,恐怕他阵亡,别人去娶……谁惧怕胆怯,他可以回家去,恐怕他弟兄的心消化,和他一样。"④ 这说明被犹太人看作生命目的的是对土地、葡萄园、妻子的占有与享受,而非国家与自由。黑格尔指出其中潜存的矛盾:为了财产和享受而冒丧失财产和生命的危险,这岂不矛盾吗?

在《犹太教的精神》中,黑格尔还讨论了摩西关于限制财产和财产权的立法。黑格尔在这组文本中的"Text 44"中第一次提到财产和财产权问题。黑格尔对比了古希腊两位立法者梭伦(Solon)、吕库古(Lykurg)与

---

① 尤其参见《黑格尔早期著作集》(上卷),第325—327页;GW 1, S. 369 - 371。
② 《黑格尔早期著作集》(上卷),第360页;GW 2, S. 49。也请参见 GW 2, S. 19。
③ 《黑格尔早期著作集》(上卷),第361页;GW 2, S. 49。
④ 《申命记》20:5 - 8。

摩西在财产立法方面的差别。黑格尔简要地指出，因为梭伦和吕库古看到"财产所得能破坏公民的平等"，所以他们才基于保证公民自由和平等的目的制定了限制财产的法律。① 而在犹太人那里，摩西限制财产的根据在于另一种平等：犹太人在财产获得方面平等的无能性，即犹太人不能把财产据为己有。或者说，犹太人普遍没有财产权，因为一切财产，如土地、家畜、果实等都归上帝所有。② 在"Text 48 Ⅱ"中，黑格尔进一步指出，在犹太人的国家中，"一般讲来，没有任何财产是属于他个人的"，所有财产（包括人本身）都属于上帝。人所占有的不过是上帝借给他的而已，就此而言，改变神的财产是"一种侵占（Anmaßung）、是非法的（unrecht）"③。

在"Text 48 Ⅱ"中，黑格尔对两位古希腊立法者（即梭伦、吕库古）与摩西的做法作了进一步分析。虽然他们在某些方面具有相似性，如不过问真理，以及通过限制个人财产使"民法从属于国家法"④。黑格尔指出，在限制财产所使用的手段方面，梭伦和吕库古"用多种方式来限制财产权，并且排斥了许多可以导致不平等财富的自由选择（Willkür）"，而摩西则规定"一个家庭的财产永远固定在这个家庭里"⑤。但他们之限制财产或财产权的起因有根本的差别。具体说，梭伦和吕库古之所以限制个人财产权，是为了保证自由和平等，因为财富不平等会威胁到公民（尤其是穷人）的自由，并可能使他们处于在政治上无权状态。⑥ 而在犹太人那里，本来就无自由、无权利、无财产可言（拥有的东西都是从神那里借来的东西），在国家公民方面处于无权状态。⑦ 古希腊人是平等的，因为在那里"所有的人都是自由的、独立的"；犹太人也是"平等的"，但却是因为在那里"所有人都没有独立自存的能力"。⑧

黑格尔强调，摩西的财产立法目的仅仅是"每个犹太人不能够增加他的地产"，在他的灵魂中并没有"防止财产不平等的想法"，否则他"就可以采取完全不同的措施去堵塞住许多其他不平等的源头，那么立法的伟

---

① *GW* 2, S. 22 – 23.
② 参见《利未记》25：23："地不可永卖，因为地是我的；你们在我面前是客旅是寄居的。"
③ 《黑格尔早期著作集》（上卷），第 362 页；*GW* 2, S. 52。
④ 《黑格尔早期著作集》（上卷），第 366 页；*GW* 2, S. 61。
⑤ 《黑格尔早期著作集》（上卷），第 366 页；*GW* 2, S. 61。
⑥ 《黑格尔早期著作集》（上卷），第 366 页；*GW* 2, S. 63。
⑦ 《黑格尔早期著作集》（上卷），第 366—367 页；*GW* 2, S. 63。
⑧ 《黑格尔早期著作集》（上卷），第 367 页；*GW* 2, S. 63。

大目的必会是公民的自由"。① 也就是说,摩西立法缺少伟大的立法目的,即公民的自由,缺少"一种宪制理想",即共和制理想。这才是摩西与两位古希腊立法者之间的根本差别,因此在根本上犹太教是一种拜物教。

在对犹太人的分析中,尤其在其与古希腊人的对比中,我们明显看出,在黑格尔看来,古希腊的公民从事的是政治行动,而犹太人从事的仅仅是奴隶式的劳动。在这里,政治行动无疑高于劳动。这应该是黑格尔自批判私有财产以来一直坚持的立场。

(三)私有财产作为分离物与统一相对立

在《爱》(即《黑格尔全集》历史考订版第二卷"Text 49")这个残篇中,黑格尔第一次在统一哲学和生命哲学体系中规定了对私有财产的废除,即私有财产作为与爱、生命和统一相对立的分离环节,必须被完全废弃。②

在《爱》这个残篇中,黑格尔提出最重要的两个概念,即"爱"与"生命"。爱是对有生命之物的感觉。在爱中,全体就是生命本身。在爱中存在的是生命"自身的双重化,亦即生命找到了它自身与它自身的合一"③。黑格尔提出了生命的圆圈式发展,这种发展过程简化为:"统一物、分离物和重新统一物。"④ 这就是黑格尔这时期生命哲学和统一哲学的表达:统一——分离—统一。

在这种统一哲学中,虽然分离、对立作为发展的环节有了积极的意义,分离、差异、多样性越多,最终的爱、统一、生命更丰富,但黑格尔仍旧没有承认个体性、私有财产等分离物的必然性和重要性,而是把它们看作与爱无法兼容的东西。因为"在有爱的人那里是没有物质(Materie)的,他们是一个活生生的整体",所以他们才不会分离和死亡。但这也使得有爱的人必须放弃独立性和个体性(Individualität),必须放弃任何分离物,尤其是私有财产(Eigentum)。如果在达到完全的统一之前,可分离物还是有爱的人特有的东西,那定会使有爱的人陷入一种冲突之中:完全献身、统一中的无对立性与仍旧存在着的独立性之间的冲突。黑格尔在"Text 49"初稿中曾写道:"虽然爱的统一是完美的,但仅仅是在相爱的

---

① 《黑格尔早期著作集》(上卷),第367页;*GW* 2, S.64。
② 参见《黑格尔早期著作集》(上卷),第499—500页;*GW* 2, S.85, 88。
③ 《黑格尔早期著作集》(上卷),第499页;*GW* 2, S.85。
④ *GW* 2, S.91;《黑格尔早期著作集》(上卷),第501页,译文稍有改动。

人那里才出现,所以在这种统一之外,相爱的人仍旧能是一种杂多的对立,一种杂多的财产和权利的获得和占有。穷人本身回避去接受富人,回避与他处于同等的地位,在这种情况下,因为穷人本身做了一个对立行动,把他自己设定在爱的范围之外,证明了他的独立性。"① 可见财产、财产权以及因它们而作出的行为往往成为人们独立性的表现。

爱不会因私有财产受侵犯而感觉受到了侮辱并捍卫私有财产和权利。爱只会羞耻于没有达到完全的统一,羞耻于还保存着分离的东西、对立的东西,如肉体、个体性、私有财产等。在占有私有财产并主张私有财产权的人那里,私有财产和财产权是一种死的东西、一种客体、一种对立物。最主要的是,相爱的人会因私有财产和财产权的排他性而处于对立中。黑格尔在"Text 49"初稿中曾专门提及财产和财产权的排他性,即占有者通过宣示自己享有财产权来消除丧失财产的恐惧:"他获得这种财产权,并排斥其他任何人,同样取消爱的另一方对财产的权利。"② 被支配着的财产和财产权与双方都是相互对立的。就此而言,私有财产以及财产权都是应当被废除的。但另一方面,黑格尔已经意识到私有财产和财产权在现代社会的重要性,所以在这个问题上又显出一些犹豫:"既然占有与财产构成人们的生活思虑、关切中如此重大的部分,所以在相爱的人之间也不能不考虑他们关系之中的这一方面。"③

但黑格尔此时最终仍坚持要废除私有财产和财产权的做法,并强调赠予与所谓的财产共有(Gütergemeinschaft)都不能解决财产和财产权引起的冲突。被赠予的东西仍然是财产,所以它完全不丧失一个客体的特征。而爱并不做单方面的行为,所以它不能接受任何在占有、支配的统一中仍是手段和财产的东西:"一件东西,如果它处在爱的感觉之外,那它就不能是共同性的,仅仅因为它是一件东西。"④ 同样的道理,一般意义上的财产共有也无法排除财产和财产权引起的对立。因为所谓财产共有是指,一个财产"或者不属于相爱双方的任何一方,或者特殊的部分各属一方",或者说"一个人对一件东西的权利,他或者有平等份额,或者有不确定的份额"。⑤ 与赠予相同的是,财产共有设定了某一财产或财产权的客体属

---

① *GW* 2, S. 92.
② *GW* 2, S. 92.
③ 《黑格尔早期著作集》(上卷),第 502 页;*GW* 2, S. 95。
④ *GW* 2, S. 93,这在"Text 49"初稿和定稿中都有,但在《黑格尔全集》理论著作版第一卷和《黑格尔早期神学著作》诺尔版中都被删除了。
⑤ *GW* 2, S. 93 - 94,这在理论著作版和诺尔版中同样被删除了。

性,即权利本身没有被取消。换句话说,相爱的人可以共同享用财产,但所有权仍是不确定的,而且双方都不会忘记权利思想,"因为人们所占有的任何东西都具有财产的法律形式"①。

沿着这条思路,在《基督教的精神》大部分文本中,黑格尔对私有财产的拒斥和批判达到了顶峰。黑格尔试图借助耶稣的教训来扬弃法律、权利、私有财产、财产权等。比如在《黑格尔全集》历史考订版"Text 54"初稿(1798年)中,黑格尔所着力讨论的是,作为"无法则性和无义务性"(Gesetz-und Pflichtlosigkeit)② 的爱如何扬弃道德和法律,或者说如何摧毁与爱相对立的领域,即权利、正义以及整个财产等领域。只有如此,人才能处于生命中美的和自由的领域,人自身、人与人、人与自然才能和谐统一。

(四)私有财产批判的原因分析

可见,黑格尔在伯尔尼晚期、法兰克福初期和中期对私有财产的批判态度是非常明确的。同样需要思考的是黑格尔财产思想变化的原因所在。根据相关文本,我们认为,根本原因就在于黑格尔从传统实践哲学和统一哲学思想出发,对以分裂和强制为特征的现代性本身所作的批判。在《基督教的实定性》第三篇中,黑格尔一方面努力从历史哲学方面来把握古希腊和罗马公民宗教向基督教转变、古代向现代转变的原因;另一方面,黑格尔站在传统实践哲学立场上表达了对现代性和基督教的批判。

黑格尔的统一哲学思想对他的财产思想同样影响巨大,而且在某种程度上,传统实践哲学与统一哲学思想在某些方面是相统一的。而统一哲学又是与耶稣的教导紧密相关的。在某种程度上可以说,统一哲学就是耶稣教训的哲学化表述。在《爱》这个残篇所阐发的统一哲学中,黑格尔仍旧没有承认个体性、私有财产等分离物的必然性和重要性,而是把它们看作与爱无法兼容的东西。这些思想在这一时期的《基督教的精神》大部分文本中得到进一步延续和强化。

显然,与伯尔尼初期和中期相比,黑格尔在伯尔尼后期、法兰克福初期和中期不再仅仅站在宗教批判语境下来看待私有财产,更多是在现代性批判语境下论述私有财产。私有财产也因此成为这一时期黑格尔实践哲学

---

① 《黑格尔早期著作集》(上卷),第502页;GW 2, S.95。
② GW 2, S.175;《黑格尔早期著作集》(上卷),第391页,译文有改动,中文翻译为"超出法规和义务"。

要讨论的重要问题之一，因为私有财产以及私利精神被理解为现代性的基础和根本特征。而黑格尔对现代性展开批判的基础则是其传统实践哲学思想和统一哲学体系。虽然对基督教本身的批判仍旧保留着，但黑格尔对耶稣之教导的借用愈加明显，这体现出黑格尔试图把国家统一到宗教之中的倾向。但不论这些思想和体系在理论上多么完美，在残酷的现代性面前，它们都将软弱无力。因此，黑格尔才不得不寻求与现代性的和解，尤其是寻求与私有财产的和解。这正是黑格尔在法兰克福末期所发生的思想变化。

三、对私有财产和劳动的重新承认和肯定

在法兰克福末期，黑格尔的财产思想主要表现为对私有财产的重新承认和肯定，这既与黑格尔对斯图亚特政治经济学的评释有关，也与黑格尔对耶稣和基督教教会的命运反思有关，这体现在《基督教的精神》这组文本中的"Text 54"定稿（1799 年）、"Text 55"中。最后，黑格尔在《1800 年残篇》中从新的哲学体系出发肯定了私有财产。

（一）对斯图亚特政治经济学的评释

根据罗森克朗茨的报道，黑格尔在 1799 年 2 月 19 日至 5 月 16 日对斯图亚特政治经济学（Staatswirthschaft）德译本作了评释。十分可惜的是，这份评释并未保留下来，而只能根据罗森克朗茨的描述有所了解。根据罗森克朗茨的描述，黑格尔在评释中讨论了市民社会的本质、需要、劳动、劳动分工、等级职能、济贫制度、警察和赋税等重要问题。[①]

卢卡奇和珀格勒等人都非常强调斯图亚特政治经济学对黑格尔思想的重要影响。在实践哲学意义上，经济学领域主要涉及人的制作—劳动活动，对英国古典政治经济学的吸收使得黑格尔要把现代社会的劳动放入他的实践哲学思考中，这最终使黑格尔偏离古典实践哲学，放弃古典城邦理想。[②]

虽然黑格尔在伯尔尼时期就已经非常关注市民社会，如考察财政制

---

① 参见〔德〕黑格尔《黑格尔政治著作选》，薛华译，北京：中国法制出版社，2008 年，第 16 页；Rosenkranz, *Hegels Leben*, Berlin: Verlag von Duncker und Humblot, 1844, S. 86；*GW* 2, S. 621。

② Otto Pöggeler, "Hegels praktische Philosophie in Frankfurt", in *Hegel-Studien*, Bd. 9, 1974, S. 85.

度、公路制度等，但对市民社会或现代社会的认识只是在此时才发生了根本性的变化。虽然这只是猜测，但黑格尔在同一时期的《基督教的精神》的某些文本中确实体现出他在这方面思想的重大变化。因此可以推测，这是受到他研究斯图亚特政治经济学的影响。另一方面，根据罗森克朗茨的报道，黑格尔在评释中还批判了重商主义，批判这种理论中与生命相对立的死的东西，批判竞争、劳动和交往中的机械性。很明显这与这时期黑格尔的生命哲学观念是一致的。

综合这两个方面，我们可以认为，在对斯图亚特政治经济学的评释中，黑格尔一方面最终承认了私有财产和劳动的正当性与不可消灭性，另一方面仍试图寻找方法在这些异化中拯救人的精神和生命——虽然不再是通过消灭私有财产的方式。

（二）对现代社会的重新定位

正如上述，黑格尔在1799年2月19日到5月16日对斯图亚特政治经济学德译本作了评释，他对私有财产和劳动等有了新的认识。这些新认识应该直接影响了当时正在写作的《基督教的精神》的某些文本。首先我们能在《黑格尔全集》历史考订版第二卷"Text 54"关于财产的论述中发现这种影响。"Text 54"初稿写于1798年，定稿则是在1799年。在定稿前面部分，黑格尔所着力讨论的是，作为"无法则性和无义务性"的爱如何扬弃道德和法律，或者说如何摧毁与爱相对立的领域，如权利、正义以及整个财产等领域。只有如此，人才能处于生命中美的和自由的领域，人自身、人与人、人与自然才能和谐统一。按照这种思路，财产或财产权（Eigentum）作为包括在众多权利中的一种权利，是与爱和全体相对立的东西，当然要被废除和否定。但黑格尔不得不无奈地指出，耶稣关于财产的命令①仅仅是"一种连祷，只有在说教中或者在赋诗中这样说是可以宽恕的，因为这样一种命令对于我们是没有真理性的。财产的命运对我们说来已变成太有威力了，使我们不能忍受不去反思财产，使得废除财产在我们成为不可设想。"② 黑格尔对耶稣财产命令的反思也是对自己思路的批判。这种评论表明黑格尔对财产和财产权的态度已经发生了根本性的转变，即由原来的否定转为不得不承认！黑格尔认识到，财产占有以及与之相关的权利和忧虑等已经给人和德行设定了很多规定性。人与人以及人与

---

① 参见《马太福音》6：20-34。
② 《黑格尔早期著作集》（上卷），第389页；*GW* 2, S. 173。

物的关系更加丰富多样,这表现为与财产有关的法律权利和义务不断增多。财产已经成为全体或生命的一部分,并制约着全体或生命本身。① 值得注意的是,作为《纲要》的"Text 53"虽然也写于 1799 年,但应该早于"Text 54"关于财产部分的写作。因为针对同样的问题,黑格尔在"Text 53"中的回答截然不同,他的看法还停留在之前的阶段:耶稣强调了人作为整体的重要性,整体不要被分散,不要陷入对日常生活所需的忧虑和依赖性;财产、饮食和衣服是部分性的事物和需要,这些东西规定着人,使人在客观上不能过纯粹的生活。②

黑格尔在"Text 55"中已经提到了"灵魂之美"的不幸命运。面对侵害,"灵魂之美"(Schönheit der Seele)主动放弃权利,这一方面保持了自己生命的纯粹,摆脱了世界的命运,而且另一方面也为和解打开了大门。但主动放弃权利的过程也是不断从生活关系中抽离(Abstraktion)或退缩到自身的过程,也是自我毁灭的过程。黑格尔在"Text 59"中不得不承认灵魂之美遭受不幸命运的必然性:本性必然受到破坏,圣洁的东西必然受到玷污,这是"一个美的灵魂最深刻、最圣洁的悲哀,它的最不可理解的哑谜"③。也就是说,在耶稣时代和现代社会,灵魂之美注定是不幸的命运。不但侵害者以及整个现实世界不太可能与他和解,而且现实世界的利益和污浊只会使他不断摒弃各种生活关系,如家庭关系、社会关系、国家关系等,退回到自己,使他无法对现实世界有所改变。放弃生命权,可以认为是摆脱了现实世界的一切命运,但也可以认为是灵魂之美遭受的最不幸的世界命运。因此,从现实世界中抽离或退回到自身的态度,很大程度上决定了耶稣和基督教会的命运。

在讨论耶稣和基督教会注定与现实世界处于分裂的命运时,黑格尔强调,现实世界与神的国之间的对立其实并不存在,财产、财产权和国家都是生命或整体的一个部分,一个巨大方面,不能被废弃。

(三)作为客观之物的私有财产和劳动

在《1800 年体系残篇》(《黑格尔全集》历史考订版第二卷"Text 63"—"Text 64")中,黑格尔初步构建了一种客观观念论,其重要性可与《爱》这个残篇相媲美。在"Text 63"中,黑格尔指出,生命与它所

---

① 《黑格尔早期著作集》(上卷),第 389 页;GW 2, S. 173。
② 《黑格尔早期著作集》(上卷),第 526 页;GW 2, S. 136。
③ 《黑格尔早期著作集》(上卷),第 437 页;GW 2, S. 272 - 273。

要排斥的东西（如法律、私有财产等）要发生关系，要丧失个体性于这些东西中，要与它们结合在一起，这是一种"必然性"。为此，黑格尔提出：生命是结合与非结合的结合，或生命是合题（Synthesis）与反题（Antithesis）的结合。① 在"Text 64"中，黑格尔则指出，在宗教生活中，一方面，人与客观世界之间要保持一种有生命的关系，或者人的行为要使现实客体成为有生命的；另一方面，人在现代社会的命运提醒我们，必须让客观的东西作为客观的东西持续存在着，如私有财产和劳动等，甚至把本身有生命的东西变成客观的东西。② 显然，这与黑格尔在《爱》这个文本中所建构的统一哲学已经大相径庭了。同时，黑格尔还强调，生命本身将重新远离客观的东西，使生命本身从客观的东西中解放出来，让被压抑的东西有它自己的生命和它的重生。③ 显然，这与上面黑格尔对市民社会的重新承认一致，也与他对重商主义和现代异化的批判一致。

很明显，与上一段时期相比，这个时期私有财产和劳动在黑格尔的实践哲学思考中更具主导地位，同时，黑格尔也实现了与现代性在某种程度上的和解。与之相应，黑格尔对私有财产和劳动的重新认识和承认就意味着他要弱化古典共和国理想和行动优先理论。也正是对行动与劳动之间的关系的理解变化中，黑格尔耶拿时期的实践哲学体系才逐步得到调整和确立。

第二节　黑格尔早期劳动思想的重构

在1793—1800年，一方面，受古典共和主义影响，黑格尔在这段时期以亚里士多德的行动/实践优先，这被卢卡奇等人称为"英雄主义"（Heroismus）——它与当时的法国大革命也相关④——同时他也花了很多精力来研究康德关于道德行动的论述。另一方面，黑格尔在这段时期对劳

---

① *GW* 2, S. 344；《黑格尔早期著作集》（上卷），第475页，译文有改动，中译本将"Verbindung der Synthesis und Antithesis"中的"Synthesis"误译为"正题"，而应译为"合题"或"综合"，具体分析参见朱学平《古典与现代的冲突与融合：青年黑格尔思想的形成与演进》，长沙：湖南教育出版社，2010年，第125页以及注释1。
② 《黑格尔早期著作集》（上卷），第477页；*GW* 2, S. 345。
③ 《黑格尔早期著作集》（上卷），第477页；*GW* 2, S. 346。
④ Vgl. Lukács, G., *Der junge Hegel*, Neuwied/Berlin: Hermann Luchterhand Verlag, 1967, S. 93, 97, 108; Krüger, H. - P., *Heroismus und Arbeit in der Entstehung der Hegelschen Philosophie (1793—1806)*, Berlin: De Gruyter, 2014, S. 16.

动则着墨不多。单纯从文本来看，黑格尔以"Arbeit/arbeiten"直接讨论政治经济学意义上的"劳动"的地方不多，他倒是多次用"Arbeit/arbeiten"来指亚里士多德意义上的行动。① 黑格尔在耶拿时期的《论自然法》（"Arbeit, die […] geht […] auf den Tod"）和《法哲学原理》（"Arbeit für das Allgemeine"）中都有类似用法。② 这说明，单纯从"Arbeit/arbeiten"这个主题词来看，它具有经济意义上的劳动与政治和道德意义上的行动双重意义，这类似于斯密关于生产性劳动和非生产性劳动的区分。③ 关于经济意义上的劳动，最关键的地方出自罗森克朗茨的报道："黑格尔有关市民社会的本质，有关需要和劳动，有关劳动分工和各等级职能，警察、济贫制度和赋税等等问题的所有思想终于都在对斯图亚特政治经济学德译本所作的评释内表现出来，这一评释他是从 1799 年 2 月 19 日到 5 月 16 日写成的……黑格尔……反对重商主义中没有生命的东西，因为他力图在竞争中和劳动以及交往的机械过程内拯救人的内心。"④

因为黑格尔对斯图亚特政治经济学的评释丢失了，所以我们无从得知他在这里对劳动的具体看法。卢卡奇对此深感可惜，并批评罗森克朗茨误解了这份评释的情况，他进一步认为，黑格尔劳动思想的根本转折点是在对亚当·斯密的研究过程中出现的，而非出现在对德国经济学的研究和对斯图亚特政治经济学的阅读中。⑤ 尽管如此，卢卡奇仍然强调黑格尔的劳动思想与耶拿时期之前的相关探究密切相关，尤其是实定性思想、财产思想等⑥——这一点与罗森克朗茨的理解并无冲突。哈里斯不同意卢卡奇对罗森克朗茨的批评，他认为可以从这则报道中看出黑格尔有一种要研究经济学的特定意图，而且可以在黑格尔关于犹太教的解释中找到他关于经济生活的看法。⑦ 卢卡奇和哈里斯的阐释都表明，我们可以通过一些方式来

---

① Vgl. *GW* 1, S. 179, 197, 203, 368.
② Vgl. Hegel, *Gesammelte Werke*, Band 4, Hamburg: Felix Meiner Verlag, 1968, S. 455; Hegel, *Werke* 7, Frankfurt am Main: Suhrkamp Verlag, 2017, S. 357.
③ 参见〔英〕亚当·斯密《国民财富的性质和原因的研究》上卷，郭大力、王亚南译，北京：商务印书馆，1983 年，第 303 页。
④ 〔德〕黑格尔：《黑格尔政治著作选》，薛华译，北京：中国法制出版社，2008 年，第 16 页；*GW* 2. S. 621。
⑤ Lukács, G., *Der junge Hegel*, Neuwied/Berlin: Hermann Luchterhand Verlag, 1967, S. 229-230.
⑥ Lukács, G., *Der junge Hegel*, Neuwied/Berlin: Hermann Luchterhand Verlag, 1967, S. 143, 168.
⑦ Cf. Harris, H. S., *Hegel's Development: Toward the Sunlight (1770—1801)*, Oxford: Oxford University Press, 1972, p. 435.

重构黑格尔在1793—1800年这段时期的劳动思想，尤其是借鉴黑格尔在耶拿时期与《法哲学原理》中对劳动思想的系统讨论。

一、黑格尔耶拿时期与《法哲学原理》中的劳动思想

在《论自然法》（1802/1803年）中，伦理整体包括三个环节以及相应的三个体系：①实在体系；②法律体系；③绝对伦理体系。劳动属于第一个体系，它主要是为了满足人的自然需要和享受，因此这个体系又被称为"需要体系"，需要和劳动这个领域正是政治经济学的研究对象。把这个领域作为一个体系，这表明了黑格尔对劳动和政治经济学的重视。[①] 从这里的叙述中，我们可以猜想黑格尔于1799年在评释斯图亚特的政治经济学时对劳动可能作出的分析。体现出行动优先于劳动的地方是黑格尔对三个等级的划分和论述，自由人等级对应着绝对伦理体系，以古典实践行动为特征，即保家卫国，非自由人等级对应着实在体系和法律体系，以需要、劳动、财产、形式法律正义为特征，农民等级作为第三等级的劳动具有总体性和无差异性，在战时可以转化为第一等级的行动。[②] 在《伦理体系》（1802/1803年）中，黑格尔关于三个等级的划分和讨论与《论自然法》中基本一致，因此第一等级的行动仍旧高于后两个等级的劳动。

马克思曾指出，在黑格尔的《精神现象学》那里，劳动的本质是"把对象性的人、现实的因而是真正的人理解为人自己的劳动的结果"[③]。从文本上来看，黑格尔的这种劳动观首先发轫于《伦理体系》，在其第一部分，黑格尔从感觉或直观开始讨论了个人最原始的需要及其满足、劳动和工具、普遍人格的形成、财产和交换等，强调了劳动在人从完全无意识的感觉或动物的阶段形成为有理性的个体的重要作用，强调了劳动、工具和语言的产生等，强调了具体劳动、劳动分工、抽象劳动和劳动异化之间的关系。这些劳动思想继而在1803/1804年《精神哲学》和1805/1806年《精神哲学》中得到了更充分的论述。阿维纳瑞对此有一段精辟的概括：

黑格尔的起点是自然；意识的第一个环节是实现它与自然的分离

[①] 参见颜厥安《暮垂翱翔：法理学与政治思想论文集》，台北：元照出版有限公司，2005年，第21—22页。

[②] 参见〔德〕黑格尔《论自然法》，朱学平译，北京：商务印书馆，2021年，第68—69页。

[③] 《马克思恩格斯文集》第1卷，北京：人民出版社，2009年，第205页。

和区分。这种活动引起了克服这种分离、并把自然纳入个人自身之中的冲动……人要消费对象,黑格尔把这个过程分为三个阶段:(a)需要;(b)需要的克服与实现;(c)满足。通过满足,个体超越了分离,但这种超越只是直接层次上的超越:干掉对象的满足纯粹是感性的和否定性的……财产的出现是人类在更高层次上将自然据为己有的另一尝试,此时,占有自然对象不再是为了否定与毁灭它;相反,现在自然对象保存了下来……占有通过他人的承认而成为财产……财产权不是来自单纯的身体需要,因此它具有人类学意义……黑格尔正是在他的哲学人类学的这个阶段把劳动引入到他的体系中……只有通过劳动,'占有取得的偶然性才被扬弃(aufgehoben)了'……劳动是原始享受的升华……劳动是对于对象的分离之感的间接超越;此外,劳动本质上是主观之物与客观之物的综合之所在。劳动工具促进了这种中介过程,而且正是通过劳动,一个人才被他人所承认。劳动是人和人之间的普遍联系,'劳动是人与人之间的普遍交互作用和教化(Bildung)……是一种相互承认,或是最高的个体性。'……劳动的条件不仅预设了人的实现,而且也预设了人的可能退化。对黑格尔来说,作为在历史中得到实践的劳动具有双重性。一方面,劳动是人的能力与潜能的外化与对象化……另一方面,劳动也创造了阻碍使人自己融入其世界的条件。在黑格尔看来,劳动过程中的异化成分并不是劳动的一个可以矫正或者改革的微不足道的方面:对人类社会结构而言,异化是根本且内在的,异化的不断加剧,构成了现代社会的特征之一。①

这里的叙述表明黑格尔的劳动思想已经比较成熟了,与《精神现象学》和《法哲学原理》中的相关思想很接近了。在《法哲学原理》中,黑格尔把通过劳动而完成的需要体系作为市民社会的第一个环节,并把劳动规定为对自然所提供的材料进行加工和造形的活动,比如农民等级的劳动,这是最基本和最简单的劳动,它具有手段性特征,即以满足各种需要为目的。但劳动还具有教化意义,即劳动本身对人的自我意识和精神具有至关重要的作用,劳动与传统政治行动的关系在某些历史时刻会出现颠倒。通过这种辩证法,劳动除了具有特殊性、抽象性和机械性外,它也同

---

① 〔以〕阿维纳瑞:《黑格尔的现代国家理论》,朱学平、王兴赛译,北京:知识产权出版社,2016年,第108—111页。

时具有普遍性和客观性。在现代社会，劳动的复杂性尤其体现在产业等级的各种劳动中。

这里展现了黑格尔关于需要、自然、财产、劳动、异化的系统性论述，以此为参照，我们可以在黑格尔1793—1800年这段时期关于需要、财产、自然、异化等方面的零散叙述中来重构他这段时期的劳动思想。

二、黑格尔早期劳动思想重构

（一）需要与劳动

劳动直接与人的需要相关，因此本部分首先讨论黑格尔早期文本中关于需要的论述以及可能对其劳动思想的影响。通过文本检索"Bedürfnis"（需要），我们可以发现，黑格尔早期讨论的多是"精神的需要"和"理性的需要"，而仅有几处涉及政治经济学意义上的需要。除了上述罗森克朗茨关于黑格尔评释斯图亚特的政治经济学的报道之外，其中值得注意的是黑格尔在《图宾根残篇》（1792/1793年）中对经济活动和需要的讨论。黑格尔在这个文本中所构建的人民宗教的第三个要素是它"必须与生活的一切需要结合起来，必须与公众的政治行为（die öffentlichen Staatshandlungen）结合起来"①。生活的一切需要无疑包括经济需要，劳动与此有关，公共的政治行动就是亚里士多德所谓的实践，因此这里涉及劳动和行动的关系。在后面的具体阐述中，黑格尔明确讨论了人民宗教与政治行动的关系，表明他对行动/实践的重视。关于劳动，他在几句话中作了暗示："他被一条轻盈的纽带（Band）拉向大地（尘世）并固着于此……这条纽带以各种需要（Bedürfnisse）为其粗俗的基础。"② "世间需要的坚强纽带（das eherne Band der Bedürfnisse）把他束缚在地上了，可是他通过他的情感、他的幻想对这种条件给予那样的加工、洗练、美化，凭借优美女神的助力以玫瑰花环围绕着自己，以致他在这种束缚里感到舒展自如。"③ 黑格尔在这几段话的初稿中明确提到了劳动，在定稿中却删掉了："这个天才的父亲是幸运的，为了给他的儿子提供好的生活，使其免受过多苦难但

---

① 《黑格尔早期著作集》（上卷），第91页；GW 1，S. 114。
② GW 1，S. 111，中译文引自朱学平《古典与现代的冲突与融合：青年黑格尔思想的形成与演进》，长沙：湖南教育出版社，2010年，第11页。
③ 《黑格尔早期著作集》（上卷），第91页。

也并非完全不用劳动（Arbeit），他好好经营。"① 这里表明，黑格尔此时对需要的讨论是与劳动紧密相关的。

对于上面几段话，尚莱作了两种解释。其一，黑格尔可能是受到席勒的影响，席勒在《审美教育书简》中提到了"需要的坚强纽带"以及"自然纽带"（Bande des Physischen）："与《审美教育书简》类似，黑格尔通过引用希腊世界的图景来描述经济生活的形式。"② 其二，黑格尔可能是受到洛克的影响。在洛克那里，因为人格得以可能的条件是自由主体，即能够自由使用或运用理性，所以人格的行动或劳动在根本上就是自由的。③ 尚莱认为，黑格尔在这里吸收了洛克的这种自由劳动观："劳动者创造的，不仅仅是满足各种需要的财富，更是在需要满足后的自我本性的发展……人类的目标是处在自我表达（extériorisation）之中……缺少自由的氛围，人类无法自我表达，他们会异化，会疏离自己的本来面目。"④ 尚莱就此认为，在前引的那一段话中，黑格尔对"需要""人类本性"等的叙述更主要受洛克的影响，并已经表达了劳动以及经济异化的思想。受尚莱影响，伯纳德·卡伦（Bernard Cullen）也持类似看法。⑤

一方面，尽管黑格尔这里的叙述确实如尚莱所分析的那样与洛克的自由劳动观类似，或许黑格尔也确实吸收了洛克的相关思想，但对此不应夸大，因为黑格尔这里说的是古希腊人，即古希腊城邦的自由公民，因此他这里所谓的劳动的原型更可能是亚里士多德意义上的行动/实践，而与现代政治经济学意义上的劳动不同。而且尚莱和卡伦所依赖的文献依据是罗森克朗茨关于黑格尔在图宾根时期做过关于洛克的研究性笔记的报道，但在《黑格尔全集》历史考订版前三卷中我们并未发现黑格尔对洛克《政府论》的相关摘录，根据《黑格尔全集》历史考订版，黑格尔1787年的一则摘录《哲学。一般概况》中提到过洛克⑥，1794年的《心理学和超验哲学手稿》中的一段话也涉及洛克⑦，但这两处都与洛克的《政府论》无

---

① *GW* 1, S. 113.
② Paul Chamley, "Les origines de La pensée économique de Hegel", in *Hegel-Studien Bd.* 3, 1963, S. 226. 中译文来自周子渊，下不赘述。
③ 参见〔英〕詹姆斯·塔利《论财产权：约翰洛克和他的对手》，王涛译，北京：商务印书馆，2014年，第143—145页。
④ Paul Chamley, "Les origines de La pensée économique de Hegel", in *Hegel-Studien Bd.* 3, 1963, S. 226 - 227.
⑤ Bernard Cullen, *Hegel's Social and Political Thought: An Introduction*, Dublin: Gill and Macmillan Ltd. 1979, p. 16.
⑥ *GW* 3, S. 117.
⑦ *GW* 1, S. 184.

关。罗森克朗茨所提到的材料或许已经遗失，因此尚莱和卡伦的联系在文献上有比较强的推断性。另一方面，因为席勒的《审美教育书简》是自1794年及以后在《季节女神》（Horen）上陆续发表的，黑格尔此时不可能读到这些书简，而且他在1795年4月16日给谢林的书信中才提到《审美教育书简》①，因此他此时也不可能是受席勒这部著作的影响。但鉴于黑格尔对古典思想的熟悉和喜欢，他在这里应该主要是受古希腊方面文献的影响，这也说明黑格尔此时对需要和劳动的理解囿于古典思想。

（二）自然与劳动

尚莱在上面所引的文章中指出："经济学的辩证法建立在人和自然（homme et nature）这两个抽象术语之间。"② 彼得·特拉夫尼（Peter Trawny）也强调："请您们首先要注意：劳动表现为人和自然之间的交接点。"③ 根据上文所述，黑格尔在耶拿时期的《精神哲学》手稿中已从人与自然的关系上来讨论劳动，但黑格尔最早是在《伦理体系》中展开这些论述的，在自然伦理的感觉部分的第一个阶段，人处于自然状态或动物状态，"需要和满足是直接同一的……主体和客体还完全没有分离，也没有劳动"④。在第二个阶段，意识把需要普遍化，主体和客体出现了分离，劳动作为主体和客体的中介就由此产生。⑤ 从客体方面来看，劳动意味着人作为主体对自然作为客体的规定，是人的对象化和自然的人化，或者说劳动"消除客体原来的形式"；从主体方面看，客体或自然是一般，对主体进行规定，主体通过劳动在被规定的过程中与自然达到同一。⑥

鉴于劳动直接涉及人与自然的关系，我们可以从黑格尔1792—1800年这段时间关于人与自然的关系的论述来重构其劳动思想。黑格尔在这段时期关于人与自然关系的论述集中出现在他在法兰克福时期对犹太人的精

---

① Vgl. *Briefe von und an Hegel*, Band 1. Hrsg. Hoffmeister J. Hamburg: Felix Meiner, 1952, S. 25, 437.
② Paul Chamley, "Les origines de La pensée économique de Hegel", in *Hegel-Studien Bd.* 3, 1963, S. 227.
③ Peter Trawny, *Der frühe Marx und die Revolution*, Frankfurt am Main: Vittorio Klostermann, 2018, S. 102.
④ 朱学平：《古典与现代的冲突与融合：青年黑格尔思想的形成与演进》，长沙：湖南教育出版社，2010年，第187页。
⑤ 参见朱学平《古典与现代的冲突与融合：青年黑格尔思想的形成与演进》，长沙：湖南教育出版社，2010年，第188页。
⑥ 参见朱学平《古典与现代的冲突与融合：青年黑格尔思想的形成与演进》，长沙：湖南教育出版社，2010年，第189页。

神的探讨中。黑格尔虽然在《创世记》中追溯犹太人的精神,但他并没有提及人类从伊甸园中的自然状态到被逐出伊甸园后的劳动状态的转变,而是以挪亚时代的洪水来讨论人与自然和谐统一的状态向征服自然的状态的转变。

洪水引起人对自然的不相信、分裂和对抗,之前人与自然和谐统一的自然状态不再存在,人为了存在下去,"自然必须被征服"①。挪亚是在理念上征服自然,上帝作为挪亚"思想中的理想"支配现实存在的一切东西,挪亚在与上帝的立约中实现了对自然的支配和统一。与此相反,宁录则是要在现实中实现对自然和一切事物的支配。② 作为犹太人的祖先的亚伯拉罕在对待自然的态度上继承的不是宁录,而是挪亚,即通过崇拜作为"思想中的理想"的上帝来征服自然和保持独立性。③ 犹太人自我保存的统一性与自然多样性之间的紧张关系决定了他们的悲苦命运。

在黑格尔看来,挪亚、宁录、亚伯拉罕以及后来的犹太人都没有与自然达成和解,而仅仅把与自然的敌对性永恒化了。人与自然的关系实际上就是主体与客体的关系。黑格尔把独立的主体性看成人与自然分裂并征服自然的根源。征服自然的活动并不当然意味着劳动,甚至更多与政治行动相关,但无疑也包含了劳动,也就是说,劳动也已蕴含在主体与客体这种结构中了。虽然黑格尔很少提及劳动,但其中已经蕴含了劳动作为主体的对象化这种观念,劳动既是人与自然的分裂的一种表现,也是征服自然和克服与自然的分裂的一种手段。在犹太人的悲苦命运中,存在着主体和客体的辩证法:一方面,上帝作为主体的对象化反过来成了人的主体,人成了客体,另一方面,人对自然客体的征服同时也导致了人对自然客体的依赖,这就是犹太人的被动性和拜物教的根源。④ 劳动由此也就成了一种奴隶劳动、异化劳动。值得注意的是,在讨论挪亚、宁录和亚伯拉罕时,黑格尔都提到了古希腊人与自然和解的例子,这说明,与上面关于需要的分析类似,黑格尔此时仍执念于古希腊式的审美活动和自由的政治行动,还没有从现代政治经济学上去理解劳动的积极意义。

(三)财产与劳动

财产与劳动之间的关系既是经济学的主题也是政治哲学的主要话题。

---

① *GW* 2, S. 332.
② 《黑格尔早期著作集》(上卷),第 354 页。
③ 《黑格尔早期著作集》(上卷),第 355 页。
④ 《黑格尔早期著作集》(上卷),第 360—361 页。

正如上述，洛克阐发了一种以自由人格为基础的劳动财产观："只要他使任何东西脱离自然所提供的和那个东西所处的状态，他就已经掺进他的劳动，在这上面参加他自己所有的某些东西，因而使它成为他的财产。"①比如在土地问题上，"一个人能耕耘、播种、改良、栽培多少土地和能用多少土地的产品，这多少土地就是他的财产"②。由此，财产权就如生命权一样是一种自然权利。与之不同，康德反对洛克的这种劳动财产观，针对土地问题，他明确提到："对于一块土地的最初耕作、划界，或者一般来说，对于它的形塑，无法为其取得提供任何权原。"③康德基于先验哲学立场强调，财产权来自在符合一种普遍法则基础上为所有人所享有的选择自由权，后者要求占有和使用他选择的对象，感性的占有或自然意义上的占有以及智思的占有或法律上的占有成为财产和财产权得以可能的条件。④虽然洛克和康德对财产权的论证和对劳动的理解不同，但两人都对现代财产、财产权和劳动持肯定态度。

　　黑格尔早期对财产多有论述，但劳动和财产的联系尚未处于黑格尔当时的思考范围。⑤而且，虽然黑格尔在洛克和康德之后，但他早期对财产的态度并非直接沿袭他们对财产的肯定态度，而是发生过一些变化。正如上一节所述，黑格尔在1793—1800年这段时期对财产的态度从总体上表现为从肯定到否定，最后再予以重新肯定。在1793—1795年，黑格尔主要站在康德立场上肯定现代财产权原则，反对基督教的财产公有原则，反对教会侵犯公民财产权，只是他此时的财产思想主要是为其宗教批判服务的，而非基于对现代原则的完全接受。虽然在涉及现代财产权的地方，黑格尔并未提及劳动，但可以推断他对劳动也是肯定的。在1796—1799年，黑格尔显然偏向了古希腊的财产观念，即基于财产会破坏公民的平等而要求限制财产。黑格尔对现代财产原则及其私利精神进行批判，甚至提出废除私有财产的想法，这与同样受古希腊罗马思想影响很深的卢梭的财产观类似。当然在论证方面与卢梭不同的是，黑格尔是在统一哲学和生命哲学

---

① 〔英〕洛克：《政府论》（下篇），叶启芳、瞿菊农译，北京：商务印书馆，2004年，第18页。

② 〔英〕洛克：《政府论》（下篇），叶启芳、瞿菊农译，北京：商务印书馆，2004年，第21页。

③ 〔德〕康德：《道德底形上学》，李明辉译注，台北：联经出版事业股份有限公司，2015年，第101页。

④ 参见〔德〕康德《道德底形上学》，李明辉译注，台北：联经出版事业股份有限公司，2015年，第68、85—86页。

⑤ Lukács, G., *Der junge Hegel*, Neuwied/Berlin：Hermann Luchterhand Verlag, 1967, S. 168.

体系中来论证对私有财产的废除，即私有财产作为与爱、生命和统一相对立的分离环节，必须被完全废弃。① 既然作为个体性和独立性的私有财产要被否定，那么作为主体对象化以及财产前提的劳动当然就不可能得到黑格尔此时的积极评价。

在 1799—1800 年，基于对斯图亚特政治经济学的阅读以及对耶稣和基督教教会命运的反思，黑格尔认识到了财产在现代社会中的巨大威力，私有财产构成了现代人的命运，废除私有财产由此也就是不可能的。财产、财产权和国家都是生命或整体的一个部分、一个巨大方面，不能被废弃，财产作为客观的东西要持续存在。② 对私有财产的这种认识和肯定无疑使黑格尔进一步去思考劳动以及财产和劳动的联系。黑格尔在《1800年体系残篇》中进一步对这一点作了哲学的分析，黑格尔哲学此时的新原则是，生命是统一与非统一的统一，或生命是合题与反题的统一。③ 财产作为客体或对象就是非统一或反题："有必要也使生命与对象处于持久的关系中，并且保持那些对象的客观性直到完全把它们消灭掉……享有财产是他的必然的命运，他的命运是有必然性的，并且是不能被剥夺的。"④ 在这个前提下，黑格尔晦涩地提到，人们可以"放弃他的财产的一部分作为献礼"，献礼或牺牲（Opfer）作为对某些财产或客体的消灭（Vernichtung der Objekte）。⑤卢卡奇认为，黑格尔在写作《1800 年体系残篇》之前很可能研究了斯密的经济学，这种神秘的宗教用语被卢卡奇解释为黑格尔《伦理体系》中的劳动概念的先兆⑥，即"客体的或直观的消灭……这种消灭是劳动"⑦。这里其实是指劳动对客体的一种改造或形塑。卢卡奇也由此推断："合目的性和劳动的关联从现在起一般是黑格尔辩证法的根本思想……劳动观念（在耶拿《伦理体系》中，劳动将是黑格尔的社会观点的根本范畴）已经出现在法兰克福时期的《体系残篇》丢失的部分中了。"⑧ 因此，对英国古典政治经济学的吸收使得黑格尔把现代

---

① 参见《黑格尔早期著作集》（上卷），第 499—500 页。
② 《黑格尔早期著作集》（上卷），第 389 页。
③ 参见朱学平《古典与现代的冲突与融合：青年黑格尔思想的形成与演进》，长沙：湖南教育出版社，2010 年，第 124—125 页。
④ 《黑格尔早期著作集》（上卷），贺麟等译，第 477 页。
⑤ GW 2, 346.
⑥ Vgl. Lukács, G., *Der junge Hegel*, Neuwied/Berlin: Hermann Luchterhand Verlag, 1967, S. 233.
⑦ 〔德〕黑格尔：《伦理体系》，王志宏译，北京：人民出版社，2020 年，第 9 页。
⑧ Lukács, G., *Der junge Hegel*, Neuwied/Berlin: Hermann Luchterhand Verlag, 1967, S. 233.

社会的财产和劳动放入到他的实践哲学思考中,这最终使黑格尔偏离古典实践哲学和古典城邦理想。①

(四) 异化与劳动

罗森克朗茨关于黑格尔对斯图亚特政治经济学的评释的报道也表明,虽然现代财产和劳动原则在根本上得到了黑格尔的肯定,然而他对财产和劳动中蕴含的异化的东西仍旧敏感,这有赖于黑格尔之前对实定性的深入探究。② 正如前述,实定性概念是黑格尔伯尔尼时期哲学和历史方面的核心概念,它的含义在法兰克福时期经过变化,并在耶拿时期被"外化"(Entäusserung) 或"异化"(Entfremdung) 概念所替代。③

在黑格尔早期的文本中,实定性作为一种属性,其所依附的实体包括宗教、法律、道德、经济和政治等各个方面。正如前面章节所述,在1793—1800年,实定性主要意味着客体性(Objektivität),与主体性(Subjektivität) 相对。在这段时期,他对实定性的理解也可分为几个阶段:在1793—1795年,实定性意味着外在性和他律,与内在性和自律相对;在1795—1799年,实定性意味着分裂性,即人自身的分裂、人与人之间的分裂、人与自然之间的分裂以及人与神之间的分裂,其中最根本的是主体和客体的分裂,与统一性相对,在这两个阶段,实定性都要被取消;在1799—1800年,实定性意味着历史必然性,它只能在某种程度上得到克服,而不能被消灭。④ 政治经济学意义上的劳动虽然是作为主体的人的一种活动,但它在黑格尔那里大多数时候主要不是自由的,而是受强制的、外在的、奴役的、分裂的,人的自由的活动主要体现在公民的政治行动和道德行动上,这无疑受到了古希腊实践哲学模式的影响。

黑格尔早期与劳动有关的异化的讨论,典型地体现在他对犹太人宗教、信仰、律法、政治和经济等方面的实定性的批判中。在1793—1799年,黑格尔一贯地批判犹太人为"无生命的机器""机械的奴隶""对于国家完全没有积极的兴趣""对物质的依赖和一种动物的存在"等,这些

---

① Vgl. Otto Pöggeler, "Hegels praktische Philosophie in Frankfurt", in *Hegel-Studien*, Bd. 9, 1974, S. 95 – 97.

② Vgl. Lukács, G., *Der junge Hegel*, Neuwied/Berlin: Hermann Luchterhand Verlag, 1967, S. 229.

③ Lukács, G., *Der junge Hegel*, Neuwied/Berlin: Hermann Luchterhand Verlag, 1967, S. 115, 393.

④ 具体参见第三章。

方面体现了犹太人的客体性。在法兰克福时期，黑格尔还从人与自然的分裂、人与神的分裂等方面批判犹太人的主体性，这种主体性最终也导致了客体性。显然，黑格尔对犹太人实定性和客体性的批判与罗森克朗茨的报道中所提到的"劳动的机械性"极为类似。同时，如上面所述，劳动既是人与自然分裂的产物，也是克服人与自然分裂、实现人与自然统一的手段，但黑格尔一开始并不认为犹太人式的征服自然的各种活动（包括劳动）能真正实现人与自然的和谐统一，他所设想的理想手段仍是古希腊人的做法。

因此，虽然劳动体现的是人的主体性，但黑格尔在1799年之前侧重的是其客体性。只有在承认了实定性的历史必然性和客观性之后，黑格尔才能积极评价劳动的主体性方面，即劳动作为主体和客体的中介、劳动在人格形成中的重要作用以及通过劳动而得以可能的需要体系等。同时，之前的实定性批判使黑格尔对劳动的客体性方面的消极性保持谨慎，这就成为黑格尔耶拿时期劳动异化思想的先声。

小　　结

综上所述，对于私有财产，黑格尔早期从总体上表现出从肯定到否定，最后再重新予以肯定的复杂态度。在伯尔尼初期和中期，黑格尔主要在康德道德哲学基础上批判基督教会对公民财产权和公共财产的侵犯。到了伯尔尼后期，在古典共和国理想、行动（实践）优先理论和统一哲学影响下，黑格尔转而表现出对私有财产以及作为其基础的劳动的批判和否定。这种否定态度在法兰克福初期和中期是主旋律。在法兰克福末期，经过对斯图亚特政治经济学的研究以及对耶稣和基督教命运的反思，黑格尔最终不得不重新肯定现代私有财产和劳动的正当性，确认私有财产和劳动的必然性，由此弱化了行动优先理论。这种态度对黑格尔的实践哲学的建构有重要影响。很明显，这种肯定与伯尔尼初期和中期的肯定也已经不同了。在某种意义上，这种肯定—否定—重新肯定类似于一种正、反、合的思维模式。在最后的肯定中，内容已经比最初的肯定更加丰富了。

从西方近代政治哲学史角度来看，黑格尔在伯尔尼初期和中期的财产思想类似于洛克等古典自由主义者，即从自然权利等角度肯定私有财产或财产权在现代社会中的地位和重要性。当然，黑格尔此时的逻辑其实更符合启蒙运动以来的宗教批判思路。在伯尔尼后期与法兰克福初期和中期，

第四章　私有财产和劳动的现代命运

黑格尔的私有财产思想更类似于卢梭，即从古典实践哲学角度批判私有财产和劳动，并希望复兴古希腊和罗马共和国时期的政治自由和行动。在某种程度上，黑格尔此时的财产思想也类似于其后的马克思主义和共产主义思潮，即通过废除私有财产来克服现代性的异化，并实现一种没有异化和不平等的理想社会。但在法兰克福末期，认识到私有财产和劳动在现代社会的威力，认识到私有财产和劳动构成了现代人的命运之后，黑格尔最终放弃了之前要求废除私有财产的思想，并转而肯定和承认私有财产和劳动的必然性，同时探求通过其他方式维持行动的重要性和克服私有财产的消极性。

在西方文化传统中，关于劳动，存在着神话叙事和神学叙事等方式。在古希腊神话中，劳动被看作宙斯的一种惩罚，即人类因普罗米修斯在主持祭品分配中使用计策招致的代价而必须承受的惩罚。[①] 在《圣经》中，劳动表现为上帝对人类触犯原罪后的惩罚和诅咒。[②] 虽然黑格尔早期也在古希腊传统和基督教传统中来讨论与劳动相关的问题，但他所采纳的显然不是神话叙事和神学叙事。以黑格尔在成熟时期关于需要、自然、财产和异化的系统性论述为参照，黑格尔在1793—1800年这段时期的劳动思想可做简单的重构。

首先，黑格尔早期关于"需要的坚强纽带"的叙述意味着他很早已经注意到了自由劳动与异化劳动的区分，不过他此时囿于古典理念而无法真正认识现代政治经济学意义上的需要和劳动，对它们的理解比较狭窄。

其次，黑格尔关于人与自然的分离以及人对自然的征服的讨论涉及主体和客体以及作为二者中介的劳动。人与自然的主客辩证法涉及黑格尔在耶拿手稿中所提到的需要、需要的克服与实现、满足，同时也隐含了劳动作为主体的对象化活动这种理解，但他此时关注的显然是人的主体性造成的分裂、主体的客体化和客体的主体化，而没有意识到这种分裂以及劳动作为主体和客体的中介的积极意义。在这种主客辩证法中，财产和异化与劳动的关系问题也得到了呈现。

再次，黑格尔早期对财产大多持否定态度，或者是基于道德原因，或者是基于古典共和主义理想，或者是基于统一哲学。最终改变这种财产思

---

① 参见〔法〕让-皮埃尔·韦尔南《神话与政治之间》，余中先译，北京：生活·读书·新知三联书店，2005年，第310页。
② Peter Trawny, *Der frühe Marx und die Revolution*, Frankfurt am Main: Vittorio Klostermann, 2018, S. 102.

想的无疑是斯图亚特政治经济学的影响和其哲学构想的变化,具有客体性的私有财产和劳动作为现代的必然部分不能被废除,私有财产的部分消灭则与黑格尔耶拿时期的劳动概念直接相关,财产和劳动的关系成为黑格尔实践哲学建构中的重要问题。

最后,黑格尔早期的实定性批判为其后来的劳动异化思想作了铺垫。实定性首先意味着客体性,与主体性相对,劳动本身包含这两种对立的属性。黑格尔早期侧重批判劳动的客体性,这与后来他所批判的异化劳动的机械性和无生命性直接相关。只是在其承认了实定性的现代必然性之后,黑格尔才积极评价劳动的主体性方面,并预示着他后来的行动与劳动辩证法。

值得指出的是,尽管劳动在黑格尔后来的实践哲学体系建构中扮演着重要的角色,甚至出现了劳动与行动的颠倒,但从《法哲学原理》来看,与亚当·斯密与马克思所强调的生产性劳动(以及资本)在经济体系和国家体系中的角色不同,黑格尔的劳动仍旧囿于市民社会之中,在其上仍存在着传统的政治行动或者非生产性劳动。由此,劳动不仅是我们窥察黑格尔实践哲学体系建构过程的一个重要概念,也是帮助我们窥察德国实践哲学和马克思实践哲学发展变化的一个重要主题。

第五章 两种自由基础上的国家观变迁

众所周知,"国家"是黑格尔终生感兴趣和关切的问题,他的国家理论也是其思想中争议最大、被误解和被诟病最多的地方。对此,有学者总结道:"诋之者,从黑格尔同时代的弗里斯(J. Fries),到其后的海谋(R. Haym),一直到20世纪波普尔(K. Popper)、波比奥(N. Bobbio)等人,将黑格尔视为自由主义的大敌,斥之为'保守主义者''国家主义者''极权主义者',甚至是纳粹主义和法西斯主义的先驱,如此等等,不一而足;反之,从19世纪的罗森克兰茨(K. Rosenkranz),到20世纪的一大批学者,如英美学界的诺克斯(T. M. Knox)和佩尔岑斯基(Z. A. Pelczynski)和德国的里特尔(J. Ritter)和伊尔廷(K.–H. Ilting)、意大利的洛苏尔多(D. Losurdo)等,都试图为黑格尔正名,力主黑格尔并非自由主义的对手和敌人,其政治思想合乎西方自由主义的主流意识形态,在某些方面甚至比自由主义还要自由主义。"① 与这段文字中所提到的"陷入"黑格尔国家思想争论的一长串学者的名字相比,我们更熟悉的是马克思,他自称的"第一部著作"就是对黑格尔的国家哲学的批判。而且颇有意思的是,与马克思的思想被区分为"青年马克思"和"老年马克思"类似,随着后人对黑格尔早期作品的不断整理发表,不少学者认为也可以把黑格尔的思想划分为"青年黑格尔"与"老年黑格尔"——不同于黑格尔去世后出现的"青年黑格尔派"与"老年黑格尔派"。不论老年黑格尔是否如一些论者所称的是"保守主义者"和"国家主义者",青年黑格尔相比明显要"激进"和"革命"得多。不论这种划分是否符合黑格尔自身思想的变化,我们在研究黑格尔国家思想时都应该考虑到这种差别,同样也要重新评价马克思对黑格尔的国家思想的批判。这应该就是我们研究黑格尔早期国家思想的理论意义之一。

---

① 〔以〕阿维纳瑞:《黑格尔的现代国家理论》,朱学平、王兴赛译,北京:知识产权出版社,2016年,"译后记",第328页。对此也可参看薛华《谈谈黑格尔的几篇政治著作》,载〔德〕黑格尔《黑格尔政治著作选》,薛华译,北京:中国法制出版社,2008年,"译者序",第1—5页。

正如第一章所言，黑格尔一生处于欧洲不断革命、战争与改革的时期，他先后经历了法国大革命的爆发、神圣罗马帝国的消亡、德法战争、普鲁士的失败以及普鲁士的改革与复辟等。简言之，在18世纪末期至19世纪初期，英国与法国这两个民族国家经过工业革命与政治革命得到前所未有的发展，德意志则处于以神圣罗马帝国为装饰的分崩离析状态，德意志尚未成为一个民族国家，或者如黑格尔在1799—1803年所写的《德国宪制》中所言："德国已不再是个国家（Deutschland ist kein Staat mehr）。"① 耶拿战役（1806年）之后，德意志进入了解放战争时期，也是改革时期（1806—1813年），之后则是复辟时期（1815—1820年），政治保守势力开始统治德意志。可以说黑格尔所处的时代是一段动荡的时期。这些事件都对黑格尔的国家思想产生了重要影响。黑格尔希望解决的问题一直是"如何从人类历史和世界精神的发展出发，寻求德国的统一复兴之路，并将它奠立在一个坚实的精神基础之上"②。毋庸置疑，黑格尔成熟的国家思想体现在《哲学科学全书》《法哲学原理》与《历史哲学》中，但他从青年时期就开始思考国家相关问题，这为其成熟的国家哲学体系奠定了基础。我们甚至可以说，黑格尔在早期及以后对实践问题的讨论在某种程度上就是围绕"国家"展开的，所以阿维纳瑞用《黑格尔的现代国家理论》来总括黑格尔整个一生的政治实践思想也是恰当的。

在黑格尔成熟的法哲学体系中，国家处于"精神哲学"的"客观精神"阶段。③ 黑格尔说："法的基地一般说来是精神的东西，它的确定地位和出发点是意志。"④ 因此国家也是精神性的东西。在黑格尔的法哲学体系中，精神、意志分别经历了"抽象法""道德"与"伦理"等阶段，在"伦理"中，家庭是自然的伦理，市民社会是相对的伦理，国家是绝对的伦理。因此，国家是"精神"或"精神自由"的最后实现："国家是伦理理念的现实（die Wirklichkeit der sittlichen Ideen）——是作为显示出来

---

① 〔德〕黑格尔：《黑格尔政治著作选》，薛华译，北京：中国法制出版社，2008年，第19页；Hegel, *Gesammelte Werke*, Band 5, Hamburg: Felix Meiner Verlag, 1998, S.161.
② 朱学平：《古典与现代冲突与融合：青年黑格尔思想的形成与演进》，长沙：湖南教育出版社，2010年，第5页。
③ 〔德〕黑格尔：《哲学科学全书纲要》，薛华译，上海：上海人民出版社，2002年，第295—317页。
④ 〔德〕黑格尔：《法哲学原理》，范扬、张企泰译，北京：商务印书馆，2018年，第12页。

第五章　两种自由基础上的国家观变迁

的、自知的实体性意志的伦理精神（der sittliche Geist）。"① 其中最容易引起争议的是黑格尔的如下说法："正是神在世间的道路，就有了国家（es ist der Gang Gottes in der Welt, daß der Staat ist）。"② 很多人据此认为黑格尔主张"威权主义的……政府形式"③。根据阿维纳瑞的研究，这句话有不同的英译，比如"The State is the march of God through the world"④（国家是神通过世界的征程），"The existence of the State is the presence of God upon earth"⑤（国家是神临于尘世），或者"The march of God in the world, that is what the state is"⑥（神在世间的征程，即为国家之所是）。对此，阿维纳瑞认为这些英译都存在问题，正确的应是考夫曼的如下翻译："It is the way of God in the world, that there should be [literally: is] the state"⑦（正是神在世间的道路，就会有［直译：有了］国家）。根据这种翻译，阿维纳瑞认为，黑格尔想说的不是"国家是'神'在世上的'征程'"，或任何诸如此类的东西，"而是国家的存在本身就是神圣安排的一部分，而不仅仅是任意的人为之物"。⑧ 黑格尔强调，作为伦理实体的国家，其目的是普遍的利益本身，但它并不拒斥特殊利益——这些特殊利益体现在市民社会中，而是把这些特殊利益包含进来，只是要确保伦理国家的普遍原则不会被市民社会的特殊原则所取代。在这种国家理念基础上，黑格尔提出了一套立宪君主制设计。

---

① 〔德〕黑格尔：《法哲学原理》，范扬、张企泰译，北京：商务印书馆，2018年，第288页；Hegel, *Werke* 7, Frankfurt am Main: Suhrkamp, 1989, S. 398。

② Hegel, *Werke* 7, Frankfurt am Main: Suhrkamp, 1989, S. 403. 中译文参见〔德〕黑格尔《法哲学原理》，范扬、张企泰译，北京：商务印书馆，2018年，第294页，译文有改动。

③ 〔以〕阿维纳瑞：《黑格尔的现代国家理论》，朱学平、王兴赛译，北京：知识产权出版社，2016年，第224页。

④ Hegel, *Selections*, ed. J. Loewenber, New York: Charles Scribner's Son, 1929, p. 443；转引自 Avineri, S., *Hegel's Theory of the Modern State*, Cambridge: Cambridge University Press, 1972, p. 176。

⑤ E. F. Carritt, "Hegel and Prussianism", in *Hegel's Political Philosophy*, ed. Kaufmann, W., New York: Atherton Press, 1970, p. 36；转引自 Avineri, S., *Hegel's Theory of the Modern State*, Cambridge: Cambridge University Press, 1972, p. 176。

⑥ Hegel, *Philosophy of Right*, trans. T. M. Knox, Oxford: Clarendon Press, 1942, p. 279；转引自 Avineri, S., *Hegel's Theory of the Modern State*, Cambridge: Cambridge University Press, 1972, p. 176。

⑦ *Hegel's Political Philosophy*, ed. Kaufmann, W., New York: Atherton Press, 1970, p. 279；转引自 Avineri, S., *Hegel's Theory of the Modern State*, Cambridge: Cambridge University Press, 1972, p. 177。

⑧ 〔以〕阿维纳瑞：《黑格尔的现代国家理论》，朱学平、王兴赛译，北京：知识产权出版社，2016年，第225页。

上面是黑格尔成熟的伦理国家思想的基本内容，我们正是要在这种伦理国家思想视域下来研究他早期的国家思想。从总体上说，黑格尔早期关于国家的思想交织着对古代人的自由与现代人的自由以及相应的古代城邦和共和国与现代国家的不同态度，并发生了比较复杂的变化。正如前面章节所述，黑格尔早期以古代城邦和共和国为理想，因此无疑黑格尔坚持的是古代人的自由基础上的古典共和主义国家观。在这种古代城邦和共和国中，以实践优先，最重要的是政治行动和道德行动。黑格尔早期把古代人的自由与现代人的自由混杂在一起，并试图在康德实践哲学所阐发的现代人的自由基础上重建古代人的自由和共和国，由此黑格尔早期的国家观就呈现了一种比较复杂的情况。

第一节　黑格尔学生时期对古典共和国和现代国家的关注

一、对古典共和国和现代国家的最初兴趣

黑格尔在斯图加特中学时期就对历史和历史哲学有浓厚兴趣，这塑造着黑格尔的政治观念。在"真实历史"中，政治事件、政治变化和宪制被黑格尔赋予了关键位置，他一生偏爱政治，可追溯至此。在他 1785 年制作的《各种主题定义集》(*Definitionen von allerhand Gegenständen*) 中，"国家"(Staaten) 的定义摘自西塞罗 (Cicero) 的《国家篇》第六卷第十三节："concilia coetusque hominum, jure sociati"，即"人类的结合和汇集，社会的法（或正义）"。① 这个定义所表达的是以公共性与正义为核心的古典共和主义理念。在《法哲学原理》中，他仍流露出这种思想的痕迹："成为国家是单个人的最高义务……结合（Vereinigung）本身是真实的内容和目的，而人是被规定着过普遍生活的。"② 同时，在以罗马"后三头执政"为背景写作的《三巨头对话》中，黑格尔表达了对古代人的自由、爱国心的爱慕，以及对贪婪、纵欲、残酷专制的憎恨。他借屋大维

---

① *GW* 3, S. 205. 王焕生译为："按照法结合来……人们的汇聚与联合"，参见〔古罗马〕西塞罗《论共和国》，王焕生译，上海：上海人民出版社，2006 年，第 335 页。相应的英译，比如"those assemblies and councils of men associated by law"，see Cicero, *Republic of Cicero*, trans. G. W. Featherstonhaugh, New York: G. &C. Carvill, 1829, p. 140。

② 〔德〕黑格尔：《法哲学原理》，范扬、张企泰译，北京：商务印书馆，1961 年，第 253—254 页。

之口强调，自由的人不会轻易地服从专制统治。① 这些都表现出黑格尔对以古代人的自由为基础的古典共和主义理念的倾心，把古希腊城邦和古罗马共和国作为理想。

这里需要简要分析一下"共和主义"和"古典共和主义"的内涵。有学者指出："共和主义完整之表达方式为'公民共和主义'（civic republicanism）。而就其原始意义而言，civic 以及 republic 指涉的都是环绕着希腊罗马古代城邦共同体所形成的观念：civic 源于罗马的 civitas，可上溯到希腊的 polis；republic 则渊源于拉丁文的 res publica。"② 很明显，从词源上来看，共和/共和国/国家（republic/res publica）来自拉丁语。一般认为，西塞罗在《论共和国》（*De re publica*）中的这句话是对"res publica"的第一次定义："国家乃是人民的事业，但人民不是人们某种随意聚合的集合体，而是许多人基于法权的一致和利益的共同性而结合起来的集合体。"③ 虽然黑格尔在《各种主题定义集》中摘抄的不是这句话，但很明显二者是一致的。西塞罗也因此被认为是古典共和主义的代表人物。但从内容来看，学者们经常把共和主义追溯到亚里士多德，把其理论渊源追溯到亚里士多德的《政治学》："基于此种'人是政治动物'的观点，城邦或政治共同体之目的乃通过公民之沟通审议而追求最高最广的善……而亚里斯多德理想的'共和政制'（politeia；polity）则由于混合了寡头与民主政体，成为能够实现政治统治的最佳实际可行政体。"④ 亚里士多德、波利比乌斯（Polybius）和西塞罗常被看作古典共和主义的典型代表。古典共和主义的根本特征是：公共参与、政治自由、公民德行、平等、爱国情操等。这些理念在黑格尔早期著作中都体现得非常明显。同时要注意的是，古典共和主义与雅典民主之间的关系。有学者指出，前者是对后者的修正："一方面接受民主派的核心政治价值如公民间平等以及德行等，但

---

① 《黑格尔早期著作集》（上卷），第35—39页。
② 萧高彦：《西方共和主义思想史论》，台北：联经出版事业股份有限公司，2013年，第3页。
③ 〔古罗马〕西塞罗：《论共和国》，王焕生译，上海：上海人民出版社，2006年，第75页。参见萧高彦的译文："公共事务（res publica）乃人民之事务（res populi），但人民不是人们某种随意聚合的集合体，而是许多人基于法律的协议性（iuris consensu）和利益的共同性（utilitatis communione）而结合起来的集合体（sociatus）。"（萧高彦：《西方共和主义思想史论》，台北：联经出版事业股份有限公司，2013年，第6—7页。）对"res publica"的相关分析，请参见刘训练《共和主义：从古典到古代》，北京：人民出版社，2013年，第4—6页。
④ 萧高彦：《西方共和主义思想史论》，台北：联经出版事业股份有限公司，2013年，第5—6页。

对于民主易导致'极端民主'的疑虑,则是古典时代思想家普遍保持的观点。"① 同时还需注意的是古典共和主义和现代共和主义的异同。对此,有学者主张,古典共和主义在近代转变为两种共和主义:"一为激进的民主共和主义,主张建构被治者与统治者的同一性,从而使人民成为唯一可能的主权者;另一则为宪政共和主义,强调法治观念以及相应的权力分立宪政体制。"② 前者的代表如马基雅维利和卢梭,后者的代表如孟德斯鸠、麦迪逊、西耶斯等。

黑格尔在早期著作中并没有使用过"古典共和主义"或"共和主义"(Republikanismus)等术语,但"共和制/共和国"(Republik)、"共和制的"(republikanisch)、"共和主义者"(Republikaner)等却经常出现。最明显的几个文本是《黑格尔全集》历史考订版第一卷"Text 30"("在共和制中……/In einer Republik…")③、《基督教的实定性》第三篇④和《犹太教的精神》等⑤。值得注意的是,卢卡奇在其《青年黑格尔》中非常强调黑格尔早期的古代共和主义色彩。他径直把黑格尔伯尔尼时期称为"青年黑格尔的共和国时期"(die republikanische Periode)。在《青年黑格尔》第一章中,"共和制/共和国""共和制的""共和主义""共和主义者"等是出现频率非常高的词汇。⑥

同时值得注意的是,在这段时期,除了关注古代人的自由及其基础上的古典共和国外,黑格尔也对现代人的自由及其基础上的现代国家有所关注。在1787年,黑格尔作了一则以《法学。一般概况》为题的摘录。按照当时的哲学划分,法学属于实践哲学的"国家科学"部门。法学体系由自然[社会]法权(das natürliche Gesellschaftsrecht)与"具体权利和法律"组成,"具体权利与法律"分为市民法(公法、私法)与教会法。值得注意的是,黑格尔对"自由国家的具体公法"部分作了发挥。"自由国家的具体公法要以臣民(Untertanen)与统治者(Regent)之间所缔结的

---

① 萧高彦:《西方共和主义思想史论》,台北:联经出版事业股份有限公司,2013年,第7—8页。
② 萧高彦:《西方共和主义思想史论》,台北:联经出版事业股份有限公司,2013年,第9—15页。
③ 如《黑格尔早期著作集》(上卷),第147页;*GW* 1, S. 203。
④ 如《黑格尔早期著作集》(上卷),第324—326页;*GW* 1, S. 368 -370。
⑤ 如《黑格尔早期著作集》(上卷),第366页;*GW* 2, S. 61。
⑥ 比如〔匈〕卢卡奇《青年黑格尔》,王玖兴译,北京:商务印书馆,1963年,第45页;Lukács, G., *Der junge Hegel*, Neuwied/Berlin: Hermann Luchterhand Verlag, 1967, S. 49。

具体法律（Gesetze）和条约（Verträge）为基础"①，根据《黑格尔全集》历史考订版第三卷编辑的注释，这句话并未出现原文中，因此它不仅仅是对原文的概述，更是黑格尔自己通过相关思考而得出的结论。② 很明显，这句话强调了臣民与统治者之间所缔结的法律和条约具有根本性，其他具体公法都要以此作为基础，这有利于限制统治者的权力和保护公民的利益。这表明，黑格尔此时已经隐约认识到公民与统治者的关系在现代政治中的重要性，他已触碰到近代政治哲学的核心问题。同时，"条约"一词为黑格尔后来所加，它明显带有契约理论的色彩，在当时具有进步性。黑格尔自图宾根时期对卢梭政治哲学崇敬有加，应该与此有关。虽然在后期政治哲学中，契约论遭到了黑格尔的否定和批判，但在其设想的立宪君主制中，他仍试图通过宪法和立法权来约束君主的权力。

二、现代人的自由基础上的古典共和国

对古希腊城邦和古罗马共和国的爱慕也是黑格尔图宾根时期（1788—1793年）作品的主旋律。发生在1789年的法国大革命进一步增强了黑格尔的古典共和主义观念。黑格尔甚至通过高度赞扬古希腊两位英雄哈尔摩丢瑟（Harmodius）与亚里士多吉东（Aritogiton）的弑君行为来回应法国人民对路易十六的处决，以此表达对德意志诸邦专制统治的不满。此时，图宾根神学院的学生们很多"不但不反对处死路易十六，而且予以庆祝"③。与黑格尔类似，荷尔德林也在1793年5月翻译了"伪托阿尔凯的古希腊歌咏弑暴君的人物哈尔摩狄奥（Harmodios）和阿里斯托基同（Aristogiton）的赞歌，题作《阿尔凯的遗篇》（Reliquie von Alzäus）"④。

在这段时期最重要的作品《图宾根残篇》（1792—1793年）中，黑格尔第一次构建了人民宗教（Volksreligion）理想。其中第一个要件，即普遍理性基础，体现了黑格尔对现代人的自由的承认。第三个要件则体现了古典共和主义国家观，即"它必须与生活的一切需要结合起来，必须与公

---

① *GW* 3, S. 122.
② *GW* 3, S. 122.
③ 参见〔法〕雅克·董特《黑格尔传》，李成季、邓刚译，上海：上海人民出版社，2015年，第70页。
④ 刘皓明：《荷尔德林后期诗歌》（评注 卷下），上海：华东师范大学出版社，2009年，第944—945页。

共的政治行为结合起来"①。关于这一点，黑格尔强调，人民宗教要与民族的历史和政治制度相融合："民族精神、历史、宗教以及它的政治自由的程度既不容许按照它们彼此之间的影响进行考察，也不容按照它们的性质把它们分割开来单独地考察，它们交织在一起成为一条纽带。"② 黑格尔尤其强调人民宗教和政治自由之间的关系，二者携手共进："那创造和哺育伟大志操的民众宗教是同自由携着手前进的。"③ 这里的自由应该是指古代人的自由，即公民的政治自由。显然，黑格尔在这里已表明，他要在现代人的自由基础上来实现古代人的自由以及共和国。

正如前面章节所述，黑格尔的人民宗教是以古希腊城邦和古罗马共和国的公民宗教为原型的，他此时的目的就是试图在现代理性自由基础上以这种古典共和主义国家观为典范在德意志重建人民宗教，以恢复古希腊城邦和古罗马共和国中的公民政治自由、公共美德和献身精神等。这种理想的基础显然是亚里士多德的政治和道德实践优先理论。

第二节　黑格尔伯尔尼时期的国家观

伯尔尼时期（1793—1796 年）的黑格尔在总体上延续了古典共和主义理念，为此，卢卡奇径直把这段时期称为"青年黑格尔的共和国时期"（die republikanische Periode）。此为卢卡奇《青年黑格尔》第一章的名称，在这里，"共和制/共和国""共和制的""共和主义""共和主义者"等是出现频率非常高的词汇。④ 对此，卢卡奇总的判断是："青年黑格尔……不是把古希腊的城邦共和国（Stadtrepublik，Polis）视为在一定具体条件下曾经产生而已经消逝了的一种历史上的社会现象，而是把它视为当前的社会和国家具体改造的一种永久的标本和榜样。"⑤ 卢卡奇还有其他类似的说法，如这段时期黑格尔的"中心目的在于城邦民主、自由和伟大的恢复，照他当时的看法，这就需要一个历史根据，一个历史基础，即

---

① 《黑格尔早期著作集》（上卷），第 82 页。
② 《黑格尔早期著作集》（上卷），第 90 页；*Werke* 1，S. 42。
③ 《黑格尔早期著作集》（上卷），第 89—90 页；*Werke* 1，S. 41。
④ 本章内容见 Lukács, G., *Der junge Hegel*, Neuwied/Berlin: Hermann Luchterhand Verlag, 1967, S. 35－134；参见〔匈〕卢卡奇《青年黑格尔》，王玖兴译，北京：商务印书馆，1963 年，第 30—80 页。
⑤ 〔匈〕卢卡奇：《青年黑格尔》，王玖兴译，北京：商务印书馆，1963 年，第 32 页；Lukács, G., *Der junge Hegel*, Neuwied/Berlin: Hermann Luchterhand Verlag, 1967, S. 37。

是说，这就需要指出使基督教变成为统治宗教的那些社会运动，那些社会和政治上的失败来。他的目标，就是要消除这整个的症结。他研究基督教的兴起原因，以便能清楚地描绘出它的没落远景"①。

而且在卢卡奇看来，黑格尔这个时期的古典共和主义理念不仅与他之前对古希腊城邦和古罗马共和国的倾慕有关系，而且更多地与当时在法国大革命中弥漫的古典共和国空想（Illusion）[即"曾经鼓舞着法国革命中雅各宾派领袖罗伯斯皮尔或圣茹斯特（St. Just）等人行为的那种具有世界历史意义的空想"②]有关。卢卡奇着重分析了罗伯斯庇尔的"新宗教"理念和措施与黑格尔的人民宗教理想之间的关系。③ 珀格勒也表达了类似意思："青年黑格尔最初接受如下观点，即古典共和主义在他所处的时代能得到复苏：通过法国革命，并根据希腊人所提供的光辉范例来引导德国精神……在瑞士那段时期的特征是：试图从哲学方面来论证[法国]革命的共和主义，作为古典共和主义的一种复兴。"④ 因此从总体上看，古希腊城邦和古罗马共和国仍是黑格尔在伯尔尼时期的主导国家观，继承了他在《图宾根残篇》中的构想，即在现代人的自由基础上来复兴古典共和国。但黑格尔在伯尔尼时期讨论的深度远远超过前两个时期，因为在这个时期，黑格尔还站在现代国家立场上批判基督教。所以，他在这个时期交织着对古代人的自由和现代人的自由混合运用。

一、古典共和国、现代国家与基督教

在伯尔尼时期的《人民宗教与基督教》这组文本中，至少出现了两种国家类型：古典共和国与现代国家。前者所对应的宗教类型是古希腊和古罗马式的人民宗教，后者所对应的宗教类型是基督教。这在《黑格尔全集》历史考订版第一卷"Text 19"（"国家宪制……"）中已经隐现出来了。可以认为，其中所谓的人类社会统一和谐的阶段对应着"古典共和国"和人民宗教，而所谓私利精神、小团体精神占主导的阶段则对应着

---

① Lukács, G., *Der junge Hegel*, Neuwied/Berlin: Hermann Luchterhand Verlag, 1967, S. 44；[匈]卢卡奇：《青年黑格尔》，王玖兴译，北京：商务印书馆，1963年，第40页，译文有改动。
② [匈]卢卡奇：《青年黑格尔》，王玖兴译，北京：商务印书馆，1963年，第36页。
③ 参见[匈]卢卡奇《青年黑格尔》，王玖兴译，北京：商务印书馆，1963年，第44—46页。
④ Cf. Otto Pöggeler, "Editorial Introduction", in Hegel, *Lectures on Natural Right and Political Science*, translated by J. Michael Stewart and Peter C. Hodgson, California: University of California Press, 1996, pp. 2, 14.

"现代国家"和基督教。值得注意的是，黑格尔对"现代国家"的理解不同于一般所谓"古代—中古—近代"这种通常的划分。稍后我们就将看到，其实黑格尔把古希腊和古罗马共和国变质为罗马帝国和专制国家这段历史理解为古代国家向现代国家的过渡，同时也是公民宗教向基督教的过渡——黑格尔要等到《基督教的实定性》第三篇中才予以明确阐明。在这组文本中，黑格尔对古代城邦和共和国的倾慕在很多地方流露无遗。这说明，黑格尔仍旧坚持着自斯图加特时期以来的古典共和主义。比如，在《黑格尔全集》历史考订版第一卷"Text 17"（"除了口头的教导……"）中，黑格尔赞扬苏格拉底的教导方式，苏格拉底要求学生在尘世复杂关系中认识最高利益，即城邦。苏格拉底使每个学生"自己就是导师，许多人创立自己的学派，有些人是大将军、政治家和各类英雄；这些英雄不是一种类型，每人都是自己本行的英雄，不是在殉道和受难上是英雄，反之都是行动上和生活中的英雄"①。人们在城邦生活中追求公共美德，并努力成为城邦的英雄。在"Text 26"（"那群人现在需要……"）中，黑格尔在描述罗马公共德行消失与基督教的兴起中提到了自由的共和主义者的高尚行动，他们"曾怀着自己人民的精神为自己的祖国耗尽了自己的力量与生命，而且是出于义务这样做，并不高估自己的劳苦，不会要求对之能有报偿；他们为自己的理念，为自己的义务而劳作，除此之外他们更有何求"②？因此，黑格尔崇尚的是亚里士多德实践哲学中的政治行动与伦理行动。

黑格尔对"现代国家"的批判也跃然纸上。如上述，在"Text 19"中，从古典共和主义出发，黑格尔强调"现代国家"中整体性本身的分裂，行政等级与教士等级的分化，它们为私利精神所主导，因此出现了对民众的压迫、污辱和贬黜，自由也遭受到了危险。黑格尔也开始从康德的实践哲学出发，对现代国家和市民社会进行批判。如在"Text 26"中，黑格尔批判道："道德理念如果能在人类中取得地位，那么那些财富将会贬值，而那些仅仅保证生命和财产的宪制就永不再当作最佳的，那整套可厌的机关，那套千千万万弱者在其中寻求慰安的人为的讲动机和慰藉理由的体系就将是多余的。"③

但黑格尔也看到"现代国家"和市民社会的某些特征，并从此出发来

---

① 《黑格尔早期著作集》（上卷），第96页；*GW* 1, S. 119。
② 《黑格尔早期著作集》（上卷），第138页；*GW* 1, S. 163。
③ 《黑格尔早期著作集》（上卷），第139页；*GW* 1, S. 164。

批判基督教。如理性精神的兴起和法律的日益发展："通过一定的法律对他们掌权者的恶劣意志或善良意志进行限制。"① 法律日益代替原有单纯的伦理习俗成为分配与制约政治权力的手段。

在"Text 17"中，黑格尔第一次提到了市民生活错综复杂的关系。人处于市民社会之中，市民社会的关系决定着人的各项权利和义务，因此任何公共的道德与宗教都不能脱离市民社会的关系。在这方面，黑格尔对耶稣和基督教展开了批判。耶稣的学生"摆脱一切其他关系，只享受和基督的交往，享受他的教导"②，因此他们后来所形成的宗教只不过是属于小团体的宗教。最根本的是，耶稣所教导的是一种私人宗教，即"只适于个别一些人的教养，以教养个别一些人为目标"，其原则是"小社团和小乡村的原则"。③ 因此，耶稣的教导不能扩展到市民社会和国家中来："基督的许多诫命是和市民社会立法的根本基础、和财产原则以及自卫原则等等抵触的。"④ 耶稣的一些教导与公民自由不能相容，尤其是耶稣关于财产的诫命与现代财产制度相矛盾。黑格尔也提到，基督教的一些诫命与国家关于公民的服兵役义务相对立，因为前者否认兵役、"用容忍和屈从对待个别暴力行为"、拒绝任何战争形式等。在黑格尔看来，这只会使国家陷入危险之中，"把关乎整个民族幸福的整个大厦听任一堆强盗胡乱处置"。⑤ 黑格尔第一次就战争这个话题展开讨论，他承认了战争在某些情况下的正当性，这与黑格尔后期的战争观有连贯性。

很明显，在这组文本中，我们可以看到黑格尔在三个层面展开讨论：①黑格尔同时站在古代城邦和共和国理想以及康德实践哲学立场上批判基督教；②黑格尔在古代城邦和共和国理想基础上突破康德所设定的国家与宗教的二分来批判现代国家和市民社会；③黑格尔站在现代国家和市民社会现实的立场上批判基督教的私人性，它无法与现实公共生活统一在一起——这种现实公共生活是古代共和国与现代国家的共同之处，因此这个层面与第一层面的批判类似。

---

① 《黑格尔早期著作集》（上卷），第 100 页；*GW* 1, S. 123。
② 《黑格尔早期著作集》（上卷），第 94 页；*GW* 1, S. 117。
③ 《黑格尔早期著作集》（上卷），第 106 页；*GW* 1, S. 129。
④ 《黑格尔早期著作集》（上卷），第 105 页；*GW* 1, S. 129。
⑤ 《黑格尔早期著作集》（上卷），第 110 页；*GW* 1, S. 134。

二、现代人的自由基础上的道德国家

在伯尔尼时期,在《人民宗教与基督教》之后,比较重要的当属通常以《耶稣传》("Text 31")和《基督教的实定性》("Text 32"—"Text 34")命名的两组文本。如前所述,按照黑格尔在《耶稣传》手稿页边标注的时间,这个文本写于1795年5月9日至1795年7月24日。① 从总体上看,黑格尔主要是以康德在《单纯理性限度内的宗教》中阐发的道德哲学和宗教哲学重述耶稣的生平和教义,由此耶稣口中"神的国"也就被解释为一种康德式的道德国家。根据黑格尔在这之前从《新神学期刊》所作的摘录可知,黑格尔并非完全以康德的宗教哲学为蓝本来创作《耶稣传》,因为这则摘录也明显倾向于对耶稣及其宗教作道德化解释,如《约翰福音》第一章第14节"我们也见过他的荣光,正是父独生子的荣光",这节中的"荣光"(δοξα/Herrlichkeit/glory),被解释为耶稣的"伟大道德精神和道德尊严",而非一种奇迹。耶稣宣扬,为了获得永福的生活,"精神的善,即智慧和德行更好"。耶稣的宗教同样被作了道德化解释,比如,"我的宗教宪制不以任何殿为基础,并将在最短的时间内建成",就是说耶稣宣扬的是一种道德宗教、一种无形教会,而非在尘世建立的某种有形的教会制度形式;又如,"我的关于神的道德学说战胜了犹太人的国家宗教"。②

神的国就不再是基督教意义上的天国,而是理性、自由和道德的王国,即现代人的自由基础上的道德国家。神的国(及其降临)的特征是,人们以道德律作为行为的准则,感性嗜好服从理性理念:"一切有理性的存在只把[道德]法则当作他们行为的准则。一切嗜好,甚至自然的呼声都被逐渐服从这一理念!"③ 黑格尔反对从感性的想象来理解神的国,而是强调,神的国就建立在人们的心里,这是区分"弥赛亚的国"(das Reich des Messias)与神的国的唯一标准。值得注意的是,黑格尔从《新神学期刊》中作的一则摘录的一个片断提到了与之类似的"基督国(das Reich Christi)",其内涵在于道德性,一方面战胜犹太人之迫害精神的狭

---

① 关于此文献的写作、形成和流传情况,参见 GW 1, S. 491 – 493。
② Vgl. GW 3, S. 212 – 214。
③ GW 1, S. 218 – 219;《黑格尔早期著作集》(上卷),第160—161页,译文稍有改动,中译本在此处把 Neigung 译为"私欲",在其他处尚有如下译法,如"嗜好""意欲""欲求""欲望""情操"等,为了统一译名起见,笔者一般采用"嗜好"这种译法。

隘性，另一方面通过耶稣宗教的真理和神圣性进行一种无形的统治。另一个片段则强调，耶稣不仅仅是犹太人所盼望的"民族的弥赛亚"，还是更高的、道德性的基督，他建立了新宗教，并将审判犹太人的恶和顽固性。①

黑格尔在《耶稣传》中突破了康德关于国家与宗教、法律与道德的二分，他要把普遍理性和纯粹的道德原则作为国家的基础。因此在《耶稣传》中，对犹太教实定性的批判有时就直接转变成对国家和政治观念实定性的批判。

建立在犹太教信仰和律法基础之上的政治观念自然是实定性的。犹太人所持的弥赛亚主义完全是一种世俗的政治观念。因为它不是以道德原则为基础的，所以其危害性甚大。黑格尔多次批判犹太人对弥赛亚王国的盼望："这种对弥赛亚的盼望将会使得同胞陷于很大的灾难（Gefahren），而这种盼望与他们其余的成见和盲目的顽固性结合在一起将会导致他们的完全毁灭；这种虚幻的希望将会使他们成为狡猾骗子的玩物，或者使他们变成没有头脑的狂热者。"② 在黑格尔的用法中，对弥赛亚王国的盼望显然不同于对"神的国"的盼望，因为前者带有世俗色彩，是实定性的，即成为压迫或欺骗民众的工具，或者使他们成为狂热者，而后者则完全是道德意义上的，其唯一的原则是道德律。

值得注意的是，黑格尔在这里的论述与原稿多有不同。"不幸"（Unglück）被改为"灾难"（Gefahren），程度明显加重。"灾难"之后的句子则皆为黑格尔修改时所加，即对弥赛亚的盼望与"同胞"的其余偏见和顽固性的结合会给他们招致灭顶之灾——语气之重，说明黑格尔反应之强烈。③ 对受蛊惑者和狂热者的批判则实有所指，可能是指当时专制主义与末世论思想的结合对民众的诱惑，因此这里是黑格尔对专制主义以及与之相结合压迫民众的宗教观念的批判，既是一种宗教批判，也是一种政治批判。

黑格尔下面更具体地提到，很多人会在弥赛亚的称号之下成为"叛乱的领袖和宗教教派的头目"，"这样的假冒和谣言将会引起政治上的骚乱和信仰上的分裂"——这些也都是黑格尔修改时所加的！④ 这里的政治意味很重，说明这已不是单纯的道德问题了。如果认识到，这些正是后世基督

---

① Vgl. *GW* 3, S. 214.
② 《黑格尔早期著作集》（上卷），第 206 页；*GW* 1, S. 261。
③ Vgl. *GW* 1, S. 261-262.
④ 《黑格尔早期著作集》（上卷），第 207 页；*GW* 1, S. 261-262。

教世界所发生的事情,并在黑格尔时代也一直延续的事情,那么就可想见这种批判的革命性。黑格尔警告对弥赛亚的盼望会导致一种"党派精神":"人们都要各自站在某个党派一边,就有了这种党派性,而且在这种盲目狂热之下,人们便相信有理由为了称号和名词去牺牲人类最圣洁的义务。"①

黑格尔修改时对这句话作了进一步的引申和扩充,使这种批判更为犀利。首先,党派精神产生后,"人们就会互相仇恨、互相叛卖",更为严重的是"国内的混乱,社会和人与人之间一切联系的解体,以及饥馑和瘟疫流行的后果,将会使得这个不幸的国土容易成为外来敌人的牺牲品"。②这简直就是德意志在"三十年战争"中的境况!在某种意义上,这是一场宗教战争,它所带来的不仅是国内的分裂,还有领土的丧失。因此与第一稿相比,黑格尔从道德领域扩展到政治领域中去了。受主题限制,黑格尔大多仍局限在道德范围内讨论问题。针对"党派精神"的危害性,他呼吁:"你们切勿在这场暴风雨中被诱惑去站在某一党派一边……你们要尽可能从这个混乱的和冷酷无情的剧场脱离开、逃走开,摆脱所有的家务关系……在任何情形下,要毫不动摇地永远忠实于你们的根本原则;他们的狂热精神可能会攻击你们、迫害你们,你们只须宣扬克制,劝导仁爱与和平,不要对任何一种宗教的和政治的党派发生兴趣③;不要相信在那样的会党里,或者在以一个个人的名字和信仰为誓言而结成的联盟里,可以看到上帝的计划得以完成。"④ 显然,黑格尔此时是以康德式的道德原则,即仁爱、和平、德行、圣洁等精神,来超越世俗利益之争的。

这尤其反映在黑格尔对"上帝计划"的解释之中:"上帝的计划不限制在一个民族、一个信仰之内,而是以一种无党派性的爱包容了整个人类全体。只有当服务不是为称号和名词服务,而是为理性和德行服务,而这样的服务得到全世界的承认,并在全世界得到实行时,然后你们才可以说,上帝的计划得到了完成。"⑤ 上帝计划的完成就是神的国在地上的实现。黑格尔这里的说法与康德有些不同,在康德那里,神的国是只可靠近不可实现的,而黑格尔在这里明确阐明了这种实现的可能性。在黑格尔看

---

① 《黑格尔早期著作集》(上卷),第 207 页;*GW* 1,S. 262。
② 《黑格尔早期著作集》(上卷),第 209 页;*GW* 1,S. 261-262。
③ 此处的"不要对任何一种宗教的和政治的党派发生兴趣",为黑格尔修改时所加(Vgl. *GW* 1,S. 261)。
④ 《黑格尔早期著作集》(上卷),第 207 页;*GW* 1,S. 262。
⑤ 《黑格尔早期著作集》(上卷),第 207 页;*GW* 1,S. 261-262。

来，对上帝计划之实现（即神的国之实现）的希望显然不同于对弥赛亚的盼望，前者是对人类的希望，是普遍性的、理性的、道德性的，而后者则是特殊性的（即局限在某一民族或国家，如犹太人）、实定性的、压迫性的。但黑格尔在这里表现得和康德一样是一位世界主义与永久和平的倡导者。在这个意义上，我们可以说，虽然黑格尔对德意志民族怀有强烈的感情，但他此时仍未局限在民族范围之内，或像成熟时期那样把日耳曼民族定位在某个很高的精神阶段。因此，把"Volksreligion"翻译为"人民宗教"更符合黑格尔此时的意思。

在对摩西十诫中的"不可杀人"和"爱仇敌"的新阐释也表现出"博爱""和平"等思想，而与之前稍有不同。黑格尔在之前的片段中曾对这两条诫命给予过批判，认为如果它们扩展为普遍的原则，就可能会置国家于危险之中。而在《耶稣传》中，这两条诫命已经不完全限定在共同体内部，而是已经稍微扩展到国家与国家之间了。黑格尔把经文"当爱你的邻舍，恨你的仇敌"中的"邻舍"解释为"朋友和国家"（Nation），把"敌人"扩大到异邦人："也有诫命要你们爱你们的朋友和国家，因而就容许你们恨仇敌和异邦人（Fremde）。"很明显，黑格尔这里增加了"国家"这个层面。黑格尔继续说："对此我告诉你们：即使你们不爱仇敌，那至少也要尊重他们身上的人性。"① 这表明黑格尔既强调了公民在维护国家独立和安全方面的义务，也强调了以抽象人性为基础的"博爱精神"，因此与之前思想稍有不同。这说明黑格尔受到法国大革命中所倡导的平等、博爱、人性等观念的影响，并用它们来改造耶稣的诫命。

从总体上看，《耶稣传》主要是根据康德的实践哲学把耶稣的生平与教导道德化，把神的国理解为现代人的自由基础上的道德国家，以此来批判犹太人以及耶稣门徒的实定性观念，但黑格尔偶尔也突破了康德设定的国家与宗教、法律与道德的二分，对耶稣关于法律、国家和财产等方面的教训进行重新解释，使得《耶稣传》显示出道德宗教取代政治国家的一种倾向。在接下来的《基督教的实定性》前两篇中，黑格尔虽然仍然坚持康德的实践哲学，但与《耶稣传》不同的是，黑格尔更多在康德设定的国家

---

① GW 1, S. 217；《黑格尔早期著作集》（上卷），第 159 页，译文有改动。德文原文为："Achtet auch in euren Feinden die Menschheit, wenn ihr sie nicht lieben könnt"，对此，中译本译为"要爱你们的仇敌"，显然不妥。亦参看 Hegel, *On Christianity: Early Theological Writings*, translated by T. M. Knox, with an introduction and fragments translated by Richard Kroner, New York: Harper Torchbooks, 1961, p. 112。黑格尔起初所写的是："爱你们的朋友，至少尊重你们的敌人。"后来这一句被划掉（Vgl. GW 1, S. 217）。

与宗教二元论中来解释基督教的实定性,而《基督教的实定性》第三篇则突破了国家与宗教的二分。

三、从现代国家角度对基督教实定化的批判

《基督教的实定性》的前两篇着力考察,耶稣门徒以及后世基督教在发展过程中如何一步步把基督教实定化。黑格尔在教会国家时期对基督教实定性的批判涉及教会与国家的关系问题。

在4世纪,基督教从一个小社团成为罗马国教,成为精神国家或教会国家。教会不断侵犯国家法权、公民权利和人权,基督教的实定化在这里达到极致。在教会国家时期,教会与国家的关系是黑格尔要讨论的重点问题。从总体上来看,黑格尔是在近代社会契约论与自然权利理论,尤其是康德关于国家与宗教的二分上运思的。他从康德的教会与国家二分的原则出发,从人权和公民权角度去批判基督教会。他首先从权利与义务的关系入手,然后讨论一般社团中的权利与义务关系、宗教社团中的权利与义务关系,最后在这些讨论基础上来讨论教会国家时期基督教会与国家的关系。

(一) 一般社团中的权利与义务

黑格尔从权利与义务的关系入手。一般而言,权利与义务相对应,一个人(或团体或国家)的权利总对应着另一个人对他(或它)的义务。同样,一个人的义务总是基于另一个人(或团体或国家)对他享有权利。黑格尔区分了几种义务。有的义务是强制性的,你必须去履行,如法律所规定的义务。比如,你与他人签订了一份合法的民事契约,那你必须按契约规定履行义务。有的义务不是强制性的,而是规范性的,你既可履行也可不履行,你有自由选择权,如道德所规定的义务。比如,做慈善、救济、捐款等,这里没有一个确定的权利主体。对于第二种义务,按康德的理论,只有当一个人仅仅是出于对道德法则和义务的敬重(而不是出于国家或法律的要求)才去做(如慈善)时,他的行为才是一种道德的行为和正义的行为。

除此之外,还有一种义务,即因为自愿加入一社团(Gesellschaft)而产生的社团义务,即承认社团对我享有权利,这种权利基于我的自愿加入。但社团的权利(及成员的义务)也要受到国家限制,首先,社团本身不能违反国家的目的。其次,社团没有权利剥夺成员的生命,没有权利对

财产纠纷进行判决，不论我是否承认社团拥有这种权利——这些只能由国家所专享。社团最多只能在道德上进行仲裁或调解这些纠纷，且成员对此享有自由选择权。再次，团体也不能侵害成员的自然权利——这些连国家都不能侵害，如信仰自由、自由退出团体的权利等。

黑格尔之所以研究一般社团中的权利与义务关系，显然是为了进一步讨论一般宗教社团以及基督教会作准备。

（二）一般宗教社团中的权利与义务关系

在讨论一般宗教社团中的权利与义务关系之前，黑格尔重申了宗教对国家的重要性，其实是重复他的公民宗教思想。简单来说，公民道德的良好是"国家的最大利益所在"，也有助于法律本身的运行。但国家不能通过立法、行政等手段强制公民提高道德，而只能一方面通过消极手段促进道德（即国家对道德的消极义务），即"不采取任何违反或暗中破坏道德的措施"，另一方面则只能借助公民宗教来"促进并唤醒公民信赖国家和它的制度，因而服务于这些机构和制度"。① 显然对国家活动的这种限制以国家与宗教的二分为前提。国家与宗教的二分就像法律与道德的二分一样，国家和法律都是具有外在强制性特征的存在，而不是道德性存在。因此，国家和法律不能去直接规定公民道德。宗教要被用作促进公民道德的工具，促使公民具有与市民法或道德法则相配合的行为精神状态。宗教社团运行的良好与否直接关系着宗教功能之发挥。

为了进一步理解宗教社团的性质，黑格尔把它与一般哲学学派进行比较。黑格尔有时把一般哲学学派称为"道德性王国"或"无形教会"，成为其成员的前提是："承认或信服一个哲学体系的学说，或者在实践方面，承认或信服德行。"② 这种团体的成员只承认自己加给自己的义务（即按照正义行事的义务）；只授予"社团"以要求他按照正义行事的权利；并保留改变自己信念的权利；一切以自己的理性为标准。因此这种团体不会妨害个人的权利，也不会妨害国家的法权。很明显，这种性质的"哲学学派"与黑格尔之前所谓的"神的国"非常相近，这应该与黑格尔不同时期对"宗教"的不同界定有关。此时的宗教更类似于康德所谓的历史性信仰。

而在一般宗教团体中，成员自己不能决定团体的规章，却要基于别人

---

① 《黑格尔早期著作集》（上卷），第 258—259 页；*GW* 1, S. 308。
② 《黑格尔早期著作集》（上卷），第 261 页；*GW* 1, S. 310。

的命令和判断而接受这些规章；真理与否也不是靠成员自己的理性来决定，而是靠团体来决定；最极端的情况是，用"消灭一切意志自由和理性（亦即包括实践理性和理论理性两者）的方法"来实现所谓的道德完善。这种团体不仅妨害了个人的权利，也妨害了国家的法权，比如基督教会根据教会规章对成员进行人身和财产上的惩罚，甚至帮助"那些以宗派精神行事而触犯市民法的罪犯，逃脱法官的管辖"①。

(三) 基督教会与政治国家的关系

黑格尔强调，在初期的基督教团体中，人们对于是否加入这个团体还有自由决定权，而且加入或退出这个团体与否也与公民权利无关，即不影响公民权利的有无或多寡。但当基督教成为国教，基督教会扩展为一种教会国家或精神国家后，信徒连这些自由也丧失了。

在黑格尔看来，在形成和组织架构上，基督教会（包括新教教会和天主教会）与政治国家非常类似。首先，这种精神国家通过契约形式（表现为受洗仪式）而形成："教会是每个人和所有的人、所有的人和每个人互订契约。"② 其次，精神国家的目的是保护成员及维持、加强成员的信仰。再次，基督徒的私人意志应服从教会的共同意志。再次，精神国家内部执行"立法权"的机构是宗教会议（Konzilien）和大会（Synoden），它规定了教会所享有的法权和基督徒所负的义务。最后，精神国家内部执行"行政权"的机构是主教和宗教法庭。其中，后两点是精神国家（教会）与政治国家之间冲突的根源。

单单从基督教会内部来看，它对基督徒的控制是全方位的。比如，各地团体选举自己执事、长老和主教的权利被收回到精神国家手中；基督徒被强制向精神国家所任命的牧师进行忏悔；基督徒的道德受到监视；基督徒的思想和冲动被作为教会法规和进行惩罚的对象；等等。

在这种情况下，基督教会与政治国家之间的冲突往往不可避免。首先，公民的权利本应由市民法规定，公民的信仰不受政治国家干涉，但因为在基督教国家中，基督教会与政治国家在范围上是重合的，作为精神国家的教会排除了持不同信仰的人，就相当于把他排除出政治国家，剥夺了他的公民权利。当教会与国家在公民权利问题上发生了冲突怎么办？在黑格尔看来，在西方历史上，往往是"国家向新教教会以及天主教会让步，

---

① 《黑格尔早期著作集》（上卷），第 263 页；*GW* 1, S. 312。
② 《黑格尔早期著作集》（上卷），第 266 页；*GW* 1, S. 315。

并还得牺牲它们的权利让给它们"。总的来看，这表现为，持不同信仰的人不能获得公民权利，或者在民事、刑事诉讼案件上不能享受一般公民可以享受的法律保护。具体来看，则表现为以下方面：不能获得任何种类的不动产；不能担任公职；在纳税方面，也受到不平等待遇；等等。又如，受洗既是一个宗教行为，也是一个政治行为。甚至叛教之人也应把自己的孩子送到教会去受洗。这证明，教会剥夺了政治国家接收公民的权利。在婚姻问题上同样如此，婚姻的有效性来自教会，因此教会作了一个民事行为。在这里，黑格尔基本上表达了当时很多思想家所坚持的启蒙观念，如卢梭在《社会契约论》中也曾激烈批判基督教会垄断国家在"婚姻""继承""婴儿""职位"等方面的法权，它们本属于国家（公共权力）管辖范围之内的事项，但现在都由教会（教士阶层）来处理，甚至主导。这说明，当时教会（教士阶层）具有实际的行政权力，并成为实际上的"主人"。[①] 而且事情还不止于此，与作为精神国家的教会类似，当时的同业公会也成为一种国中之国，在与公民职业有关的问题上，公民国家几乎把决定权完全让位于同业公会了。这说明政治国家的法权和公民的权利都受到了损害。

其次，黑格尔分析了教会与国家在财产问题上的冲突。在本质上，教会的财产与国家的财产不同。黑格尔强调，国家应该采取信仰中立立场和宽容政策，保护每一教会的正当利益："准许每一个教会按照它的需要享有一定的［物质］手段进行它自己方式的崇拜。"[②]

最后，儿童自由接受教育和自由发展其能力既是人的自然权利（das natürliche Recht），也是政治国家的责任。但教会往往通过各种形式垄断对儿童的教育，使儿童接受教会教育，并使他履行教会方面的义务，把儿童培养成作为精神国家的"公民"。在黑格尔看来，教会教育最大的危害在于，它把儿童培养成奴隶，而非自由的公民：人的理性和理智能力被压制，人的想象被恐怖形象所占据，教会教育没有把人的自由意识培养和发展起来。黑格尔提到，两种不同的教育方式造就两种不同的人：家庭事务、科学和艺术的教育方式造就的是"具有最深奥、最精微的理智、最锐敏的机智和最细致的情感"的人，而教会的教育方式则造就不出具有这些

[①] 具体参见〔法〕卢梭《社会契约论》，何兆武译，北京：商务印书馆，2003年，第183页。

[②] 《黑格尔早期著作集》（上卷），第273页；GW 1, S. 321。

品质的人。①

教育是启蒙运动的核心问题之一，也是当时重要的争论问题，比如卢梭、莱辛、洛克等都有专文讨论。众所周知，卢梭对儿童教育问题非常关心，其《爱弥儿》就是一部专门的教育著作。莱辛在《智者纳丹》中也多次谈及教育，莱辛试图用理性、情感、道德方面的自由教育取代教会教育，在他看来，教会教育是一种暴力式的教育方式。② 而且在争夺教育权方面，教会往往也使用暴力的方式，在《智者纳丹》中，主教宣称纳丹应该"被烧死三次！什么？让一个孩子长大成人竟没有一个信仰！竟完全不教导孩子要有信仰的伟大义务？为什么？这真是可恨之极！"③ 教育也是青年黑格尔一直关注的问题，在斯图加特中学时期，他就曾摘抄儿童教育方面的著作，并很早就阅读了卢梭的《爱弥儿》。在《图宾根残篇》和《基督教的实定性》中，黑格尔关于教育的论述明显受到卢梭和莱辛的影响。

（四）信仰自由与教会契约

在上面，黑格尔基本上从事实的角度描述了基督教会基于契约形式对公民和国家法权的褫夺。为了打破教会对成员信仰自由权利的损害，黑格尔现在提出，所谓教会契约理论（尤其是其中的多数决定原则）是站不住脚的，社会契约形式完全不适用于信仰问题（或者说持何种教会信仰和崇拜形式不能在社会契约中加以规定）："一个关于信仰的契约本质上是不可能的。"④ 具体来说，信仰是人的自然权利，信仰的本性就是自由，一个人的信仰应由他的自由意志所决定，而不能由多数决定原则所规定："认一个个人应该（不论他的意见是什么）屈从于多数的决定，这是绝对违反意见的本性的。"⑤ 也就是说，在信仰问题上，"让个人的意志服从公共意志，并且认公共意志为他自己法律"，这是不可能的。⑥ 值得注意的是康德在《单纯理性限度内的宗教》中对"律法共同体"与"伦理共同体"的区分。律法的共同体是指下列人群的联合："自己来当（制度的）立法者，因为立法是从下面这个原则出发的：把每一个人的自由限制在这样一

---

① 《黑格尔早期著作集》（上卷），第295页；GW 1, S. 341。
② 参见〔德〕莱辛《莱辛剧作七种》，李健鸣译，北京：华夏出版社，2007年，第454页。
③ 〔德〕莱辛：《莱辛剧作七种》，李健鸣译，北京：华夏出版社，2007年，第455页。
④ 《黑格尔早期著作集》（上卷），第281页；GW 1, S. 328。
⑤ 《黑格尔早期著作集》（上卷），第280—281页；GW 1, S. 328。
⑥ 《黑格尔早期著作集》（上卷），第281页；GW 1, S. 328。

个条件下，遵照这个条件，每一个人的自由都能同其他每一个人的自由按照一个普遍的法则共存。因而在这里，是普遍的意志建立了合法的外在强制。"① 而伦理的共同体是指这样一种共同体："人民自身就不能被看做是立法的。因为在一个这样的共同体中，所有的法则本来都完全是旨在促进行动的道德性（这种道德性是某种内在的东西，因而不能从属于人类的公共法则），恰恰相反，人类的公共法则——这构成了一个律法的共同体——仅仅旨在那些引起注意的行动的合法性，而不是这里惟一谈论的（内在的）道德性。"② 黑格尔在这里指出适用于国家的契约理论并不适用于教会，这显然与康德关于律法共同体和伦理共同体的划分有关。但黑格尔有时则又试图逾越律法共同体（即国家）与伦理共同体（即教会）这种区分，把适合于伦理共同体的原则（即道德性原则）贯彻到律法共同体中去，用道德性原则代替合法性原则，比如在《耶稣传》中。

真正的教会只能是自由人的联合体。在此基础上，黑格尔也否定了教会中以"代议制""民主制"等形式来决定信仰问题。黑格尔所坚持的原则是："人有权利让他的意见不受制于外来权威。"③ 这一原则决定了任何政治形式的制度都无法适用于人的信仰。④

但在基督教教会史上，教会在不同阶段恰恰表现出这些宪制类型。黑格尔对此逐一进行了分析。首先，在传播福音的最初几百年，教会事实上形成了一种"代议制共和国"⑤，其中，各教会和代表都有较大的自由度，但意见自由的原则与多数决定原则之间的冲突往往贯穿在基督教内部的宗派斗争中。第二个阶段，教会体制演变为君主制（服从一个教皇或者总主教）或贵族制（服从各位主教和高级教士），在这些体制下，平信徒在信仰问题上完全失去了代表权和被代表权，没有任何权利。与天主教相比，宗教改革时期的新教在信仰问题上的确自由很多，多数决定原则被信仰自由原则所代替。一个人仅仅因为自己的信仰，因为自愿才成为新教教会的成员。但后来新教自由原则遭到削弱，神学家和公职人员僭越了信徒信仰

---

① 〔德〕康德：《单纯理性限度内的宗教》，李秋零译，北京：中国人民大学出版社，2003年，第93页。
② 〔德〕康德：《单纯理性限度内的宗教》，李秋零译，北京：中国人民大学出版社，2003年，第93页。
③ 《黑格尔早期著作集》（上卷），第281页。
④ 康德也提及了这一点，参见〔德〕康德《单纯理性限度内的宗教》，李秋零译，北京：中国人民大学出版社，2003年，第97页。
⑤ 这种观念或许来自吉本，参考〔英〕爱德华·吉本《罗马帝国衰亡史》第1卷，席代岳译，长春：吉林出版集团有限责任公司，2015年，第15章。

和教区信仰的自由权利，因为他们把他们所享有的解释教区意志的权利扩展为决定教会信仰的权力。

因此，在教会与教会成员的信仰之间的关系问题上，黑格尔最终否定了教会契约理论。他进一步指出，在国家与基督教教会（包括天主教会和新教教会）之间的关系问题上，教会的契约理论也是有问题的。按照契约理论，根据某一国家与教会之间的契约，诸国家有义务保持臣民的信仰不变。比如，罗马天主教教会有权利要求一个天主教国家保持臣民的天主教信仰。当某个天主教国家转变为新教国家，那这个国家就不再有不得改变自己的天主教信仰的义务了，但会代之以另一种契约形式。在这另一种契约形式中，国内团体和公民负有信仰新教的义务。在天主教国家转变为新教国家过程中没有改变的是，国内社团和成员的信仰自由权利仍旧受到侵犯——因为这种义务本身既违背信仰的本性，也违背最终社会契约所规定的信仰自由权利。与此同时，新教民众所担负的义务也并没有随着天主教的消失而消失，而是继续保留着，如各种税捐、租金、十一税、捐献等等。这既是宗教义务，也是公民义务。这是极不合理的。

很明显，黑格尔这里立论的基础是信仰自由原则以及相关的政教分离原则和宗教宽容原则。信仰自由是一项基本的人权（Menschenrecht），也是一项基本的公民权利，而非仅仅作为信徒才享有的教会权利。因此，信仰自由与信徒信哪种教会信仰无关。黑格尔高度赞扬了近代新教运动的反抗精神：“近代一些伟大人物声称要使'Protestant'这一名称的概念回到如下意义，即它是指这样的人或教会，他或它不约束自己于某些不可改变的信仰规范，而是在信仰问题上反抗一切权威、反抗一切与那个神圣权利相矛盾的一切义务规约。"① 这其实就是对宗教实定性的反抗！如果教会能保持这种反抗性，它就能促使国家牢记保护臣民之信仰自由的义务，也会站在国家的地位来保卫国家所忽视的东西，如自由、公民精神等。国家有义务保障公民的信仰自由权利，也有义务保护某一教会自由举行礼拜和其他安排。国家除了在内部做好保障外，还要在外部做好保障，即通过各种手段与持不同教会信仰的国君达成和平协议，保证信仰的合法性。但也应把公民义务与宗教义务区分开。所有公民无论持新教信仰还是天主教信仰都要履行公民义务，但新教信徒没有义务履行天主教教会所要求的宗教义务，天主教信徒也没有义务履行新教教会所要求的宗教义务。

综上所述，在《基督教的实定性》前两篇中，与《耶稣传》相比，

---

① 《黑格尔早期著作集》（上卷），第289—290页；*GW* 1, S. 336。

黑格尔更多把自己限定在康德所设定的律法共同体（国家）与伦理共同体（宗教）的二分上，站在近代自然法和启蒙立场上批判基督教会对公民权利和国家权利的侵害。而在《耶稣传》中，黑格尔则试图逾越这种二分，用伦理共同体（宗教）来取代律法共同体（国家）。但《基督教的实定性》第一篇和《耶稣传》之间的这种差别并不是根本性的。因为，在《基督教的实定性》第一篇中，政治国家与基督教会的关系其实表现为现代国家、实定宗教与真正宗教这三者之间的关系。在现代国家与实定宗教（如基督教会）的关系问题上，黑格尔强调，实定宗教不能侵犯人权、公民权利和国家对公民的保护义务。同时，现代国家也要保护实定宗教的正当活动。在现代国家与真正宗教（道德自由王国）的关系上，其实还是潜存着《耶稣传》中出现的那种倾向，即以真正宗教取代现代国家（作为实定性的国家）。在实定宗教与真正宗教的关系上，黑格尔也显示出《耶稣传》中的倾向，即实定宗教（采取各种政治形式——如民主制、君主制、贵族制等——的宗教）要被真正宗教所取代。

四、古典共和国向"现代国家"的转变

与《基督教的实定性》第一篇站在现代国家角度批判基督教的实定性不同，《基督教的实定性》第三篇主要讨论的是古代人民宗教向基督教的转变、古罗马共和国向"现代国家"的转变。①

（一）古希腊人和罗马人的政治自由状况

黑格尔一直坚持认为，在基督教取代异教之前，古希腊人和古罗马人处于政治自由状态。这种政治自由表现在："在公共生活以及私人或家庭生活里，每一个人都是一个自由人，每一个人都是遵循自己订立的法律而生活。"② 这里已经隐约出现了黑格尔后来所倡导的具体自由观念了，即真正的自由是体现在家庭、市民社会和国家中的各种具体自由。具体而言，公民的德行准则源自亲身实践，公民服从自己制定的法律，服从自己设立的行政者，领导自己决定的战争，为国家牺牲自己的财产、欲望和生命等。很明显，这是一种传统实践哲学的古典共和主义立场，其中尤以古

---

① 关于在基督教取代异教之前古希腊人和古罗马人的政治自由状态和国家理念，参见《黑格尔早期著作集》（上卷），第323页。
② 《黑格尔早期著作集》（上卷），第323页；*GW* 1, S. 368。

希腊城邦政制为代表。不过，黑格尔对自由的理解体现出古代人的自由与现代人的自由的混合：现代人的自由体现在，"服从他们自己建立的法律，服从他们自己推举出来作为首长的人等"——类似于康德和卢梭那里所谓的自由，"服从他们自己建立的法律"，不是强制，而是自由。古代人的自由则体现在对公共事务的参与，如服从法律、选举首领、参加战争等。卢梭在《社会契约论》中显然也吸取了古希腊政制的某些理念，把它们融入人民主权理论中去：法律是公意的表现，行政者源自人民的委任，公民具有为国家服务和献身之精神等。不过，在财产问题上，青年黑格尔不如卢梭那样坚持财产在现代的重要性。在国家问题上同样如此。国家观是政治哲学的核心所在，黑格尔所热衷的是一种古典国家观，即国家是公民"自己的活动的产物"，国家是个人的最高理想和最高目的所在，个人个体性或特殊利益都消融其中。黑格尔如是说："他的祖国观念、他的国家观念乃是一种看不见的、较高的理想，他为了这个理想而工作，这个理想鼓舞他努力，这就是他在世界中的最后目的，或者说，他的世界的最后目的，这个目的他发现是体现在现实生活里，亦可说，他本人也有助于对它的体现和保持。在这个[国家]观念面前，他的个体性消失了，他所向往的只是这个观念的保持、生存和延续，而这些东西也是他本人能够促其实现的。他决不想到，或者很少想到企图或者祈求个人生命的延续或永生，只有当无所事事或在松懈的时刻，才会强烈地感觉到某种单纯涉及个人休戚的愿望。"① 这里突出了传统实践哲学中的实践和行动概念，即目的在自身的活动。

这里很值得和马克思在《黑格尔法哲学批判》中提出的"真正民主制"进行比较。马克思在那里强调人的社会性存在，人（人民）的自由活动，所有人（人民）参与国家事务。真正民主制的特征是人民的有机整体性，在民主制中，宪制由人民所创造和规定，而且"每一个环节实际上都只是整体人民（Demos）的环节"②。对此，有学者指出："其中'人民'一词，马克思用的是'Demos'。这表明，马克思心目中的'人民'以及相应的'民主制'包含了强烈的古典希腊（尤其是雅典城邦）民主制的含义。因此，我们也应从古典希腊的意义上去理解其所言的'人民'

---

① 《黑格尔早期著作集》（上卷），第323—324页；GW 1, S. 368。
② 《马克思恩格斯全集》第3卷，北京：人民出版社，2002年，第39页。

和'民主制'。"① 真正民主制的古典共和主义色彩在下面这句话中体现得淋漓尽致:"在这里,国家制度不仅自在地,不仅就其本质来说,而且就其存在、就其现实性来说,也在不断地被引回到自己的现实的基础、现实的人、现实的人民,并被设定为人民自己的作品。国家制度在这里表现出它的本来面目,即人的自由产物。"② "人民自己的作品""人民的自我规定""人的自由产物",这些表述与上面所提到的黑格尔的文本高度契合,这当然是由于他们都以古典共和主义为思想资源。也就是说,在他们看来,国家的本质在于人人参与国家事务。这更为突出地表现在马克思对行政权的规定上,即行政权不过是一般国家公民的一种职能和规定,因此行政权也要由人民来规定。同样,立法权的本质也是人民,它代表人民的意志、类意志。由此,立法不过是人民意志的表达。③ 黑格尔此时的国家思想与青年马克思国家观如此多的类似也不由得使我们重新思考,青年马克思对老年黑格尔国家哲学的批判是否适用于青年黑格尔?更为重要的问题是,如何在黑格尔国家思想变化的视域下重新思考马克思自己的国家理论?

(二)古罗马共和国和自由的消亡与"现代国家"和自由的兴起

黑格尔把古希腊人和古罗马人政治自由丧失的过程描述为以下几个阶段。首先,一种有军事荣誉和财富的贵族的出现,这是由幸运的战争、财富的增多、生活的便利和奢侈共同催生的产物。其次,他们通过自己的行为和金钱等手段诱使民众将更多的国家权力赋予他们。但为了政治自由,民众一开始仍保有权利收回赋予统治者的权力。最后,统治者丧失了作为共和国根本原则的德行,为了自己的私人利益,他们不惜用武力剥夺了民众的政治自由。这就是吉本在《罗马帝国衰亡史》中提到的"奥古斯都体制"(Augustan Settlement)的确立:共和贵族被摧毁,平民力量被压制,共和制被皇帝独裁制所取代。

随着传统实践哲学中的政治行动及自由的丧失和政治压迫,时代精神发生了巨大变化:民众的共和精神被迫为私利精神和逃避精神所取代。具体言之,首先,原来的古典共和主义国家观念丧失了。古罗马共和国转变

---

① 朱学平:《从古典共和主义到共产主义——马克思早期政治批判研究(1839—1843)》,北京:中国法制出版社,2018年,第309页。
② 《马克思恩格斯全集》第3卷,北京:人民出版社,2002年,第39—40页。
③ 参见《马克思恩格斯全集》第3卷,北京:人民出版社,2002年,第74页。

为一种"现代国家"。黑格尔特别之处就在于，他其实把古代共和国向现代国家的转变放在这个阶段。这种划分在耶拿时期仍是如此。现代国家是一种机械国家：国家事务由一个人或少数人所决定、统筹，其他民众仅"作为个别的齿轮"为机械国家服务，根本谈不上自由参与国家事务，而仅仅在与别人的关系中产生自己的价值。① 其次，民众为特殊利益所据，一切活动、一切目的都以个人自己为核心，而全体和国家观念在民众心目中则没有地位。再次，原来的政治自由（制定法律、选举领袖、选举统帅、决定计划）都丧失了，公民权利现在仅仅成为保障财产的权利，它是一个人最主要的权利、最关心的东西。最后，公民对死亡充满了恐惧，把死亡看作最可怕的事情——而在古典共和国中，个人的死亡并不可怕，因为个人把国家的不朽看作自己的不朽，个人勇于为国家献身。黑格尔显然把古罗马共和国向罗马帝国的转变看作近代国家的起源，因此这里对罗马帝国的批判就是对近代国家的批判。它们的根本特征就是机械国家和对死亡的恐惧，它们的目的是保护个人的生命、财产等。对个人生命、财产和享受的关心使得公民不再愿意服兵役，因为在战争之中，个人面临着死亡和负伤的危险。因此就出现了逃避兵役的各种手段，如逃跑、贿赂、残害自己的肢体等。这在共和国时期是很难想象的事情，这也是对国家危害最大的事情，也是对传统实践哲学本身的价值和结构本身的重大挑战。在这种情况下，古罗马不得不使用雇佣兵制，这成为古罗马日后消亡的重要原因之一。

在这种政治压迫的状况下，人本身被贬低了，人性堕落的学说发展起来并不断被接受。虽然人自身的潜在能力被贬低，但人却从耻辱感中变异出骄傲感和荣誉感。同时，神灵支配的世界由自然界扩展到自由的精神世界，而且最终，恶的原则也被承认在精神世界（自由领域）保有力量。这种扩展是革命性的，因为精神世界的变化是人类历史变化的重要原因。这使得立法的权利完全让位给异己的神，人的每个善良的冲动、每个较好的意图和决定都被归于神的做工，而人不被看成神圣存在的一部分："神是远离我们的，我们和神没有共同的东西。"②

对于这种政治和精神状况，吉本在其《罗马帝国衰亡史》中写道："要是不提无与伦比的琉善（Lucian），那么还没有产生一位独一无二具有

---

① 黑格尔进一步在《德意志观念论最早体系纲要》中对机械国家观念作了批判，具体参见下文。
② *GW* 1, S. 373；《黑格尔早期著作集》（上卷），第 329 页。

原创性的天才或者精湛于高雅的创作技艺的作家，这个怠惰的时代就这样过去了……崇高的龙金（Longinus），生活在稍晚一个时期，他居住在叙利亚女王的宫廷，保留着古代雅典的精神，他眼见并悲痛于当时人们的这种堕落：他们的情操降低、他们的勇敢衰弱、他们的才干涣散。"① 黑格尔在"Text 29"中依据吉本的著作对当时古罗马人的悲惨状况以及古罗马人对基督教的接受作了类似的描述。② 根据吉本的这些描述，黑格尔指出，像琉善和龙金这样的古希腊和古罗马有志之士必然感到传统实践或行动理念和道德理念的缺乏。③ 关于"实践理念的缺乏"（diesen Mangel an praktischen Ideen），根据《黑格尔全集》历史考订版第一卷的注释，在"实践的"（praktischen）这个词的位置上，黑格尔曾写有以下三个选项：①"道德的"（moralischen）；②"能动的"（tätigen）；③"实践的"（praktischen）。也就是说，罗马人虽然悲痛于政治自由与共和精神的丧失，但又缺少传统的政治行动去反抗这种状态。他们或者投入新柏拉图主义哲学家所构建的神秘宗教中去，或者转向基督教。古罗马人实践理念之缺乏就类似于犹太人对弥赛亚的盼望。

因此，在《基督教的实定性》第三篇中，黑格尔崇尚的无疑是古希腊城邦和古罗马共和国，他们以政治行动和伦理德行优先，而把以保护私人财产和利益为目的的现代国家称为机械国家并大加挞伐。

五、废除作为机器的现代国家

《德意志观念论最早体系纲要》（Das älteste Systemprogramm des deutschen Idealismus）是一部有争议的作品，因为关于它的作者到底是谁这个问题至今没有定论。④ 因此，这份作品在《黑格尔全集》历史批判版第二卷被归入"不确定作品"（Ungesichertes）之列。⑤ 根据对这份文献的水印分析，它的写作日期当在1796年12月或1797年初，而且"这则记录肯定是在黑格尔离开伯尔尼后（1796年12月），或1796和1797年之交在斯

---

① Gibbon, E., *The History of the Decline and Fall of the Roman Empire*, vol. 1, edited and with an introduction by Betty Radice, London: The Folio Society, 1983, p. 76；参见〔英〕爱德华·吉本《罗马帝国衰亡史》第1卷，席代岳译，长春：吉林出版集团有限责任公司，2015年，第48页。还请参看第15章"基督教的进展，原始基督徒的怜悯情感、方式、数量和环境。"
② 《黑格尔早期著作集》（上卷），第144—145页；*GW* 1, S. 200。
③ 《黑格尔早期著作集》（上卷），第328页；*GW* 1, S. 372。
④ Vgl. *GW* 2, S. 666；*Werke* 1, S. 234 Anm. 1, S. 628, Anm. Red.
⑤ *GW* 2, S. 615 – 617.

图加特或 1797 年刚到法兰克福后写作的。"① 这份文献的第一位编辑者罗森茨威格，从内容方面断定它的作者是谢林，而非黑格尔。但这已逐步被推翻，正如珀格勒所说："它很好地嵌合在黑格尔早期思想的发展中。这一文本有很多转向，它们再现于黑格尔的其余文本中……"② 从哲学理论上看，这份文献可以认为吸收了谢林和荷尔德林的思想；从实践哲学视角看，这份文献其实与《基督教的实定性》第三篇关于"国家理念"和"机械国家"的论述有着更紧密的连贯性。

这篇纲要的内容是阐述伦理学或实践哲学本身所包含的一切理念以及层级关系：自我的理念、人类的理念、永久和平的理念、道德的理念、神的理念、不朽的理念、美的理念、理性的神话学理念。

作为第一个理念，自我是一种"绝对自由的本质"③。这类似于费希特和谢林的绝对自我，如谢林在 1795 年 2 月 4 日给黑格尔的信中所说的："在我看来，全部哲学的最高原则就是纯粹的，绝对的自我（das reine, absolute Ich），也就是那个不但没有完全被客体所限制，而且是通过自由而被树立起来的自我，单纯的自我。"④ 自然世界被绝对自我从无中创造出来，而且这种创造具有道德目的论特征。从自然界进入人类世界，即人造物（Menschenwerk）的世界，黑格尔首先讨论的是国家："没有国家的理念，因为国家是某种机械的东西，而机器的理念是没有的……每一个国家必定把自由的人当做机器齿轮来对待。"⑤ 这些说法与《基督教的实定性》第三篇中的论述几乎完全一致。在那里，黑格尔说，在古罗马人丧失了政治自由后，共和国就变成了一种国家机器，这台机器的管理由一个人或少数人所决定、统筹，大多数公民仅"作为个别的齿轮"为这台机器服务。同时公民们惧怕死亡，他们以自己的生命、财产和享受等为根本目的。⑥ 很明显，这就是对现代国家以及相应的实践哲学的批判。在黑格尔看来，丧失了政治自由的古罗马人的专制国家就是现代国家的雏形。现代

---

① *GW* 2, S. 666.

② *Werke* 1, S. 628, Anm. Red., 中译文取自朱学平《古典与现代的冲突与融合：青年黑格尔思想的形成与演进》, 长沙：湖南教育出版社, 2010 年, 第 64 页, 注释 1。

③ 〔德〕荷尔德林：《荷尔德林文集》, 戴晖译, 北京：商务印书馆, 1999 年, 第 281 页; *GW* 2, S. 615。

④ 苗力田译编：《黑格尔通信百封》, 上海：上海人民出版社, 1981 年, 第 41 页; *Briefe von und an Hegel*, Band 1. Hrsg., Hoffmeister J. Hamburg: Felix Meiner, 1952, S. 22。

⑤ 〔德〕荷尔德林：《荷尔德林文集》, 戴晖译, 北京：商务印书馆, 1999 年, 第 281 页; *GW* 2, S. 615。

⑥ 《黑格尔早期著作集》（上卷）, 第 325—326 页; *Werke* 1, S. 206。

国家是同样性质的机器：国家享有绝对的权力，并负责保护个人的生命、财产等，公民因惧怕死亡而服从于主权者，个人缺少自由，在国家中仅仅作为齿轮等。机械的国家之所以没有理念，就是因为，在其中，公民没有真正的自由可言，没有传统实践哲学意义上的政治行动和道德行动，不能自由参与国家事务。

正如我们在伯尔尼时期的手稿中所看到的，黑格尔多次强调传统实践哲学的行动价值和古典共和国的理念。在古希腊人和古罗马人丧失政治行动自由前的共和国里存在着国家理念，在那里，国家被看作公民自由行动的产物，人们"服从他们自己制定的法律、服从他们自己设定作为首长的人，他们领导他们自己决定要进行的战争，奉献他们的财产和激情、牺牲成千上万的生命为了这样一个事业，这个事业是他们自己的、共同的"①。《在共和制中……》（笔记）也对这种共和制的理念给予了描述，比如"在共和制中，有一个人们为之而生的理念"，这种理念是"应当所是的理念"。共和主义者的理念是，"他的所有最高尚的能力在真正的工作中得到其满足"。② 总之，在那里，国家是公民们为之生、为之死的共同理念。因此不能据此认为，黑格尔在《德意志观念论最早体系纲要》中主张所有类型的国家都不存在理念，而应该认为，只有在机械国家（如罗马帝国和现代国家）中才不存在国家理念，在古典共和制国家中则存在国家理念。如果就此认为黑格尔否认了所有国家形式中的国家理念的存在，那么这种类似的看法早在《耶稣传》中就出现了。但不能把《耶稣传》中的国家观念扩展到所有类型的国家，因为显然黑格尔当时并不否认古典希腊和古罗马共和国中的国家理念，而且这种国家理念又出现在其后的《基督教的实定性》第三篇中。与此类似，也不能把这里对国家理念的批判推广至所有类型的国家。

对于不存在理念的国家，黑格尔提出，要"拆除人类历史的种种原则并且彻底剥开国家、宪制、政府、立法这整个苦难的人造物的画皮"③。一句话，这种国家应该被超越、被废除（aufhören）。很明显，这非常类似于青年马克思的口吻。在《黑格尔法哲学批判》中，马克思提出，"在真正的民主制中政治国家就消失了"，以及"选举改革就是在抽象的政治国

---

① 《黑格尔早期著作集》（上卷），第 323—325 页；Werke 1, S. 204-206。
② Werke 1, S. 207；《黑格尔早期著作集》（上卷），第 147 页。
③ GW 2, S. 615；〔德〕荷尔德林：《荷尔德林文集》，戴晖译，北京：商务印书馆，1999 年，第 281—282 页，译文有改动。

家的范围内要求这个国家解体（Auflösung），但同时也要求市民社会解体（Auflösung）"。① 也就是说，青年马克思设想了"一个建立在废除私有财产和国家消亡之上的社会"②。

在《德意志观念论最早体系纲要》中，黑格尔最后提出的"理性神话学"要达到的目的是：实现自由和平等的理想或人的完全解放。其一，人的能力（如理性、知性、感性、想象力等）自由全面发展："个人以及一切个体的所有能力（Kräfte）的均衡培养。再也没有能力受到压制。"③ 其二是实现所有人的普遍自由和平等："所有精神的普遍自由和平等一统天下。"④ 正如有学者已经指出的⑤，50多年后，这种关于人自身、人与人之间的自由与和谐的理想重新回响在马克思和恩格斯的《共产党宣言》（1848年）中："代替那存在着阶级和阶级对立的资产阶级旧社会的，将是这样一个联合体，在那里，每个人的自由发展是一切人的自由发展的条件。"⑥ 这里的"联合体"类似于马克思在《黑格尔法哲学批判》中所倡导的那种扬弃了市民社会和政治国家的社会，也类似于马克思后来所谓的"共产主义社会"。在某种程度上，这和青年黑格尔一直倾慕的古希腊城邦也是类似的，就此而言，也不能认为黑格尔在这里否认一切国家形式。值得注意的是，我们后面将要看到，"理性神话学"所预示的古代共和国中国家与宗教或教会的综合这种思路和理想在法兰克福时期的《基督教的精神》中达到顶峰。

第三节 黑格尔法兰克福时期的国家观

一、对犹太人的专制国家的批判

在《犹太教的精神》中，黑格尔对比了古希腊城邦和古罗马共和国与

---

① 《马克思恩格斯全集》第3卷，北京：人民出版社，2002年，第41、150页。
② Avineri, S., *Hegel's Theory of the Modern State*, Cambridge：Cambridge University Press, 1972, p. 34.
③ GW 2, S. 617；[德] 荷尔德林：《荷尔德林文集》，戴晖译，北京：商务印书馆，1999年，第283页，译文有改动。
④ GW 2, S. 617；[德] 荷尔德林：《荷尔德林文集》，戴晖译，北京：商务印书馆，1999年，第283页，译文有改动。
⑤ 朱学平：《古典与现代的冲突与融合：青年黑格尔思想的形成与演进》，长沙：湖南教育出版社，2010年，第67页。
⑥ 《马克思恩格斯文集》第2卷，北京：人民出版社，2009年，第53页。

犹太人的国家。犹太人的国家是一种专制体制（不论是神权政制，还是君主制），是神人—主奴关系在政治上的表现。

从统一哲学角度把亚伯拉罕看作犹太人异化的根源后，黑格尔也有意识地从亚伯拉罕开始讨论亚伯拉罕的精神对犹太人政治观念和政治发展的影响。在《黑格尔全集》历史考订版第二卷"Text 46"中，黑格尔第一次讨论了亚伯拉罕与国家的关系：亚伯拉罕随父亲离开了自己的祖国；亚伯拉罕以自我保存为最高目的，因此"与国家或其他目的没有任何联系"①。在"Text 47"中黑格尔进一步指出，亚伯拉罕出于自由和独立的冲动与祖国分离了，并因为没有爱而不去寻求加入另一个国家，同时与其他民族和国家经常处于敌对和斗争状态。② 在最终定稿（即"Text 48 I 2"）中，除了仍旧坚持上述观点外，黑格尔进一步对比了卡德穆（Kadmos）和丹瑙斯（Danaos）与亚伯拉罕离开祖国的区别。黑格尔从传统实践哲学出发赞赏这两位殖民并创建希腊国家的神话英雄。在被迫丢掉并离开原来的祖国后，他们在殖民希腊的过程中重新享受之前所有的自由与爱，重建了类似于以前国家生活的生活方式。在那里，宗教、艺术、习俗和政治相融合，他们过着一种充满幸福、美、自由和爱的生活，并通过艺术和习俗吸引原始的土著民，与他们混合成为一个快乐群居的民族，即希腊民族。③ 而亚伯拉罕则与此完全不同。首先他不是被迫离开祖国，而是主动隔断与祖国、家族、宗教、习俗等的关系，而且他并不寻求一块固定居处，而仅仅过着游牧生活，不追求爱，也不追求来自爱的自由。

由于亚伯拉罕完全与整个世界和整个自然分离，他产生了一种支配一切的理想，这种理想同时就是他的神。虽然亚伯拉罕只能在家里支配一切，但"他的后代在哪里拥有权力，在哪里他们能实现现实中的一些东西，在那里他们就统治，而且是最暴虐、最强烈的暴政"④。比如雅各的儿子西缅和利未因妹妹底拿被强暴就屠杀了士剑城的百姓。⑤ 但最重要的莫过于约瑟和摩西。在掌握权力后，约瑟根据亚伯拉罕的精神在埃及建立起政治等级制。所有埃及人变成了国王的奴隶，简单说，在灾荒时期，国王收买埃及人的土地，发放粮食给百姓，约瑟通过这种方式使埃及人臣服

---

① 《黑格尔早期著作集》（上卷），第483页；*GW* 2, S. 29。
② *GW* 2, S. 32.
③ 《黑格尔早期著作集》（上卷），第355页；*GW* 2, S. 36 – 37。
④ *GW* 2, S. 33.
⑤ 参见《创世纪》第34章，即"底拿被奸污及报复"。

于国王。① 黑格尔对此评论道:"他把所有他们的金钱、所有他们的牲畜、他们的马、他们的绵羊和山羊、他们的牛和他们的驴子,以及所有的土地和他们的人身,掌握在他手里;只要他们有任何存在,他都把它变成国王的财产。"② 此时黑格尔或许正想着他在《基督教的实定性》第三篇中所描述的古典共和国中自由的古希腊人和古罗马人,它们形成非常强烈的对照。埃及人与国王之间的主奴关系,就像一切东西与神的关系一样,就此而言,约瑟使亚伯拉罕的神(或他的统治理想)成为现实。③

摩西不仅是犹太民族的解放者,也是犹太民族的立法者,他通过立法建立了一套神权政治体系。这种政体从摩西开始,经约书亚和士师时代,最终在扫罗那里才被君主政体代替。④ 在《犹太教的精神》这组文本一开始(即"Text 43"—"Text 44"),黑格尔就开始涉及并阐发这种神权体系,并最终确定了"Text 48 I 1"和"Text 48 II"中相关论述的思路。毋庸置疑,神权政治体系的核心是神或宗教,政治和立法都以神或宗教为基础。黑格尔首次在"Text 43"中简单指出,摩西立法与对神的崇拜有关。⑤ 在"Text 44"中,黑格尔作了进一步发挥,他指出:"摩西的整个立法出自下列理念:上帝是主。"⑥ 在"Text 48 I 1"中,黑格尔说得更明确:"犹太人的整个国家宪制是事奉神。"⑦ 在主面前,一切人都是奴隶,人的一切行动、享受都受控制。

在"Text 43"中,黑格尔还第一次从传统实践哲学角度对摩西之后犹太人的国家观念和公民观念作了概括与批判:"他们一再地对自己的国家不忠诚,只有在紧迫(Not)的时候,他们才又回到这上面来。个人对于国家完全没有积极的兴趣;他们作为公民在政治上的那种平等,与共和制下的平等是相反的,那种平等是不足挂齿的。"⑧ 显然,在这里,黑格尔比较了古希腊城邦和古罗马共和国的公民与犹太人的境况。正如黑格尔在之前的文本中多次重申的,在古希腊城邦和古罗马共和国那里,个人作为

---

① 参见《创世纪》第47章,第13—26节。
② 《黑格尔早期著作集》(上卷),第358页;*GW* 2, S. 44。
③ *GW* 2, S. 34。
④ 一般认为,"摩西之约"或"西奈之约"是犹太人神权政体的宪法大纲,参见《圣经》(启导本),南京:中国基督教两会印发,2003年,第140页对《出埃及记》19:5的注释;关于神权政治体制的介绍,参见第387页。
⑤ 《黑格尔早期著作集》(上卷),第485页;*GW* 2, S. 17。
⑥ *GW* 2, S. 22。
⑦ 《黑格尔早期著作集》(上卷),第489页;*GW* 2, S. 39。
⑧ 《黑格尔早期著作集》(上卷),第485—486页;*GW* 2, S. 18。

公民对国家充满了热情，积极参与国家公共事务，国家就是公民的行动本身，公民在国家中实现自身。而在犹太民族这里，个人对国家没有兴趣，而只对享受、异教感兴趣。在古希腊城邦和古罗马共和国那里，公民享有政治自由和政治平等，法律是公民自己所决定的，领袖是公民自己选择的。而在犹太民族这里，个人往往受摩西法律的压制和奴役，根本谈不上自由和平等。

在摩西建构的神权政体中，祭司阶层掌握着政治权力。对此，黑格尔在"Text 48 Ⅰ 1"中说得最为明确："在实际上的神权政治统治下，高级教士们作为行使着的权力真正统治着。"① 正像黑格尔在"Text 44"中所说的："作为国家公民，犹太人相互之间的关系无非是共同依赖于祭司阶层，由此所有政治性法律即自由法律的条件被拿走了。"② 也就是说，普通百姓在政治上处于普遍无权状态。如果这可以被称为平等的话，那这就是犹太人所享有的唯一一种"平等"了。在"Text 48 Ⅱ 2"中，黑格尔说得更明确，犹太人"根本就没有所谓国家公民权……在犹太人中找不到任何类似于内部国家权利，一种设定国家权利的立法权"③。这其实是一种专制统治，而专制统治与提出一种内部国家权利的问题是不相容的！也就是说，在神权政治中，普通犹太人不享有任何立法权，就此而言，自由法律就不可能存在。

就此而言，从传统实践哲学来看，神权政治下的人根本称不上公民。在传统实践哲学中，公民通过与国家的关系来获得自身的价值，公民的行动构成国家本身。而犹太人仅仅通过与神的关系才获得价值，他们的行动更多与宗教有关。在古典共和国中，公民是自由的，享有公民权利，他们为作为自己活动产物的国家而生，为这种理念而活，为这种理念而死！而犹太人却没有自由，没有权利，没有"为了他自己的自我活动和自我目标"，他们的生活"不是独立自存的、自身满足的"，而是从属于一个生存目的和理念，即神所赋予他们的"使命"，死亡有时是对他们没有完成这种使命的惩罚。④ 国家对他们来说是外在的异己的东西。⑤

犹太人缺少国家和公民意识，这也反映在战争问题上。在摩西律法

---

① 《黑格尔早期著作集》（上卷），第489页；*GW* 2, S. 40。
② *GW* 2, S. 19.
③ 《黑格尔早期著作集》（上卷），第368页；*GW* 2, S. 65。
④ 《黑格尔早期著作集》（上卷），第364页；*GW* 2, S. 57-58。
⑤ *GW* 2, S. 21.

中，关于服兵役的规定不利于激发犹太人的英勇意识，① 被犹太人看作生命目的的是对土地、葡萄园、妻子的占有与享受，而非国家与自由。黑格尔指出了其中潜存的矛盾。② 在"Text 48 Ⅱ"中，黑格尔进一步以传统实践哲学的古典共和主义为典范指出，只有为了荣誉、自由或美、某种永恒的东西才值得牺牲财产和生命。③ 而对这些东西，犹太人没有份："永恒的东西离他们很远。"④ 显然，在战争问题上，黑格尔对犹太人的批判也适用于近代社会。稍后我们将看到，在《基督教的精神》中，黑格尔明确地批判了在近代欧洲战争中公民缺少国家观念的诸种表现。

相对于高级祭司，既然普通百姓在政治上处于无权状态，因此很容易受到高级祭司阶层的侵犯。高级祭司阶层与普通百姓之间经常发生的对立偶尔也会引起民众的反抗，最为著名的当属可拉（Kora）、大坍（Dathan）等人对摩西和亚伦的反叛，这其实也是对神权政治本身的反叛。黑格尔也给予了极大的关注，他在"Text 44""Text 45""Text 48 Ⅰ 1""Text 48 Ⅱ 1"和"Text 48 Ⅱ 2"中一而再、再而三地加以讨论。但在这个问题上，黑格尔前后的观点基本上是一致的，即可拉和大坍等人感到普通百姓处于政治无权状态，而摩西和亚伦则享有特权，因此这种反叛是对自身权利的一种诉求。⑤

在士师时代，犹太人仍旧处于神权政治统治之下。在这段时期，犹太人总的政治状况是处在国家独立与受异族压迫的交替中。虽然独立与受压迫是一切民族的共同命运，但这两种变化在犹太民族那里有两个独特之处。⑥ 首先，在犹太人那里，独立与受压迫之间的交替表现为崇拜异教神灵与崇拜原来神灵的交替。其次，犹太民族在独立与受压迫之间的交替非常频繁："每一种状态发生得太猛烈，以致不能持久。"⑦ 独立状态不能持久的原因在于，犹太人的独立状态与正常的独立状态差别太大了。正常民族的独立状态是"一种幸福的状态，一种较优美的人道主义状态"。而犹

---

① 《申命记》20：5-8。
② GW 2, S.24。同时参见"Text 48 Ⅱ"中的相关论述［《黑格尔早期著作集》（上卷），第364—365页；GW 2, S.58］。
③ 《黑格尔早期著作集》（上卷），第365页；GW 2, S.58。
④ 《黑格尔早期著作集》（上卷），第365页；GW 2, S.58。
⑤ "Text 44"相关段落参见 GW 2, S.23；"Text 45"相关段落参见 GW 2, S.27-28；"Text 48 Ⅰ1"部分参见《黑格尔早期著作集》（上卷），第488页（GW 2, S.38-39）；"Text 48 Ⅱ 1"和"Text 48 Ⅱ 2"部分参见《黑格尔早期著作集》（上卷），第367页（GW 2, S.64-65）。
⑥ 《黑格尔早期著作集》（上卷），第369—370页；GW 2, S.68-71。
⑦ 《黑格尔早期著作集》（上卷），第370页；GW 2, S.72。

太人的独立状态则是一种普遍敌对的状态，一种违反自然的状态，一种完全被动、极其丑陋的状态。他们的独立仅仅保证了他们的最低存在和需要，即吃、喝、住等低级需要，以这些低级需要为目的，其他美的、高级的需要都丧失了或遭受危害，一切有生命的东西都不存在了。这两种独立状态是不相容的："这种动物式的生存是与人类生活的美的形式——这种形式将给人们自由——不相容的。"① 在丧失独立的情况下，犹太人往往能通过传统信仰激励自己英勇献身，并重新获得独立，但因为这种独立状态太低级了，这使得他们的独立斗争的价值大打折扣。

士师时代后，以色列人政体形式从神权政治转变为王权或君主制。根据历史记载，摩西并不排斥王权或君主制。黑格尔首先指出，摩西时代犹太人的社会联系形式使得是否采用王权或君主制成为无足轻重和不确定的事情。其次，在摩西命令中既没有规定王权的至高要求，"对王权的服从与否由人们根据自己的喜好来决定"，也没有规定抗衡国王的人民权利问题。在黑格尔看来，对犹太人来说，抗衡国王的人民权利是不需要的，因为他们是一个"没有任何权利，而且他们也不再有什么东西可供压制"的民族，他们根本就不担心什么权利受到危害了。②

在黑格尔看来，与神权政治相比，君主制是一种更为进步的形式，因为政治权力不再完全掌握在祭司阶层手中。一方面，一部分人获得了一种政治上的重要性，因此与祭司阶层处于分权或斗争状态。另一方面，虽然在自由国家（如古希腊城邦和古罗马共和国）中，君主制的建立"把所有公民（Bürger）降低到私人的地位"，但在犹太人这里，普通犹太人的地位反比之前更高了，即君主制把个别的人从政治上的无权状态提高为"一个或多或少有限制的某物"。③ 因此这是一种身份的提高，从政治上的虚无状态提升到享有部分政治权力的有限制状态。

对于君主制时代的具体情况，黑格尔所说的比较简单。他只对所罗门有所评论：所罗门政权的光辉短暂而又暴虐。然后他就开始讨论犹太民族的分裂与国家的灭亡。在所罗门统治之后，犹太民族分裂为北国以色列和南国犹大。黑格尔把原因归结在犹太人的命运上。即理想与现实之间的分离，追求无限的权力而实际上统治力很弱，以前用来对付外族人的"暴烈

---

① 《黑格尔早期著作集》（上卷），第 370—371 页；*GW* 2, S. 72。
② 《黑格尔早期著作集》（上卷），第 368 页；*GW* 2, S. 65 - 66。
③ 《黑格尔早期著作集》（上卷），第 371 页；*GW* 2, S. 73。

的无爱和无神的精神"被用来反对自己。① 在一段很长的时期内，犹太人是通过屈辱来维持国家的存在的。但国家最终还是灭亡了，这是"狡狯而衰弱的政治"带来的必然结果。② 其后出现的狂热主义在政治上也无济于事，它们不但是"受局限的，无成效的"，而且增加了"现在局面的紊乱"，最终招致了古罗马人的蹂躏。③

在"Text 48 I 1"最后，黑格尔还考察了古罗马人统治犹太部分地区时所采取的政治制度，即贵族制。具体来说，虽然犹太教公会（Synedrium）掌握权力，但受到古罗马法律的限制，因此此时实际实行统治的是"在民众中有生命力的［罗马］法律和公共舆论"④。也就是说，在古罗马统治时期，不仅政治形式发生了很大变化，而且民众舆论和法律的地位都发生了改变。

二、站在古典正义精神基础上批判专制国家

黑格尔 1798 年关于符腾堡宪制的政论文章，就是《符腾堡参议员必须由公民选举》（*Daß die Magistrate von den Bürgern gewählt werden müssen*）。⑤ 这篇文章以手稿形式流传下来的仅有前面几段，除此之外，在海谋的《黑格尔与他的时代》中还有一些个别引用的段落。以手稿形式保存下来的片段，可看作这篇文章的引言部分，黑格尔此时尚没有具体谈及符腾堡选举改革问题。这篇文章可以看作黑格尔站在古典正义精神基础上对专制国家的批判，它主要描述了时代精神，憧憬了未来的境况，并激励符腾堡民众摆脱恐惧、迟疑、私欲和软弱，努力去改变现实。在时代精神方面，黑格尔强调："人们从安静地满足于现实、一无所望，忍受顺从一种过于巨大和支配一切的命运，已转而抱有追求另外某种东西的希望、期待和勇气。"⑥ 这是腐朽专制制度行将崩塌的前兆，因为精神已经远离了它们："制度、宪制（Verfassung）和法律与人们的风尚（Sitten）、需要和

---

① 《黑格尔早期著作集》（上卷），第 371 页；*GW* 2，S. 73-74。
② 《黑格尔早期著作集》（上卷），第 371 页；*GW* 2，S. 74。
③ 《黑格尔早期著作集》（上卷），第 372，373 页；*GW* 2，S. 75，78。
④ *GW* 2，S. 40；《黑格尔早期著作集》（上卷），第 489 页，译文有改动。
⑤ 关于这篇文章的题目及其变化，学界说法有所不同，具体参见 *GW* 2，S. 639-640，*Werke* 1，S. 268 以及〔德〕黑格尔《黑格尔政治著作选》，薛华译，北京：中国法制出版社，2008 年，"译者序"，第 10—11 页。
⑥ 〔德〕黑格尔：《黑格尔政治著作选》，薛华译，北京：中国法制出版社，2008 年，第 10 页；*GW* 2，S. 103。

意见不再相合。"① 没有精神和信念——就像中国人常说的"民心"——的体制必将崩溃。

虽然人们已经感觉到这种必然性，感觉到国家大厦行将崩塌，并希望其发生，但又因为担心自己的利益受损而恐惧，或者因为软弱而静观其变、静待其成。② 黑格尔对此持鄙夷态度。他强调，正义观念不允许脱离了时代精神的制度苟延残喘。对腐朽制度的任何粉饰都不过使改革的需要与报复一起出现。拖延只会使人们对新世界的渴望和对旧世界的愤怒更甚，使新精神与旧世界的矛盾和斗争更加激烈。

黑格尔强调，未来将是更美好、更公正的时代，是更纯洁、更自由的状态。虽然这必然到来，但一个人、一个等级和一个民族都不应被动、软弱地接受必将到来的变化，而应当怀着新精神与现实决裂和对抗，努力突破旧社会的各种束缚；放弃自己可悲的愿望，丢开渺小的用心，把关心普遍的政治事务系于灵魂深处；把改革"以非正义为基础的宪制（Verfassung）各个部分"③ 作为目标。黑格尔的这种呼吁很像他在《基督教的精神》中所描述的耶稣最初对犹太民族的号召：改造自己和世界。④ 应当怀着"超出自己细小利益而达于正义高度的坚强精神"和"决心这样做而不徒托空言的诚实精神"努力推进改革：以正义作为评判旧体制的标准，探讨何为不正义的东西，积极消除自身所承受的不正义的东西，主动取消自己不符合正义标准的地位和权利。⑤

显然，在上述引言部分，一个很重要的关键词是"正义"（Gerechtigkeit），它与黑格尔在《卡特密信》引言中提到的"Discite justitiam moniti！"（必须发出正义的警告！）⑥ 遥相呼应。在珀格勒看来，当黑格尔把正义作为他的思考的标准，"黑格尔赞同古典政治哲学：政治行动不是要使任何生活得以可能，而是要使正义的生活得以可能；国家应当以

---

① *GW* 2, S. 104；〔德〕黑格尔：《黑格尔政治著作选》，薛华译，北京：中国法制出版社，2008年，第11页，译文稍有改动，薛华把"Verfassung"译为"法制"，笔者为了统一译名起见，遂译为"宪制"。
② 参见〔德〕黑格尔《黑格尔政治著作选》，薛华译，北京：中国法制出版社，2008年，第11页；*GW* 2, S. 103–104。
③ 〔德〕黑格尔：《黑格尔政治著作选》，薛华译，北京：中国法制出版社，2008年，第10页；*GW* 2, S. 103。
④ 参见"Text 60"开篇部分。
⑤ 〔德〕黑格尔：《黑格尔政治著作选》，薛华译，北京：中国法制出版社，2008年，第12页；*GW* 2, S. 105。
⑥ 〔德〕黑格尔：《黑格尔政治著作选》，薛华译，北京：中国法制出版社，2008年，第2页。

国家目的为方向，即正义的现实化和公共福利的现实化"①。

在具体行动上，黑格尔则是努力推动符腾堡邦等级代表会议（Versammlung der Landstände）的改革，尤其是参议会的选举改革。可惜的是，黑格尔后面的手稿都丢失了。我们只能从海谋著作中的一些引述来略知一二。根据海谋著作中的引述，我们可知，黑格尔在这篇文章中猛烈抨击了符腾堡委员会（Ausschuß）中的高级官员，即委员会中的法律顾问（Konsulenten）和律师（Advokaten）。在符腾堡，1770年以来，等级委员会作为一个权力要素与公爵对峙，然而由于法律顾问和律师的很多自私活动，委员会不能按所要求的形式履行它的批判监督功能。在1797年邦会议中，之前的委员会被解散，被两个新的委员会所代替。② 这里所谓法律顾问和律师是委员会中较高级别的官员，他们负责准备和处理日常事务。他们经常逾越各自的权限，有的直接向公爵行贿。③ 他们以委员会的名义专擅跋扈、中饱私囊。他们向公爵行贿，使委员会丧失对公爵的监督职能。他们阻碍等级代表诉求的正常表达，使邦的公共利益得不到维护。④ 委员会俨然成了他们的私有财产。在选举上，委员会法律顾问对代表团（Deputation）的指定没有多少影响，也不能直接干预选举，这使得律师拥有更多的优势。但法律顾问仍对选举有间接影响，与他们有关系的候补官员会排斥律师所支持的人。⑤ 黑格尔还强调，通过邦议会（Landtage），委员会法律顾问的危险影响更大：他们被看作邦议会宪制的重要组成部分，他们的职权活动范围扩大了，他们在议员选举竞争中获利。⑥ 弗里德里克·欧根（Friedrich Eugen）公爵（1732—1797年）从1770年到1796年9月22日负责召集符腾堡邦议会，特别是为了能提高新的控制力。最后一次是为了筹集法国所要求的战争赔款，然而由于战争，邦议会召集延期到1797年3

---

① Otto Pöggeler, "Hegels praktische Philosophie in Frankfurt", in *Hegel-Studien*, Bd. 9, 1974, S. 85.

② Vgl. *GW* 2, S. 680.

③ Vgl. *GW* 2, S. 680.

④ 参见〔德〕黑格尔《黑格尔政治著作选》，薛华译，北京：中国法制出版社，2008年，第13页；Haym, R., *Hegel und seine Zeit*, Berlin：Rudolph Gaertner, 1857, S. 484；*GW* 2, S. 106 - 107。

⑤ 参见〔德〕黑格尔《黑格尔政治著作选》，薛华译，北京：中国法制出版社，2008年，第13—14页；Haym, R., *Hegel und seine Zeit*, Berlin：Rudolph Gaertner, 1857, S. 484；*GW* 2, S. 107。

⑥ 参见〔德〕黑格尔《黑格尔政治著作选》，薛华译，北京：中国法制出版社，2008年，第14页；Haym, R., *Hegel und seine Zeit*, Berlin：Rudolph Gaertner, 1857, S. 484 - 485；*GW* 2, S. 107。

月 17 日。①

在海谋著作的另一则引述中,黑格尔表达了对选举本身的看法。海谋指出,黑格尔一方面承认,真正的代议制(Repräsentation)需要以选民直接或间接选举为前提,但另一方面他又对真正代议制是否适用于有专制传统的邦国持怀疑态度,毕竟在这些邦中实行了几百年的继承君主制,民众没有经过启蒙,习惯了盲目服从。② 黑格尔强调,不只是有了选举形式就够了,民众和相关制度的改变也很关键:民众要认识到自身的权利;要有公共精神(Gemeingeist);要限制官员权力。否则民主选举只能带来宪制的完全崩溃。③ 可见,青年黑格尔此时在民主制或代议制问题上持谨慎态度。

在海谋著作的另一则引述中,黑格尔还批判了官僚阶层的特权。在黑格尔看来,"实际所是与应当所是之间"的差别背后往往隐藏着特权阶级的懒惰和私欲。④ 黑格尔指责特权为实定的东西,历史被作为它的正当根据。就此而言,特权与人权是直接相对立的:"一切归根到底要围着一个人转,这个人 *ex providentia majorum*〔承祖宗的先意〕把所有权力都集于自身,由于承认和尊崇这个人,人权便没有任何保证。"⑤ 正如海谋所说,这句话表明黑格尔是卢梭真正的学生。

综上所述,在这篇文章中,从总体上看,黑格尔显示出比较激进的政治改革观念,体现出古典实践哲学以及与之相关的卢梭和法国大革命思想的影响。首先,他要求根据时代精神、正义标准、人权理念等积极主动地去改革旧宪制,要求人们摆脱私利、软弱与恐惧,勇敢地以公共普遍利益为重。其次,他强调精神与宪制之间的一种必然关系,只有与民族精神和时代精神相结合的宪制才能长久。相反,脱离了精神的宪制则必将崩溃。正如前面所述,明白黑格尔对时代精神的理解非常关键。在具体方面,黑格尔则抨击了符腾堡委员会的法律顾问和律师,抨击了特权制。同时,在代议制和民主制问题上,黑格尔表现出了谨慎的态度。虽然黑格尔主要还是主张政治改革,但其中的革命气息已经十分浓重。众所周知,在伯尔尼

---

① Vgl. *GW* 2, S. 680.
② Haym, R., *Hegel und seine Zeit*, Berlin: Rudolph Gaertner, 1857, S. 66; *GW* 2, S. 108.
③ 参见〔德〕黑格尔《黑格尔政治著作选》,薛华译,北京:中国法制出版社,2008 年,第 14 页; Haym, R., *Hegel und seine Zeit*, Berlin: Rudolph Gaertner, 1857, S. 66; *GW* 2, S. 108。
④ Haym, R., *Hegel und seine Zeit*, Berlin: Rudolph Gaertner, 1857, S. 67; *GW* 2, S. 109.
⑤ 〔德〕黑格尔:《黑格尔政治著作选》,薛华译,北京:中国法制出版社,2008 年,"译者序",第 11 页; Haym, R., *Hegel und seine Zeit*, Berlin: Rudolph Gaertner, 1857, S. 67; *GW* 2, S. 109。

时期，黑格尔对雅各宾派的恐怖主义已持明确地反对态度，因此黑格尔对革命和暴力持谨慎态度。他所要强调的只是，改革的延迟只会引起残酷的暴动，因此要及早改革。

三、与教会统一的国家

在 1798—1800 年，黑格尔在几个文本中都表达了国家与教会统一的观点，首先是黑格尔从 1798 年 8 月 10 日起对康德的《道德形而上学》所作的评释，① 其次是在《基督教的精神》这组文本中。

（一）对康德的国家与教会二分的批判

根据罗森克朗茨在其《黑格尔传》中的报道，黑格尔从 1798 年 8 月 10 日起对康德的《道德形而上学》作了评释。② 众所周知，《道德形而上学》包括两部分《法权论之形上学根基》（下文简称《法权论》）和《德行论之形上学根基》（下文简称《德行论》）。根据相关研究，"《法权论》大约完稿于 1796 年 10 月，出版于 1797 年 1 月；《德行论》大约完稿于 1797 年 2 月，出版于 1797 年 8 月"③。同时，针对弗里德里克·布特尔维克（Friedrich Bouterwek）对《法权论》的评论，康德写了《对于法权论之形上学根基的阐释性附注》（下文简称《阐释性附注》），约于 1798 年 4 月完稿，并被放在《法权论》第二版中，同时也以单行本形式出版。根据相关研究，《阐释性附注》被不恰当地插入了《法权论》（第 2 版）第一篇"关于一般而言的外在所有物之私法"与第二篇"公法"之间。另外，《法权论》第 2 版版权页上虽标示 1798 年，但实际上"应当在 1799 年的复活节年市问世；《阐释性附注》之单行本亦当同时出版"。④ 黑格尔对《道德形而上学》的评释非常重要，因为它与同时正在写作的《基督教的精神》这组手稿有密切关系，但可惜的是，这些评释都丢失了，人们只能根据罗森克朗茨的引述了解一鳞片爪。罗森克朗茨指出，在评释中，黑格尔把自己的观念与康德的观点对立起来。具体来说，黑格尔试图把实定法

---

① Rosenkranz, *Hegels Leben*, Berlin: Duncker und Humblot, 1844, S. 87.
② Rosenkranz, *Hegels Leben*, Berlin: Duncker und Humblot, 1844, S. 87.
③ 〔德〕康德：《道德底形上学》，李明辉译注，台北：联经出版事业股份有限公司，2015 年，"中译本导读"，第 xlvi 页。
④ 见〔德〕康德《道德底形上学》，李明辉译注，台北：联经出版事业股份有限公司，2015 年，"中译本导读"，第 xlviii—xlix 页。

权的合法性与道德性统一到"生命"(Leben)这个概念中,同时,黑格尔"抗议康德著作中压制自然天性(Natur),抗议把人肢解成碎片,化为由义务概念的专制主义而产生的良心"①。这与黑格尔在《基督教的精神》某些文本中对康德的批判是一致的。

罗森克朗茨报道了黑格尔在国家与教会的关系问题上对康德的批判。根据相关研究,黑格尔针对的是康德在《阐释性附注》中所表达的相关观点。如上所述,《阐释性附注》应当是在1799年出版问世的。如果这是确切的话,那么黑格尔的评释肯定持续到1799年。简而言之,在国家与教会的关系问题上,康德要回答的是:"教会可以属于国家,作为其所有物?还是国家可以属于教会,作为其所有物?因为两个最高权力无法相互隶属而无矛盾。"②康德强调,唯有国家宪制或公民宪制(bürgerliche Verfassung)才存在,只有这种宪制才能持久:"因为凡是公民宪制均属于此世,这是由于它是(人底)一种世间权力,而这种权力连同其结果能在经验中得到文献证明。"③康德进一步指出,宗教或教会信仰不能由国家的公民权力强加给人民,也不能被剥夺,公民也不能由于宗教原因"而被排除在公职和由此所获得的利益之外"④。康德还强调:"因为教会本身是一个纯然建立在信仰之上的机构,而且当来自这种意见的欺骗由于人民之启蒙而消失时,教士以此为依据的可怕强制力也被取消了,而国家有完全的权利没收教会底非分财产。"⑤可见在国家与教会问题上,康德虽然基于宗教宽容和信仰自由原则而承认教会的正当性以及国家与教会分离的正当性,但他更多是从人权和公民权出发,强调国家在宪制、权力和权利方面要比教会重要得多。⑥就此而言,仅仅用下面这句话来总结康德在这个问题上

---

① 〔德〕黑格尔:《黑格尔政治著作选》,薛华译,北京:中国法制出版社,2008年,第16—17页;Rosenkranz, *Hegels Leben*, Berlin: Duncker und Humblot, 1844, S. 87。
② 〔德〕康德:《道德底形上学》,李明辉译注,台北:联经出版事业股份有限公司,2015年,第232页;Kant, *Gesammelte Schriften*. Bd. 6. Berlin: Druck und Verlag von Georg Reimer, 1914, S. 368。
③ 〔德〕康德:《道德底形上学》,李明辉译注,台北:联经出版事业股份有限公司,2015年,第232页;Kant, *Gesammelte Schriften*. Bd. 6. Berlin: Druck und Verlag von Georg Reimer, 1914, S. 368。
④ 〔德〕康德:《道德底形上学》,李明辉译注,台北:联经出版事业股份有限公司,2015年,第232—233页;Kant, *Gesammelte Schriften*. Bd. 6. Berlin: Druck und Verlag von Georg Reimer, 1914, S. 368。
⑤ 〔德〕康德:《道德底形上学》,李明辉译注,台北:联经出版事业股份有限公司,2015年,第233—234页;Kant, *Gesammelte Schriften*. Bd. 6. Berlin: Druck und Verlag von Georg Reimer, 1914, S. 369。
⑥ 显然,这与黑格尔在《基督教的实定性》中的观点基本上是一致的,参见上文。

的观点是片面的:"国家和教会两者应相安无事,互不相涉。"① 当然这种"片面性"并非完全是黑格尔的观点,而可能是罗森克朗茨的报道所造成的。②

黑格尔自己的观点则体现在罗森克朗茨的长篇摘引中。黑格尔要回答的问题是:"国家与教会的分离何以和在何种程度上是可能的?"③ 首先要注意的是黑格尔对"教会"的理解。他在这里指出,在教会内,人是一个整体,教会的目的在于为人提供并维持整体感。就此而言,且基于黑格尔之前对基督教会的猛烈批判,他这里所说的教会应该不完全指基督教会。根据此时正在写作的《基督教的精神》,黑格尔所理解的教会当是指他所谓的在地上实现的"神的国",即由那些自身神圣精神得到发展的人们达到的神圣统一,或通过爱而相互联系起来的人组成的一族人民(Volk),或作为美和神圣生活的纯粹人类联合。这种"教会"的原则就是统一或生命,只有在这里,人才是活生生的整体。而国家与这种"教会"的分离何以和在何种程度上是可能的?这与国家本身的原则有关。如果国家掌握的是所有制或财产权原则(das Princip des Eigentums),那么国家的法律和教会的法律是相互抵触的。因为前者涉及的是特定权利,"把人极不完全地看作具有财产的人"④。就是说,国家的法律从理智出发规定人,人被分裂为享有或不享有各种不同权利的人。对于这种国家法,以教会精神或整体精神行动的人,就不仅仅针对国家个别法律,而且针对国家法律的整个精神和国家法律整体。正如上述,《基督教的精神》中的耶稣就是这样一种人,他要求以爱或生命原则来扬弃整个法律及其精神。就此而言,在国家和教会的二元对立中,人会一直处于冲突之中。人自身分裂为国家的人和教会的人,教会也由此成为残缺不全的片断了。而且如果国家为了维持自己的统治而用暴力对抗教会,那么国家就将是"非人性的、可怕的东西,并将产生狂热主义"⑤。

但如果国家的原则是"完全的整体",那么教会和国家就不会有差别

---

① 〔德〕黑格尔:《黑格尔政治著作选》,薛华译,北京:中国法制出版社,2008年,第17页;Rosenkranz, *Hegels Leben*, Berlin: Duncker und Humblot, 1844, S. 87; *GW* 2, S. 587。

② 参见 *GW* 2, S. 697。

③ 〔德〕黑格尔:《黑格尔政治著作选》,薛华译,北京:中国法制出版社,2008年,第17页;Rosenkranz, *Hegels Leben*, Berlin: Duncker und Humblot, 1844, S. 87; *GW* 2, S. 587。

④ 〔德〕黑格尔:《黑格尔政治著作选》,薛华译,北京:中国法制出版社,2008年,第17页;Rosenkranz, *Hegels Leben*, Berlin: Duncker und Humblot, 1844, S. 87; *GW* 2, S. 587。

⑤ 〔德〕黑格尔:《黑格尔政治著作选》,薛华译,北京:中国法制出版社,2008年,第17页;Rosenkranz, *Hegels Leben*, Berlin: Duncker und Humblot, 1844, S. 88; *GW* 2, S. 587。

和分离:"在国家方面是加以思考的、进行统治的东西,在教会方面也正是同一的、有生命的、通过想象表现出来的整体。"① 很明显,黑格尔此时所极力主张或尝试的正是国家与教会的统一。

正如珀格勒所说,黑格尔的评释具有重要的实践哲学内涵:"根据古典实践哲学的看法,伦理(比如法)形成于城邦的整体秩序;单个人的伦理只有通过这种整体及其一般的'风尚'才有可能;法无非是这个整体的合法秩序。相反,康德的实践哲学激烈地把单个人的道德与合法分离开,在道德中义务理念同时是行动的动力,合法是指行动与法律相符合,不考虑行动的动力。"② 这里体现了古典实践哲学与康德实践哲学之间的冲突,在这种冲突中,黑格尔无疑是站在古典实践哲学的立场上。

正如上文所示,在《基督教的实定性》第二篇中,黑格尔主要坚持康德的二元论立场,即道德与法律、教会与国家相分离,并从人权和自然法思想出发赋予世俗国家以重要地位,批判基督教会的实定性。但此时在黑格尔的人民宗教中,康德主体哲学已被统一哲学或生命哲学所代替。从生命和整体来看,道德和法律都是强制性的。同时国家应统一到宗教或教会中,即通过把国家纳入作为黑格尔此时最高范畴的"宗教"或"教会"中来消除其强制性,恢复人的整体性。这些思想都在《基督教的精神》这组文本中得到更明显的体现。

(二) 神的国在大地上的实现

在《基督教的精神》中,黑格尔的思路是德行—爱—宗教。在爱这个环节,黑格尔提出要通过爱扬弃报复和报复的对等性原则——这些恰恰是国家宪制的根本原则,因此这其实也是要求扬弃现代国家的强制性形式。③

在宗教环节中,黑格尔提出要建构国家与教会一体的模式。正如前面所述,耶稣提出神人关系是父子关系,这种父子关系就是全体与部分的关系:部分作为部分,又是全体,部分与全体合一。黑格尔用国家与个人的关系作为一个例子加以说明——黑格尔从战争角度来分析。黑格尔指出,对于每个自然的、没有分裂的民族来说,在战争中"每一个个人都会以最凶猛的态度拼命砍杀"。这表明,一方面,个人是国家整体的一个部分,

---

① 〔德〕黑格尔:《黑格尔政治著作选》,薛华译,北京:中国法制出版社,2008 年,第 18 页; Rosenkranz, *Hegels Leben*, Berlin: Duncker und Humblot, 1844, S. 88; *GW* 2, S. 587–588。

② Otto Pöggeler, "Hegels praktische Philosophie in Frankfurt", in *Hegel-Studien*, Bd. 9, 1974, S. 89.

③ 参见《黑格尔早期著作集》(上卷),第 386 页。

国家不是在个人之外的东西；另一方面，个人就是国家整体本身。显然在黑格尔看来，只有在古典共和国或真正自由的民族中，国家与个人之间才是这种活生生的统一。而在以分裂为特征的现代国家中，国家作为全体是有别于个人的一种东西，现代国家与个人之间只是思想或概念上的统一。比如一个民族虽然通过一个社会契约思想（所有人有相同的权利）结合为一个国家，但每个个人把国家看作外在于自己的东西。在战争中，人们不再是为与个人等同的国家而战，而是为外在于自己的国家而战。[①] 就此而言，现代国家不过是客体和死的东西。每个人作为原子式的个体带着自己的特性和利益被联合在一个异己的国家中。黑格尔把神人关系理解为类似于古典国家与个人的关系，意味深长。这表明，黑格尔此时不仅仍旧坚持古典共和主义，而且认为古典共和主义和统一哲学是相通的。这符合黑格尔自法兰克福初期以来所采取的人民宗教框架：统一哲学与古典共和主义相综合。我们也可以看到，就像《黑格尔全集》历史考订版第二卷"Text 54"前半部分所示，黑格尔在这里对由原子式的个人组成的现代国家持一种否定态度，并努力要克服它的分裂性、外在性，恢复那种国家与个人统一的状态。

在宗教环节中，由达到完满状态的人组成的团体就是"教会"或"神的国"，这被看作耶稣所创立的宗教的全体，[②] 其实也是黑格尔此时人民宗教和国家理念的顶点。众所周知，黑格尔在图宾根时期就对"神的国"的理念情有独钟，在黑格尔与谢林、荷尔德林约定的口号中，它是指理性王国。在《耶稣传》中，它是指善的王国。而在这里，黑格尔从统一哲学出发，把"神的国"理解为由那些自身神圣精神得到发展的人们达到的神圣统一或作为美和神圣生活的纯粹人类联合。但不论在图宾根时期和伯尔尼时期，还是在这里，黑格尔都要在地上实现"神的国"。

黑格尔对"神的国"的理解也具有强烈的政治哲学意味。上面对国家与个人的关系的分析已经预示了这一点：神的国就是国家与个人的有机统一体。因此，"神的国"不但不是以分裂为特征的现代国家——它不过是被认为相同和平等的人们在一个概念下组成的集合体（Versammlung）——而且要完全排除现代国家，即完全排除"异己者对异己者通过统治、通过暴力而达到的统一"[③]。以对立和强制为特征的道德和法

[①] 《黑格尔早期著作集》（上卷），第428页；GW 2，S. 257-258。
[②] 《黑格尔早期著作集》（上卷），第445页；GW 2，S. 281。
[③] 《黑格尔早期著作集》（上卷），第446页；GW 2，S. 281-282。

律都通过爱而扬弃在神的国中了。通过爱而相互联系起来的人组成人民（Volk），这是最美的理念。属于一个全体（即神的精神的合一体），其中的诸个体是神的儿子，这是最崇高的理念。显然，这是综合了古希腊传统与基督教传统的一种人民或国家理想。美是古希腊传统，爱是基督教传统，在"神的国"中，这两种传统第一次实现了统一。黑格尔此时不再像图宾根时期和伯尔尼时期那样一味地赞扬古希腊传统，而排斥基督教传统。

四、对现代国家的承认

经过政治经济学的研究与对耶稣和基督教的命运的反思，黑格尔开始指出，现实世界与神的国之间的对立其实并不存在，现代国家是有生命的统一（或神的国）的一个巨大方面："在对于国家的这种［消极］态度里，在活生生的联合中已经有的一个很大方面，对天国中的各成员来说，已经有一个重要的纽结被隔断了。同时他们丧失了自由的一个部分、亦即美的联盟所具有的否定的特性的一部分，他们也丧失了大量的活动的关系和活生生的联系。"① 这说明黑格尔对现代国家的看法发生了重大变化。具体的自由和生命的发展只有在现代国家中才有可能。

黑格尔强调，虽然耶稣不去接触犹太民族的整个命运，但有时他仍要被动去承受这种命运。比如，他不得不纳税："恺撒的归恺撒。"向古罗马人纳税是犹太民族当时面临的命运之一，耶稣也不能置身事外。这表明耶稣仍要遵守国家法令，服从国家权力，虽然这种被动承受与他逃避世界的态度相矛盾。② 这也是耶稣及其门徒所面临的现实与理想之间的矛盾和分裂：神的国不在现实世界上。对他们而言，现实世界与神的国在当前处于对立状态，耶稣及其门徒不断受到国家的迫害，他们也不断退回到自身。

一反他之前所坚持的神的国与现实国家（包括现代国家）尖锐对立这种观点，黑格尔此时强调，现实世界与神的国之间的对立其实并不存在，现实国家是有生命的统一或神的国的一个巨大的方面。他不得不弱化古典共和国理想，转而承认以分裂为特征的现代国家。

耶稣及其门徒与现实国家的分离，势必使神的国的这个方面或重要的纽带发生断裂，使自由（美的联盟的否定性特征）的一部分丧失，使大量

---

① 《黑格尔早期著作集》（上卷），第451—452页。
② 《黑格尔早期著作集》（上卷），第451页；*GW* 2, S. 290。

能动的关系、有生命的联系丧失。这也决定了耶稣以及基督教会无法实现神的国，而只能处于与现实世界的分裂之中。

耶稣以及基督教对国家的弃绝，导致神的国的公民与一个敌对性的国家相对立，并成为从国家中排除掉的私人（Privatpersonen）："对于那些从来没有在这样一种［政治的］统一里活动过的人、从来没有享受过这种联盟和这种自由的人，特别是对他们来说国家公民关系主要仅仅涉及财产。"① 耶稣和基督徒割裂了与国家的关系后，他们产生出一种孤立的个体性和对个人特性的偏狭的意识。

黑格尔强调，一方面，虽然在神的国的理念中，以尘世国家为基础的一切关系都要被轻视和排除在外，尘世国家关系无限低于神圣联盟的活生生的关系。② 黑格尔在"Text 58"初稿最后和"Text 59"最后分析"神的国"这种表达时也作出了类似的论述。在"Text 58"左栏中，黑格尔写了下面一段话，后又被删掉了："耶稣把自由意识与神圣的和谐，单独通过神而鼓舞一切生命形态，称为光（光明王国），把人的神圣的生活（在他们的多样性面前保持他们的和谐）称为神的国。"神的国表明的是"一种来自美和神圣的生活的纯粹人类联合（必定完全没有疏离）"。而"王国"这种称呼往往意味着通过统治而得到的统一性。③ 在"Text 59"中，黑格尔表达了相同的意思，简而言之，"王国"表达的只是"异己者对异己者通过统治、通过暴力而达到的统一"，而作为"一种纯洁的人的联盟的美和神圣生活"，神的国应完全排斥它。④

但另一方面，尘世国家存在着，耶稣或基督教既然不能取消它，那么他们就只能忍受自由的丧失和生命（或生活）受到限制，只能被动地服从他们所轻视的异己权力——甚至他们能生活在某个地方，也是国家权力所允许或默许的。

正如黑格尔多次分析的，爱是早期基督教徒团体内部的统一原则。但爱虽然是生命的统一原则，但反过来也会导致排外性。爱还把现实生活诸形态理解为理智的客体、客观性的东西，并加以排斥。因此在团体外部，他们所排斥或逃避的其他一切生活形式或关系作为"一个巨大的客观性的范围"而存在着。这就是现实世界，它设定着"方面最多、范围最广、力

---

① 《黑格尔早期著作集》（上卷），第452页；GW 2, S. 291。
② 《黑格尔早期著作集》（上卷），第452页；GW 2, S. 291。
③ Vgl. GW 2, S. 263.
④ 《黑格尔早期著作集》（上卷），第446页；GW 2, S. 281-282。

量最大的命运"——这种现实世界同样表现了黑格尔对国家的认识和承认。

在黑格尔看来，在基督教会中，基督徒的宗教冲动无法满足，精神与现实之间永远处在分裂之中，神与生活（生命）的分离和对立一直持续着："神只出现在意识中，而决不出现在生活（生命）中。"① 这种分裂表现在基督教的所有历史形式中，从早期基督教团契时期到教会时期，包括天主教会和新教教会。如在早期基督徒那里，尤其是苦修士那里，他们只意识到神本身，而拒绝生活的多样性，甚至拒绝精神自身能从中获得享受的最纯粹的多样性。在教会国家时期，总的来说，除了对神的意识外，教会已拥有了更多的意识，教会与世界的命运结合在一起，但神与世界的命运仍处于对立中。在天主教会中，"通过一种服役和抹煞它们的对立的感觉，用以赎买它们的正当性"。在新教教会中，这种对立表现在虔敬思想中，或者把生活看作一种耻辱和犯罪，或者把生活看作神的善行和恩赐，把浮现于人们面前的精神形式看作纯粹的现实性。可见基督教会摇摆于神与现实这两个极端之中，它的命运就表现为："教会和国家、崇拜与生活、虔诚与德行、精神活动与世间活动决不能溶合为一。"②

小　　结

综上所述，黑格尔早期关于国家的思想交织着对古代人的自由与现代人的自由、古典共和国与现代国家的不同态度，并发生了比较复杂的变化。在中学时期，他对古代人的政治自由基础上的古典共和国与现代人的自由基础上的现代国家都已有所了解和认识，并表现出对前者的爱慕。在大学时期，黑格尔以古希腊城邦作为人民宗教的典范，希望在现代人的自由基础上重建古代人的自由和古典共和国。

在伯尔尼时期，黑格尔一开始从古典共和国和现代国家出发，展开了对基督教实定性的双重批判。黑格尔在《耶稣传》中把耶稣的学说与基督教区分开，把耶稣所言的"神的国"理解为康德自由哲学基础上的道德国家。在《基督教的实定性》第一篇中，黑格尔主要从康德设定的国家与宗教（法律与道德）的二分出发，批判基督教对公民人权、公民权和国家法

---

① 《黑格尔早期著作集》（上卷），第 469 页；*GW* 2，S. 326。
② 《黑格尔早期著作集》（上卷），第 470 页；*GW* 2，S. 328。

权（如信仰自由原则、财产不可侵犯原则、教育权原则、法律面前人人平等原则、择业自由原则等）的侵犯等。

在《基督教的实定性》第三篇中，黑格尔则探讨了古代人的自由以及共和国的陨落以及以私利精神和保护私有财产为特征的现代国家的出现，并对后者进行了批判。这种站在古代人的自由和古典共和国基础上对现代国家的批判一直持续到法兰克福末期。在《德意志观念论最早体系纲要》中，黑格尔首次提出废除作为机器的现代国家的激进主张，希望实现人的自由全面发展和所有人的普遍自由和平等。在《符腾堡参议员必须由公民选举》中，黑格尔站在古典正义精神上来批判当时的专制体制。在《犹太教的精神》中，黑格尔在古典共和国理想和统一哲学立场上批判了犹太人的专制国家体制（不论是神权政制，还是君主制），犹太人没有古代人的政治自由和平等。古典共和国理想和统一哲学要求黑格尔提出与教会统一的国家，因此黑格尔在对《道德形而上学》的评释中批评康德的国家与教会二分的原则，并进一步在《基督教的精神》中沿着"德行—爱—宗教"这条思路建构了一种宗教或神的国，它要完全排斥现代国家——后者只能通过异己的统治和暴力而达到统一。

最后，经过政治经济学的研究与对耶稣和基督教的命运的反思，黑格尔开始指出，现实世界与神的国之间的对立其实并不存在，现代国家是有生命的统一（或神的国）的一个巨大方面。这说明黑格尔对以分裂和个体为特征的现代人的自由和国家的看法发生了重大变化，他对古代人的自由和古典共和国的理想不得不被削弱。具体的自由和生命的发展只有在现代国家中才有可能。同时，虽然《1800年体系残篇》和《基督教的实定性·新序言》没有触及国家问题，但黑格尔所阐发的客观观念论和历史辩证法已经隐含了对作为客观东西的现代国家的进一步承认和保留。这构成了黑格尔在耶拿时期国家理论建构的重要前提，也包含在了其成熟的伦理国家理论中。

值得注意的是，黑格尔从1799年起开始围绕德国宪制问题进行摘录和写作，《黑格尔全集》历史考订版第五卷将这些手稿、摘录和笔记辑为《德国宪制批判残篇》［*Fragmente einer Kritik der Verfassung Deutschlands (1799—1803)*］，一般称之为《德国宪制》，其讨论的主题正是国家的规定以及德意志神圣罗马帝国的国家问题，但该组文章的主体部分以及定稿是黑格尔在1801—1803年（即耶拿前期）完成的，因此笔者没有把对这个文本的考察放进本书中，这里只简单提及。首先需要指出的是，黑格尔

第五章 两种自由基础上的国家观变迁

在最初的"准备和草稿"中就已多次提到"德国已不再是个国家"①,这说明,与《基督教的精神》文本群不同,《德国宪制》更具现实性,这一点《德国宪制》与《符腾堡参议员必须由公民选举》更为相似。但在国家问题上,《德国宪制》明显与黑格尔在1800年所达到的对现代国家的承认保持一致。黑格尔在《德国宪制》中渴求实现德意志政治体制的现代化和德国现代国家的出现:"从两种国家和政治体制出发看待法国革命军对历史帝国古老体制的打击。法军的胜利证明了现代国家的强大和凝聚力,在法国,这种强大和凝聚力来源于绝对主义的中央集权与革命性改造的结合。在这种社会力量面前,旧的分崩离析的德意志帝国的中世纪、地方割据的小邦诸侯的 *liberum veto*〔自由否决权〕证明毫不济事。因此,此文不是呼唤德意志民族主义,而是呼唤德意志政治体制现代化。"②

同时更值得注意的是黑格尔在《德国宪制》中对"现代状况下国家是什么"这个问题的回答。黑格尔说:"一群人为共同保卫自己整个财产权而联合起来,这才能把自己叫做一个国家。这种联合不是单有自卫的意图,反之它要用真正的防御来保护,不管力量和所企求的成功会是怎样。"③正如阿维纳瑞所分析的:"尽管这里将财产权保护设为国家的核心,然而重要的是黑格尔在其定义中所指并非国家个别成员的私有财产,而是谈的是它的财产——群体的财产。"④这一点构成了理解黑格尔这个文本中国家思想的要点。这里也说明,黑格尔一方面承认了私有财产的现代命运,但同时着力区分国家个别成员的私有财产与国家整体的利益,用黑格尔成熟的思想来说就是,区分市民社会和国家。同时,这个定义也强调了"共同意志"对国家的重要性,这尤其体现在战争状态,即"用真正的防御来保护"国家整体利益。黑格尔在这个文本中着力批判的一点就是德意志帝国所发生的特殊利益原则对国家普遍原则的入侵和替代,比如私法原则对公法原则的入侵和替代,这其实也是对共同意志的破坏,正是这使得德国已不再是一个国家,"德国国家大厦不过是权利总汇而已,这

---

① 〔德〕黑格尔:《黑格尔政治著作选》,薛华译,北京:中国法制出版社,2008年,第117页;Hegel, *Gesammelt Werke*. Band 5, Hamburg: Felix Meiner Verlag, 1998, S. 5。
② 〔以〕阿维纳瑞:《黑格尔的现代国家理论》,朱学平、王兴赛译,北京:知识产权出版社,2016年,第44页。
③ 〔德〕黑格尔:《黑格尔政治著作选》,薛华译,北京:中国法制出版社,2008年,第28页。
④ 〔以〕阿维纳瑞:《黑格尔的现代国家理论》,朱学平、王兴赛译,北京:知识产权出版社,2016年,第50页。

些权利使各个部分剥夺了整体"①，"这种将公共权力变成私有财产的企图不过就是国家的解体，就是使作为一种权力的国家归于消亡（die Staatsgewalt zu einem Privat-Eigenthum zu machen heißt nichts anders als den Staat auflösen, den Staat als eine Macht vernichten）"②。

  关于特殊利益与普遍利益、特殊原则与普遍原则之间的关系，或者说市民社会与国家之间的关系，在黑格尔成熟思想中应包括两个方面，即一方面，市民社会的特殊原则不应侵入和替代国家普遍原则；另一方面，市民社会中的个人特殊利益也应得到国家的保护。与黑格尔在 1800 年所达到的国家（和财产）思想一致，他在《德国宪制》中强调的应主要是第一方面，而第二方面在其体系中的位置尚处于摇摆之中，这也与他在耶拿前期的《论自然法》和《伦理体系》等文本中所构建的伦理（国家）体系一致，即以亚里士多德的实践哲学为模范构建的古希腊式的伦理体系占据主导地位，黑格尔称之为"绝对伦理"，其特征就在于共同体的整体性、普遍性和绝对性，用《论自然法》中的说法就是，"绝对伦理总体无非是一族人民"③，用《伦理体系》中的说法则是，"民族作为有机的总体性是实践领域和伦理领域的一切规定性的绝对无差异"④。黑格尔明确提到这种绝对伦理的亚里士多德实践哲学模型："在人民中生活、同人民生活，为人民生活，过一种普遍的、完全属于公共事务的生活。"⑤ 黑格尔在 1800 年所承认的现代社会的经济领域、需要、劳动和占有以及相应的政治经济学体系被称作"相对伦理"，与绝对伦理相对立。⑥ 虽然"相对伦理在各个个人那里也同样是实在的"，但只有"完全寓于个人之中"的绝对伦理才构成个人的本质。⑦ 绝对伦理对这种作为"差别"环节的相对伦

---

  ① 〔德〕黑格尔：《黑格尔政治著作选》，薛华译，北京：中国法制出版社，2008 年，第 25 页。

  ② Hegel, *Hegels Schriften zur Politik und Rechtsphilosophie*, herausgegeben von G. Lasson, Leipzig: Felix Meiner, 1913, S. 13. 相关分析参见〔以〕阿维纳瑞《黑格尔的现代国家理论》，朱学平、王兴赛译，北京：知识产权出版社，2016 年，第 51—54 页。

  ③ 〔德〕黑格尔：《论自然法》，朱学平译，北京：商务印书馆，2021 年，第 58 页；关于"绝对伦理"的分析，参见该书第 58—59 页。

  ④ 〔德〕黑格尔：《伦理体系》，王志宏译，北京：人民出版社，2020 年，第 53—54 页；关于"绝对伦理"的分析，参见该书第 55—57、61—62 页。

  ⑤ 〔德〕黑格尔：《论自然法》，朱学平译，北京：商务印书馆，2021 年，第 69 页。

  ⑥ 参见〔德〕黑格尔《论自然法》，朱学平译，北京：商务印书馆，2021 年，第 60—62 页；〔德〕黑格尔：《伦理体系》，王志宏译，北京：人民出版社，2020 年，第 57—58 页，第 62—64 页。

  ⑦ 参见〔德〕黑格尔《论自然法》，朱学平译，北京：商务印书馆，2021 年，第 67 页。

理的承认,即对现代私有财产(以及以保护私有财产为目的的自由主义国家)之客观性和必然性的承认,此时被黑格尔称为"悲剧在伦理事物中的上演",看作伦理整体的一种牺牲。①

黑格尔在《精神哲学》(1805—1806 年)中将体系的建构原则从古希腊的城邦实体原则转换为康德、费希特的个体主体性原则,由此"一方面使黑格尔能够将现代个人从传统的家庭和国家中解放出来,获得现实的存在;另一方面,通过个体性原则与经济学的内在结合,也解决了他一贯批判的康德、费希特的自然法理论固有的纯粹形式主义缺陷,使形式(法)与内容(需要的体系)获得内在的统一";这也为市民社会和国家的区分做好了理论基础,直至在 1817—1818 年的《法哲学讲座》中正式提出"市民社会",并在《法哲学原理》进行进一步阐述。② 如此一来,黑格尔那种市民社会和国家二分的成熟国家理论才算正式确定。

---

① 参见〔德〕黑格尔《论自然法》,朱学平译,北京:商务印书馆,2021 年,第 75 页。相关分析参见〔德〕曼弗雷德·里德尔《在传统与革命之间》,朱学平、黄钰洲译,商务印书馆,2020 年,第 19—20、107—108、142—143、210—211 页;朱学平:《青年马克思、黑格尔论市民社会与国家的分离》,载《马克思主义理论教学与研究》2021 年第 2 期,第 100 页。

② 参见朱学平《青年马克思、黑格尔论市民社会与国家的分离》,载《马克思主义理论教学与研究》2021 年第 2 期,第 101—102 页;〔德〕曼弗雷德·里德尔《在传统与革命之间》,朱学平、黄钰洲译,商务印书馆,2020 年,第 176—177 页。

结语　黑格尔实践哲学体系建构视域中的早期思想

除了背景介绍外，本书通过仔细分析黑格尔在启蒙、实定性、人民宗教、财产、劳动与国家等主题上的思想变化，展示了黑格尔早期实践哲学思想的丰富内涵。本书认为，黑格尔早期思想的两个核心概念是自由与实践。因此，我们可以把黑格尔早期围绕这两个核心概念展开的思想恰当地归结为实践哲学。同时，黑格尔早期实践哲学思想的意义只有放在其整体思想以及德国观念论视域中才能得到完全的彰显。在本部分，我们首先归纳总结黑格尔早期以自由和实践为核心概念的实践哲学思想，然后分别在黑格尔实践哲学发生史和德国观念论视域中来看其早期实践哲学思想的意义，最后对黑格尔早期实践哲学思想的现实意义予以阐发。

一、以自由与实践为核心概念的黑格尔早期实践哲学思想

黑格尔所受之教育，"在原则方面是完全属于启蒙运动的，在课程方面是完全属于古典古代的"①。启蒙运动所宣传的自由和理性等基本价值使黑格尔早期确立了追求自由、反对专制（包括政治专制、宗教专制和思想专制等）的使命，这也是他一生的志业所在。在某种程度上，黑格尔在1785—1800年这段时期的主要作品的基础和目的都可归之为自由启蒙，用康德在《回答这个问题：什么是启蒙？》中的话来说，黑格尔早期"作为学者有充分的自由甚至天职"来启蒙民众。与这种自由相适应，黑格尔也接受了康德的"按照自由概念的实践"②，即道德实践。古典古代方面的教育则使黑格尔早期所理解的自由不限于启蒙运动所宣扬的现代人的自由或主体自由，而更多地把自由理解为古代人的自由或实体自由。因此，黑格尔早期所接受的也就不仅仅是康德意义上的道德实践，而更多是亚里士

---

① Rosenkranz, *Hegels Leben*, Berlin: Verlag von Duncker und Humblot, 1844, S. 10.
② 〔德〕康德：《判断力批判》，邓晓芒译，杨祖陶校，北京：人民出版社，2002年，第5—6页。

多德实践哲学意义上的实践，即优先于制作（劳动）的政治行动与伦理行动。这使黑格尔能对启蒙运动的局限性进行批判，比如启蒙理智不能真正推动人在道德上的进步，启蒙在一些核心概念上所持的抽象性态度使得它不能顾及历史性、现实性和多样性。这种批判也使黑格尔在理论与实践之间的关系问题上不同于康德。

因此，黑格尔早期持有两种自由观和实践观，一是从启蒙教育得来的现代人的自由（或主体自由）观念以及康德实践哲学意义上的道德实践，二是从古典古代教育得来的古代人的自由（或实体自由）观念以及亚里士多德实践哲学意义上的政治行动和伦理行动。黑格尔早期对实定性、人民宗教、财产、劳动与国家等主题的讨论基本上都是在这两种自由观和实践观基础上进行的。

在实定性问题上，在1793—1795年，黑格尔的实定性批判思想主要体现为康德式主体自由与实定性之间的对立，前者代表内在性和自律，后者代表外在性和他律。在1795—1799年，黑格尔的实定性批判思想主要体现为统一哲学中的自由与实定性之间的对立，前者类似于古代人的实体自由，代表统一性；后者代表分裂性。在1799—1800年，实定宗教或实定性要从客观观念论和历史辩证法角度来重新加以认识，自由只能被看成是在具体的历史制度中的自由，它在历史中逐渐丰富和实现。由此，自由与实定性之间存在一种辩证关系。

黑格尔早期的刑罚思想附属于其关于实定性问题的讨论。为了克服康德刑罚理论中的强制性，黑格尔提出了作为命运的惩罚，其出发点是生命的原初统一，类似于古代人的实体自由。在黑格尔看来，以主体意志自由为基础的刑法及其规定的刑罚在本质上内含着对立、分裂和强制，刑罚正义本身也不过是一种幻象。为此，他才提出一种没有强制的惩罚，即作为命运的惩罚。它不是一种外在的强制，而是让犯人产生一种内在的悔恨和对恢复统一的渴望，只有这种惩罚才能实现真正的和解，只有这种惩罚才是真正自由的。

在人民宗教问题上，黑格尔的最初建构以古希腊和古罗马公民宗教为原型，同时融合了启蒙理性。因此，这种人民宗教指向古代人的实体自由和实践，基础则是现代人的主体自由和实践。在伯尔尼时期，黑格尔明确以康德实践哲学作为人民宗教的基础，以此为标准批判犹太教和基督教的实定性和专制性。在伯尔尼后期，黑格尔从古罗马人政治自由的丧失所引起的时代精神的变化角度分析了古代人民宗教的陨落。在伯尔尼和法兰克福交替时期，人民宗教的基础由康德主体哲学变为统一哲学，康德实践哲学因其自身内含的强制性和分裂性遭到批判。康德的道德法则要被爱所扬弃，然后爱再进入到宗教，这种融合了耶稣教导与古希腊精神的宗教是人民宗教的最高表达。耶稣和基督教会的命运使黑格尔认识到，这种人民宗教无法实现精神与现实、宗教与国家的真正统一。加之，黑格尔对斯图亚特政治经济学的研究使他对以分裂为特征的现代社会及其精神有了新的认识和肯定。在这种新的自由和时代精神影响下，黑格尔所希望的以宗教和国家的统一为根本内容的人民宗教不得不解体，他不得不接受现代意义上的教会与国家的二分。

在财产和劳动问题上，黑格尔早期思想的变化背后是他对实践与制作、行动和劳动的关系的理解的变化。对于私有财产，黑格尔早期从总体上表现出从肯定到否定，最后再重新予以肯定的复杂态度。在伯尔尼初期和中期，黑格尔主要在康德实践哲学基础上批判基督教会对公民财产权和公共财产的侵犯，这种批判符合启蒙运动以来的宗教批判思路。到了伯尔尼后期，在古典共和国理想、行动（实践）优先理论和统一哲学影响下，黑格尔转而表现出对私有财产以及作为其基础的劳动的批判和否定，这种批判与受古典政治影响的卢梭类似。这种否定态度在法兰克福初期和中期是主旋律。在法兰克福末期，经过对斯图亚特政治经济学的研究以及对耶稣和基督教命运的反思，认识到私有财产和劳动构成了现代人的命运之后，黑格尔最终放弃了之前要求废除私有财产的思想，并转而肯定和承认私有财产和劳动的必然性，由此弱化了行动优先理论，但并未放弃行动优先。

根据黑格尔在耶拿时期关于劳动的阐述，其早期的劳动思想可以从需要、人与自然的关系、财产和异化等方面得到重构。黑格尔关于需要的叙述意味着他很早已经注意到了自由劳动和异化劳动的区分，但他对需要和劳动的理解因囿于古典思想而显得狭窄。黑格尔关于人与自然的关系的讨论侧重于主体性造成的分裂、主体的客体化和客体的主体化，这种主客辩证法中已隐含了劳动作为主体的对象化活动这种观念，但他尚未突出劳动作为主体和客体的中介的积极意义。在这种主客辩证法中，财产和异化与劳动的关系问题也得到了呈现。财产和劳动自身包含客体性（实定性）与主体性（自由）这两种对立的属性，对前者的批判预示着黑格尔后来的劳动异化思想，对后者的强调则预示着后来的行动与劳动辩证法。

与人民宗教思想类似，在国家问题上，黑格尔早期以古典共和国为理想，同时要以现代国家的转变为基础。因此，黑格尔指向古代人的实体自由和实践，但基础要放在现代人的主体自由和实践上。在伯尔尼时期，黑格尔一开始从古典共和国和现代国家出发对基督教的实定性进行双重批判。在《耶稣传》中，黑格尔把耶稣所言的"神的国"理解为康德实践哲学基础上的道德国家。在《基督教的实定性》第一篇中，黑格尔从康德设定的国家与宗教（法律与道德）的二分出发，批判基督教对公民人权、公民权和国家法权的侵犯等。在《基督教的实定性》第三篇中，黑格尔则探讨了古罗马人的自由和共和国的陨落以及以私利精神和保护私有财产为特征的现代国家的出现，并对后者进行了批判。这种站在古代人的实体自由和古典共和国基础上对现代国家的批判一直持续到法兰克福末期。比如在《德意志观念论最早体系纲要》中，黑格尔首次提出废除作为机器的现代国家的激进主张，在《基督教的精神》中要求构建一种与教会相统一的国家。最后，经过政治经济学的研究与对耶稣和基督教的命运的反思，黑格尔承认了以分裂和主体自由为核心的现代国家，削弱了古代人的实体自由和实践基础上的古典共和国的理想，但此时并未放弃以古典实践哲学模式进行国家体系建构的方式。

二、黑格尔实践哲学体系建构视域中的早期实践哲学思想

正如里德尔的研究所表明的，黑格尔之所以最终超越了古典实践哲学传统，主要在于三个条件：康德的意志自律思想；把现代国民经济学纳入实践哲学；概念的历史性辩证运动。上面的研究表明，这三个条件都已蕴含在黑格尔在1785—1800年这段时期的实践哲学思想之内。

在里德尔看来，黑格尔的实践哲学体系建构始于耶拿时期，并经过两个阶段的变更后才最终定型为客观精神学说。

在第一个阶段（1801—1804年），黑格尔接受亚里士多德关于劳动和行动的关系的理论，以实践优先，同时赋予劳动以及相应的政治经济学相应的地位。正如本书正文所表明的，黑格尔对亚里士多德实践优先理论的接受直接源自其在耶拿时期之前的实践哲学思想，这与黑格尔早期所持的古典共和国理想直接相关。在黑格尔早期，这种亚里士多德意义上的实践优先理论体现在国家、宗教、刑罚和财产等主题上，几乎贯穿在这段时期始终，行动（实践）代表着自由和整全，而劳动（和财产）则代表着奴役和分裂。而黑格尔对劳动和政治经济学地位的提升则与其法兰克福末期在私有财产问题上的思想变化有关。受斯图亚特政治经济学影响，黑格尔对现代社会和劳动等有了新的认识，他愈加认识到以私有财产为核心的现代社会的巨大威力。正因为黑格尔早期对亚里士多德的实践概念的承袭以

及在法兰克福末期对劳动和私有财产的承认，他才可能在耶拿时期第一阶段建构出绝对伦理体系，并赋予劳动、私有财产以及相应的政治经济学以重要的地位。

在实践哲学体系建构的第二阶段（1805—1807年），黑格尔强调劳动作为人对自然的改造和主体的对象化或外化、教化是精神的核心环节，这颠倒了亚里士多德关于劳动与行动的理论，主奴辩证法就是劳动和行动的辩证法，现代个体性也由此得到了承认。在耶拿时期之前，黑格尔曾把犹太人对自然的依赖和改造劳动贬低为奴役活动，这说明当时黑格尔还处于传统实践哲学理论中。因为在亚里士多德实践哲学中，劳动作为制作本身并不是目的，而仅仅是手段，是不自由的人所从事的活动。黑格尔在《爱》这个残篇中所构建的生命哲学中，劳动和财产的分裂特性已经被揭示出来，只是黑格尔当时还没有赋予这种分裂性很高的发展环节。只有到了1805—1807年，黑格尔才把以生产性为特征的劳动提升为核心环节，把没有生产性的传统实践行动降低到劳动以下。这无疑是黑格尔实践哲学发展的重要一步。

在第三阶段（1816/1817—1830年），黑格尔按照"劳动和行动相统一的模式"来解释客观精神，"道德的意志"概念作为它的出发点，通过自我规定在家庭、市民社会和国家等定在领域实现出来。这就是我们在《法哲学原理》中所看到的成熟的实践哲学。根据我们前面的分析，黑格尔早期的诸多实践哲学思想仍然保留在这种成熟的实践哲学中。比如，黑格尔早期和后期都既在亚里士多德狭义的"πρᾶξις"意义上使用"Handlung"，也在康德道德行动意义上使用"Handlung"。又如，在刑罚问题上，与黑格尔在法兰克福时期的刑罚理论相比，虽然黑格尔在《法哲学原理》中的论述与康德在《道德形而上学》中所阐述的刑罚理论具有更多类似性，比如在意志自由作为刑罚的前提方面和报复作为刑罚的本质方面，但在某些地方也与早期的讨论有关系。一方面，在《法哲学原理》中，黑格尔非常强调刑罚所具有的和解作用，即通过刑罚，被破坏的法同自身得到和解，犯人同自身得到和解，而和解正是黑格尔在法兰克福时期从爱、生命和统一出发所特别强调的；另一方面，在《法哲学原理》中，在论述完强制和犯罪后，黑格尔就从抽象法过渡到道德上去，这一点也与他在法兰克福时期的刑罚思想相关。在法兰克福时期的文本中，黑格尔将刑法规定的刑罚转变为作为命运的惩罚后，外在的强制就转化成了内在的悔恨。后续在谈到如何面对侵害时，黑格尔提出了主动放弃权利并退回自身的"灵魂之美"。

结语　黑格尔实践哲学体系建构视域中的早期思想

更主要的是，不论是在黑格尔实践哲学建构的前两个阶段，还是在客观精神学说中，自由和实践都是核心概念。在这个意义上，黑格尔早期实践哲学思想与后来的实践哲学体系方案具有联续性和一致性。差别只在于，在不同阶段，黑格尔对自由和实践的理解有所不同。

三、德国观念论视域中的黑格尔早期实践哲学思想

对于黑格尔早期实践哲学思想意义的阐发，我们还必须在近代实践哲学发展史，尤其是在德国观念论实践哲学中来加以研究，因为黑格尔早期不可能孤立于他所处的思想传统和当时的实践哲学语境。

正如本书引言所述，里德尔把黑格尔之前的近代思想家对传统实践哲学传统的批判划定为几个阶段：霍布斯提出实践哲学的几何学化；沃尔夫提出"普遍实践哲学"；康德提出由纯粹意志和自由法则演绎而成的实践哲学。在本书中，我们已经看到黑格尔对这些思想资源或多或少地利用。在这些思想资源中，黑格尔运用最多的是康德的实践哲学，后者也是德国观念论实践哲学发展的前提条件。对此，路德维希·西普（Ludwig Siep）在《德国观念论中的实践哲学》一书中作了详细的讨论。[①] 该书第一部分讨论了康德、费希特和黑格尔实践哲学中的方法和基础：自然法和科学学说；费希特《自然法权基础》中的统一和方法；费希特和黑格尔那里法权的哲学基础；洛克、康德和黑格尔的人格概念和实践哲学。第二部分讨论了以康德、费希特和谢林为出发点的黑格尔实践哲学的发展：自律与统一——黑格尔和费希特 1800 年之前的宗教哲学；谢林和黑格尔耶拿时期（1803 年之前）的实践哲学；黑格尔耶拿时期的实践哲学和历史；黑格尔耶拿时期实践哲学的自由概念；黑格尔的承认辩证法；黑格尔的伦理形而上学。第三部分讨论了黑格尔实践哲学的体系和现实性：黑格尔精神哲学中的身体性、自我感受和人格性；黑格尔法哲学中的"道德扬弃在伦理中"的意思；黑格尔的分权理论；"情操"与"宪法"；黑格尔法哲学中的宪法、基本法和社会福利；黑格尔的政治哲学。正如前述，我们已在本书中就黑格尔早期与康德的实践哲学之间的关系作了比较多的阐发，在第一章背景介绍中我们也涉及黑格尔早期与费希特、谢林、荷尔德林之间的关系，但在具体实践哲

[①] Ludwig Siep, *Praktische Philosophie im Deutschen Idealismus*, Frankfurt am Main: Suhrkamp Verlag, 1992.

学内容方面，本书尚未展开。西普在《德国观念论中的实践哲学》这本书中提出的很多实践哲学问题，仍有待笔者在后续研究中进一步展开。

四、黑格尔早期实践哲学思想的现实意义

本书最后认为，黑格尔早期实践哲学思想除了在其实践哲学体系建构以及德国观念论传统中具有学术史的意义外，还具有独立的现实意义。

黑格尔早期实践哲学思想首要的现实意义在于反对专制，倡导自由。黑格尔早期的核心任务在于反对政治专制、宗教专制和思想专制。他所持的自由理论不仅仅是启蒙运动中的各种主体自由学说，更多是古典实践哲学中的实体自由观念。黑格尔早期对专制主义各种形式的揭露和批判在当前现实中仍弥足珍贵。

黑格尔早期实践哲学思想的另一现实意义是他对现代性的认识和批判，因为我们仍处于现代性生活之中。正如哈贝马斯所说："黑格尔是第一位清楚地阐明现代概念的哲学家……黑格尔不是第一位现代性哲学家，但他是第一位意识到现代性问题的哲学家。"[1] 一方面，他把实定性、分裂性、强制性和异化等归结为现代性的特征，并试图在古典实践哲学和基督教教义基础上提出爱、生命和宗教概念等来加以克服。在当代，现代性所造成的问题远远大于黑格尔时代，因此黑格尔早期提出的各种解决尝试仍有现实意义。另一方面，黑格尔早期对现代性的肯定和承认也使我们认识到，现代性虽然存在很多问题，但它代表着人类向前发展的环节，因此不能通过废除国家和私有财产等实定的东西的方式来消除现代性。

黑格尔早期实践哲学对精神的强调也具有现实性。在讨论古罗马公民宗教为什么被基督教取代时，在讨论符腾堡宪制改革时，在讨论为什么承认现代国家和财产时，黑格尔都强调时代精神的重要性。在某种程度上，黑格尔早期的实践哲学就是一种精神哲学。尽管黑格尔早期的精神概念具有很强的哲学和宗教上的神秘意味，但它仍具有朴素性。我们可以把它朴素地理解为人民的主观感受、内心想法、公共舆论和时代的精神氛围等，这有点类似于中国传统文化中常说的"民心"。这种精神概念的现实意义在于提醒政府要重视公共舆论和民意。

当然，我们也要认识到，黑格尔早期实践哲学思想也存在诸多局限，

---

[1] 〔德〕哈贝马斯：《现代性的哲学话语》，曹卫东等译，南京：译林出版社，2004年，第2、51页。

比如他强烈的古典共和国理想以及试图通过爱来取代刑罚等思想具有时代错乱和神秘化方面的问题。这些问题我们可从现代社会转型理论来加以解释。当时的德意志处于从专制向现代化转型的过程中，黑格尔早期思想难免带有这种转型时代的局限性。

参 考 文 献

一、甲类著作

费希特：

《费希特文集》第 1—3 卷，梁志学编译，北京：商务印书馆，2014 年。

荷尔德林：

《荷尔德林文集》，戴晖译，北京：商务印书馆，1999 年。

《荷尔德林后期诗歌》（文本卷），刘皓明译，上海：华东师范大学出版社，2009 年。

黑格尔：

Gesammelte Werke, Band 1, *Frühe Schriften Ⅰ*, Hrsg. von Friedhelm Nicolin und Gisela Schüler, Hamburg: Felix Meiner Verlag, 1989.

Gesammelte Werke, Band 2, *Frühe Schriften Ⅱ*, Bearbeitet von Friedhelm Nicolin, Ingo Rill und Peter Kriegel, Hrsg. von Walter Jaeschke, Hamburg: Felix Meiner Verlag, 2014.

Gesammelte Werke, Band 3, *Frühe Exzerpte*, Unter Mitarbeit von Gisela Schüler, Hrsg. von Friedhelm Nicolin, Hamburg: Felix Meiner Verlag, 1991.

Werke in 20 Bände, Band 1, Frankfurt am Main: Suhrkamp, 1971.

Hegels theologische Jugendschriften, Hrsg. von Herman Nohl., Tübingen: Verlag von J. C. B. Mohr, 1907.

Briefe von und an Hegel, Band 1, Hrsg., Hoffmeister J., Hamburg: Felix Meiner, 1952.

Der Junge Hegel in Stuttgart, Hrsg., von Friedhelm Nicolin, Marbach/Neckar: Deutschen Literaturarchiv, 1970.

On Christianity: *Early Theological Writings*, translated by T. M. Knox, with an introduction and fragments translated by Richard Kroner, New York: Harper Torchbooks, 1961.

Three Essays (1793—1795), edited and translated with introduction and notes by Peter Fuss and John Dobbins, Indiana: University of Notre Dame Press, 1984.

Political Writings, ed. Laurence Dickey & H. B. Nisbet, trans. by H. B. Nisbet,（剑桥影印本）北京：中国政法大学出版社，2003。

Elements of the Philosophy of Right, ed. Allen W. Wood, trans. by H. B. Nisbet,（剑桥影印本）北京：中国政法大学出版社，2003。

The Letters, trans. Clark Butler and Christiane Seiler with commentary by Clark Butler, Bloomington: Indiana University Press, 1984.

《黑格尔早期著作集》（上卷），贺麟等译，北京：商务印书馆，1997年。

《早期神学著作》，贺麟译，上海：上海人民出版社，2012年。

《黑格尔政治著作选》，薛华译，北京：中国法制出版社，2008年。

《黑格尔通信百封》，苗力田译编，上海：上海人民出版社，1981年。

"德国唯心主义的最初的体系纲领"（1796—1797），刘小枫译，载《德国哲学》第1辑，北京：北京大学出版社，1986年。

"黑格尔手稿两章"，张慎译，载《德国哲学》第9辑，北京：北京大学出版社，1991年。

《法哲学原理》，范扬、张企泰译，北京：商务印书馆，1982年。

霍布斯：

《论公民》，应星、冯克利译，贵阳：贵州人民出版社，2003年。

《利维坦》，黎思复、黎廷弼译，杨昌裕校，北京：商务印书馆，2010年。

吉本：

Gibbon E., *The History of the Decline and Fall of the Roman Empire*, vol. 1, edited and with an introduction by Betty Radice, London: The Folio Socity, 1983。

《罗马帝国衰亡史》（第一卷），席代岳译，长春：吉林出版集团有限责任公司，2011年。

康德：

《纯粹理性批判》，邓晓芒译，杨祖陶校，北京：人民出版社，2004年。

《实践理性批判》，邓晓芒译，杨祖陶校，北京：人民出版社，2003年。

《判断力批判》，邓晓芒译，杨祖陶校，北京：人民出版社，2002年。

《单纯理性限度内的宗教》,李秋零译,北京:中国人民大学出版社,2003年。

《道德底形上学》,李明辉译注,台北:联经出版事业股份有限公司,2015年。

《康德历史哲学论文集》,台北:联经出版事业股份有限公司,2002年。

《康德著作全集》第6卷,张荣、李秋零译,北京:中国人民大学出版社,2013年。

Gesammelte Schriften, Band 6, Berlin: Druck und Verlag von Georg Reimer, 1914.

Kritik der Urteilskraft, Suhrkamp Verlag, 1974.

Immanuel Kant Werkausgabe, Band 11, Frankfurt am Main: Suhrkamp Verlag, 1968.

莱辛:

《莱辛剧作七种》,李健鸣译,北京:华夏出版社,2007年。

卢梭:

《卢梭全集》(第5卷),李平沤译,北京:商务印书馆,2012年。

《社会契约论》(修订第3版),何兆武译,北京:商务印书馆,2003年。

《论人与人之间不平等的起因和基础》,李平沤译,北京:商务印书馆,2007年。

The Social Contract and Other Later Political Writings, edited and translated by Victor Gourevitch(影印本),北京:中国政法大学出版社,2003年。

马克思和恩格斯:

《马克思恩格斯全集》第2版,第1—3卷。

《马克思恩格斯文集》第1版,第1—2卷。

《马克思恩格斯全集》第1版,第1、3、4、6、7、8、11、17、18、27卷。

Marx-Engels-Werke, Bänder 1, 3, 4, 6, 7, 8, 11, 17, 18, 27, 40, Dietz Verlag.

MEGA 2, I/2, I/11, IV/2.

马基雅维利:

《马基雅维利全集》第1卷,潘汉典、薛军译,长春:吉林出版集团有限责任公司,2013年。

孟德斯鸠:

《论法的精神》,张雁深译,北京:商务印书馆,1997年。

圣经:

Die Bibel, nach der Übersetzung Martin Luthers, in der revidierten Fassung von 1984, Deutsche Bibelgesellschaft Stuttgart, 1985(电子版)。

Die Bibel, oder die ganze Heilige Schrift des Alten und Neuen Testaments, übertragen und erklärt von Hans Brums, 10. Auflage, Gießen/Basel: Brunnen Verlag, 1987.

《圣经》[中英对照(和合本·新修订标准版)],南京:中国基督教两会印发,2000年。

《圣经》(启导本),南京:中国基督教两会印发,2003年。

《圣经》(思高本)(修订版),香港:思高圣经学会,2012年。

亚里士多德:

《形而上学》,苗力田译,北京:中国人民大学出版社,2003年。

《亚里士多德全集》,北京:中国人民大学出版社,1994年。

Aristoteles, *Nikomachische Ethik*, übersetzt und kommentiert von F. Dirlmeier, Berlin: Akademie Verlag, 1983.

二、乙类著作

Arendt, H., *Vita activa oder Vom tätigen Leben*, München: Piper Verlag, 1967.

Avineri S., *Hegel's Theory of the Modern State*, Cambridge: Cambridge University Press, 1972.

Baumeister Th., *Hegels frühe Kritik an Kants Ethik*, Heidelberg: Carl Winter Universitätsverlag, 1976.

Beck L. W., *Early German Philosophy: Kant and his predecessors*, Cambridge, Massachusetts: The Belknap Press of Harvard University Press, 1969.

Breckman W., *Marx, the Young Hegelians, and the Origins of Radical Social Theory*, Cambridge: Cambridge University Press, 1999.

Cieszkowski, A., *Prolegomena zur Historiosophie*, Hamburg: Felix Meiner Verlag, 1981.

Crites S., *Dialectic and Gospel in the Development of Hegel's Thinking*, University Park: The Pennsylvania State University Press, 1998.

Cullen B., *Hegel's Social and Political Thought: An Introduction*, Dublin: Gill and Macmillan Ltd., 1979.

Dickey L., *Hegel: Religion, Economics, and the Politics of Spirit (1770—1807)*, Cambridge: Cambridge University Press, 1987.

Fackenheim E. L., *The Religious Dimension in Hegel's Thought*, Bloomington and London: Indiana University Press, 1967.

Görland I., *Die Kantkritik des jungen Hegel*, Frankfurt am Main: Vittorio Klostermann, 1966.

Haering T. L., *Hegel: Sein Wollen und sein Werk*, Band 1, Leipzig/Berlin: Verlag und Druck von B. G. Teubner, 1929.

Harris H. S., *Hegel's Development: Towards the Sunlight (1770—1801)*, Oxford: Clarendon Press, 2002.

Haym R., *Hegel und seine Zeit*, Berlin: Rudolph Gaertner, 1857.

Hodgson, P. C., *Hegel and Christian Theology: A reading of the lecture on the Philosophy of Religion*, Oxford: Oxford University Press, 2005.

Houlgate S., *An Introduction to Hegel: Freedom, Truth and History* (2 edition), Oxford: Wiley-Blackwell, 2005.

Hyppolite J., *Introduction to Hegel's Philosophy of History*, trans. by Bond Harris and Jacqeline Bouchard Spurlock, Tallahassee: University Press of Florida, 1996.

Jaeschke W., *Hegel-Handbuch*, 3. Auflage, Stuttgart: J. B. Meetzler Verlag, 2016.

Jamme, H. C., Schneider, H., *Der Weg zum System*, Frankfurt am Main: Suhrkamp, 1990.

Küng H., *The Incarnation of God: An Introduction to Hegel's Theological Thought as Prolegomena to a Future Christology*, trans. J. R. Stephenson, New York: T. & T. Clark Ltd., 1987.

Goldstein J. D., *Hegel's idea of the good life*, Netherlands: Springer, 2006.

Lobkowicz, N., *Theory and Practice: History of a Concept from Aristotle to Marx*, Note Dame: University of Notre Dame Press, 1967.

Lukács G., *The Young Hegel: Studies in the Relationship between Dialectics and Economics*, trans. by Livingstone, London: the MIT Press, 1976.

Lukács G., *Der junge Hegel*, Neuwied und Berlin: Hermann Luchterhand

Verlag GmbH, 1967.

Marcuse H., *Reason and Revolution: Hegel and the Rise of Social Theory*. London and New York, 1941.

Ormiston A., *Love and Politics: Re-interpreting Hegel*, Albany: State University of New York, 2004.

Patten A., *Hegel's idea of Freedom*, New York: Oxford University, 1990.

Peperzak, A. T., *Modern Freedom: Hegel's Legal, Moral, and Political Philosophy*, Dordrecht/Boston/London: Kluwer Academic Publishers, 2001.

Pinkard T., *Hegel*, Cambridge: Cambridge University Press, 2000.

Pippin R. B., *Hegel's Practical Philosophy*, Cambridge: Cambridge University Press, 2008.

Plant R., *Hegel*, Surrey: George Allen & Unwin Ltd, 1973.

Quante, M., *Hegels Begriff der Handlung*, Stuttgart: frommann-holzboog Verlag, 1993.

Riedel, M., *Studien zu Hegels Rechtsphilosophie*, Frankfurt am Main: Suhrkamp Verlag, 1969.

Siep L., *Praktische Philosophie im Deutschen Idealismus*, Frankfurt am Main: Suhrkamp Verlag, 1992.

Rosenkranz K, Georg Wilhelm Friedrich, *Hegel's Leben*, Berlin: Verlag von Duncker und Humblot, 1844.

Rosenzweig F., *Hegel und der Staat*, Darmstadt: Scientia Verlag Aalen, 1962.

Smith, S. B., *Hegel's Critique of Liberalism: Rights in Context*, Chicago: Chicago University Press, 1989.

Taylor, C., *Hegel*, Cambridge: Cambridge University Press, 1975.

Williamson R. K., *Introduction to Hegel's Philosophy of Religion*, New York: State University of New York Press, 1984.

阿维纳瑞：《黑格尔的现代国家理论》，朱学平、王兴赛译，北京：知识产权出版社，2016年。

拜塞尔：《黑格尔》，王志宏、姜佑福译，北京：华夏出版社，2019年。

波恩等：《德意志史》第三卷，张载扬等译，北京：商务印书馆，1999年。

布劳巴赫等：《德意志史》第二卷，陆世澄、王昭仁译，北京：商务印书馆，1998 年。

陈士聪：《黑格尔早期辩证法思想》，北京：人民出版社，2020 年。

邓晓芒：《康德〈道德形而上学奠基〉句读》，北京：人民出版社，2012 年。

高全喜：《政治宪法学纲要》，北京：中央编译出版社 2014 年版。

戈尔迪、沃克勒主编：《剑桥十八世纪政治思想史》，刘北成、马万利、刘耀辉、唐科译，北京：商务印书馆，2017 年。

董特：《黑格尔传》，李成季、邓刚译，上海：上海人民出版社，2015 年。

菲舍尔：《青年黑格尔的哲学思想》，张世英译，长春：吉林人民出版社，1983 年。

费维克：《黑格尔的艺术哲学》，徐贤樑等译，北京：商务印书馆，2018 年。

福柯：《规训与惩罚》（第 4 版），刘北成、杨远婴译，北京：生活·读书·新知三联书店，2012 年。

贡斯当：《古代人的自由与现代人的自由》，阎克文、刘满贵译，冯克利校，北京：商务印书馆，1999 年。

哈贝马斯：《现代性的哲学话语》，曹卫东等译，译林出版社，2004 年。

黄金城：《有机的现代性：青年黑格尔与审美现代性话语》，上海：上海人民出版社，2019 年。

古留加：《黑格尔传》，刘半九、伯幼等译，北京：商务印书馆，1978 年。

贺麟：《黑格尔哲学讲演集》，上海：上海人民出版社，1986 年。

亨利希：《在康德和黑格尔之间：德国观念论讲座》，乐小军译，北京：商务印刷馆，2013 年。

基钦：《剑桥插图德国史》，赵辉、徐芳译，北京：世界知识出版社，2005 年。

考夫曼：《黑格尔：一种新解说》，张翼星译，北京：北京大学出版社，1989 年。

克朗纳：《论康德和黑格尔》，关子尹译，上海：同济大学出版社，2004 年。

赖尔，威尔逊：《启蒙运动百科全书》，刘北成、王皖强译，上海：上海人民出版社，2004 年。

参考文献

里德尔：《在传统与革命之间》，朱学平、黄钰洲译，北京：商务印书馆，2020年。

利文斯顿：《现代基督教思想》（上），何光沪、高师宁译，南京：译林出版社，2014年。

林喆：《权利的法哲学》，济南：山东人民出版社，1999年。

刘皓明：《荷尔德林后期诗歌》（评注 卷上、下），上海：华东师范大学出版社，2009年。

卢卡奇：《青年黑格尔》（选译），王玖兴译，北京：商务印书馆，1963年。

罗克摩尔：《黑格尔：之前和之后——黑格尔思想历史导论》，柯小刚译，北京：北京大学出版社，2005年。

门德尔松：《耶路撒冷》，刘新利译，济南：山东大学出版社，2007年。

帕夫利克：《人格体 主体 公民：刑罚的合法性研究》，谭淦译，北京：中国人民大学出版社，2011年。

萨托利：《民主新论》，冯克利、阎克文译，上海：上海人民出版社2017年版。

施密特编：《启蒙运动与现代性》，徐向东等译，上海：上海人民出版社，2005年。

施特劳斯、克罗波西主编：《政治哲学史》（第三版），李洪润等译，北京：法律出版社，2009年。

马尔库塞：《理性与革命》，程志民等译，重庆：重庆出版社，1993年。

梅尼克：《世界主义与民族国家》，孟钟捷译，上海：上海三联出版社，2007年。

迈内克：《马基雅维利主义》，时殷弘译，北京：商务印书馆，2008年。

门德尔松：《耶路撒冷》，刘新利译，济南：山东大学出版社，2007年。

平森：《德国近现代史》，范德一译，北京：商务印书馆，1987年。

邱立波主编：《黑格尔与普世秩序》，北京：华夏出版社，2009年。

沈真：《费希特与马克思》，北京：中国社会科学出版社，2014年。

施密特编：《启蒙运动与现代性》，徐向东等译，上海：上海人民出版社，2005年。

施特劳斯：《自然权利与历史》，彭刚译，北京：生活·读书·新知三联书店，2003年。

施特劳斯、克罗波西主编：《政治哲学史》，李天然等译，石家庄：河北人民出版社，1998年。

宋祖良：《青年黑格尔的哲学思想》，长沙：湖南教育出版社，1989年。

汪海：《行动：从身体的实践到文学的无为》，北京：北京大学出版社，2013年。

泰勒：《黑格尔》，张国清、朱进东译，南京：译林出版社，2002年。

文德尔班：《哲学史教程》，罗达仁译，北京：商务印书馆，1996年。

伍德：《康德的理性神学》，邱文元译，北京：商务印书馆，2014年。

萧高彦：《西方共和主义思想史论》，台北：联经出版事业股份有限公司，2013年。

徐长福：《理论思维与工程思维（修订本）》，重庆：重庆出版社，2013。

徐长福：《走向实践智慧》，北京：社会科学文献出版社，2008年。

薛华：《黑格尔、哈贝马斯与自由意识》，北京：中国法制出版社，2008年。

颜厥安：《幕垂翱翔：法理学与政治思想论文集》，台北：元照出版有限公司，2005年。

杨祖陶：《德国古典哲学逻辑进程》（修订版），武汉：武汉大学出版社，2003年。

郁建兴：《自由主义批判与自由理论的重建：黑格尔政治哲学及其影响》，上海：学林出版社，2000年。

张凤阳等：《政治哲学关键词》，南京：江苏人民出版社，2014年。

张颐：《张颐论黑格尔》，侯成亚、张桂权等编译，成都：四川大学出版社，2000年版。

张汝伦：《德国哲学十讲》，上海：复旦大学出版社，2004。

张慎主编：《西方哲学史（学术版）》（第六卷），南京：江苏人民出版社，2005年。

张慎：《黑格尔传》，石家庄：河北人民出版社1997年。

赵林：《黑格尔的宗教哲学》，武汉：武汉大学出版社，1996年。

朱学平：《古典与现代的冲突与融合：青年黑格尔思想的形成与演进》，长沙：湖南教育出版社，2010年。

朱学平:《从古典共和主义到共产主义》,北京:中国法制出版社,2018年。

三、论文

Harrison R. G., Jesus, Abraham, Freedom and Fate in Hegel's Early "Theological Writings", in *Clio*, 1980 Jan.

Hoffheimer M. H., Baptism and Law in the Young Hegel, in *Clio*, 1998 Summer.

Kaufmann W.,

The Young Hegel and Religion, in *Hegel: A Collection of Critical Essays*, ed. Alasdair MacIntyre, Garden City, NY: Anchor Books, 1972.

The Hegel Myth and Its Method, in *Hegel: A Collection of Critical Essays*, 1972.

Hegel's Early Antitheological Phase, in *The Philosophical Review*, Vol. 63, No. 1.

Otto Pöggeler, Hegels praktische Philosophie in Frankfurt, in *Hegel-Studien* Bd. 9, Bonn, 1974.

Ormiston A., The Spirit of Christianity and Its Fate: Towards a Reconsideration of the Role of Love in Hegel, in *Canadian Journal of Political Science*, 2002.09.

Paul Chamley: Les Origines de la pensée économique de Hegel, in *Hegel-Studien*, Bd. 3, Bonn, 1965.

Schüler G., Zur Chronologie von Hegels Jugendschriften, in *Hegel-Studien*, Bd. 2, Bonn, 1963.

大河内泰树:《行动与伦理生活》,载《伦理学术》第6卷,上海:上海教育出版社,2019年。

黄颂杰:《思辨与实践:解读西方哲学的重要进路》,载《实践哲学评论》第2辑,广州:中山大学出版社,2015年。

根尔:《论黑格尔的国家学说》,载《国外黑格尔哲学新论》,中国社会科学院研究所西方哲学史研究室编,北京:中国社会科学出版社,1982年。

古留加:《黑格尔的宗教哲学》,载《国外黑格尔哲学新论》,中国社会科学院研究所西方哲学史研究室编,北京:中国社会科学出版社,

1982年。

贺麟：《黑格尔的早期思想》，载《哲学研究》，1983（9）。

霍斯特曼：《论市民社会在黑格尔政治哲学中的地位》，载《国外黑格尔哲学新论》，中国社会科学院研究所西方哲学史研究室编，北京：中国社会科学出版社，1982年。

里德尔：《客观精神与实践哲学》，载《实践哲学评论》第4辑，广州：中山大学出版社，2019年。

李鹏程：《论青年黑格尔的宗教观及其演变》，载《上海社会科学院学术季刊》，1987（3）。

吕方芳：《黑格尔的早期宗教思想》，载《理论界》，2013（10）。

罗久：

《理性、自然与伦理形而上学：黑格尔法哲学思想探源》，复旦大学，博士学位论文，2013年。

《黑格尔论命运与惩罚：早期文本中的康德批判与同一哲学的构想》，载《北京社会科学》2015（4）。

普兰特：《黑格尔政治哲学中的经济和社会的整体性》，载《国外黑格尔哲学新论》，中国社会科学院研究所西方哲学史研究室编，北京：中国社会科学出版社，1982年。

苏婉儿：《宪制的伦理生命：对黑格尔国家观的一种探源性解读》，西南政法大学，博士学位论文，2008年。

田冠浩：《精神共同体观念的现代重建：黑格尔早期宗教、经济与政治思想研究》，载《陕西师范大学学报》（哲学社会科学版），2015（3）。

王天成、田伟松：《"绝对精神"在青年黑格尔思想中的演进过程》，载《理论探讨》，2015（3）。

伍德：《黑格尔对道德的批判》，李金鑫译，载《世界哲学》，2013（3）。

杨伟涛：《青年黑格尔道德自我观的伦理转向》，载《东南大学学报》（哲学社会科学版），2015（4）。

耶施克：《德国古典哲学视野中的启蒙运动》，载《伦理学术》第4卷。

俞吾金：

《朝着太阳奋进：从库诺·费舍尔的笔底看青年黑格尔》，原载《读书》1985（9）（笔名"于文"），后收入俞吾金《生活与思考》，上海：复旦大学出版社，2011年。

《现代性反思的思想酵素：从青年黑格尔的眼光看》，载《世界哲学》，2012（6）。

E. 米连：《对俞吾金文的回应》，张双利译，载《世界哲学》，2012（6）。

张汝伦：《黑格尔与启蒙》，载《哲学研究》，2007（8）。

张慎：

《当代联邦德国的黑格尔研究》（一），载《哲学动态》，1990（2）。

《欧洲对黑格尔早期思想的研究》，载《世界哲学年鉴》，上海人民出版社，1986。

《德国启蒙运动和启蒙哲学的再审视》，载《哲学学刊》，2004（1）。

朱学平：

《青年黑格尔论"犹太教问题"》，载《华东师范大学学报》（哲学社会科学版），2016（2）。

《从共和主义到社会主义》，载《现代哲学》，2014（3）。

《马克思〈博士论文〉的政治意蕴探析》，载《求是学刊》，2014（3）

《青年马克思、黑格尔论市民社会与国家的分离》，载《马克思主义理论教学与研究》，2021（2）。

四、工具书

尼古拉斯·布宁，余纪元编著：《西方哲学英汉对照辞典》，北京：人民出版社，2001年。

《西方大观念》，陈嘉映等译，北京：华夏出版社，2007年。

Historisches Wörterbuch der Philosophie, Band 3, 7, hrsg. von J. Ritter und K. Gründer, Basel: Schwabe Verlag, 1974, 1989.

后　　记

　　本书的基础是笔者的博士学位论文，论文修改稿有幸获得国家社科基金后期资助立项。笔者后根据五位匿名专家的意见对书稿作了进一步修改，对此先作以下说明。

　　笔者博士学位论文的题目是"黑格尔早期政治哲学思想研究（1785—1800）"，在申报国家社科基金后期资助时改为"自由与实践：黑格尔早期实践哲学思想研究（1785—1800年）"，最终根据五位专家的意见修改为"黑格尔早期实践哲学思想研究（1785—1800年）"。之所以修改题目，是因为笔者对研究对象有了新的理解。在新的视角下，笔者对博士学位论文的结构和具体内容都作了实质性修改。

　　博士学位论文以黑格尔早期的各个阶段来安排章节，除引言和结语外，分别是：黑格尔斯图加特时期和图宾根时期的政治哲学思想；黑格尔伯尔尼时期的政治哲学思想；黑格尔伯尔尼与法兰克福的交替时期的政治哲学思想；黑格尔法兰克福中期和后期的政治哲学思想。提交申请国家社科基金后期资助时则基本根据主题安排章节，除引言和结语外，分别是：黑格尔早期思想发展的语境；青年黑格尔与启蒙；自由与实定性的辩证；政治自由与人民宗教；古代人的自由与现代人的自由基础上的国家观变迁；作为强制的刑罚与作为自由的惩罚；行动与劳动的关系视域中的财产思想变化；从黑格尔的"Handlung"到马克思的"Praxis"。立项后，笔者根据五位专家的意见进一步对文章结构作了调整，在此特别感谢五位专家！同时也非常感谢结项中给出鉴定意见的三位专家！其中比较大的调整是删除了申报成果中的第八章（即"从黑格尔的'Handlung'到马克思的'Praxis'"）。虽然笔者认为该章所提出的"主题词"研究法是一种新颖且可行的研究方法，但该章在内容上确实超出了书稿的研究对象和范围，所以将其删除。另外，笔者对申报成果中的第二章（即"青年黑格尔与启蒙"）和第六章（即"作为强制的刑罚与作为自由的惩罚"）作了调整，即把第二章放进第一章，作为该章第二节，把第六章放入申报成果的第三章（即现在的第二章"自由与实定性的辩证"），作为该章第三节的一个部分。而且，笔者还将申报成果中的第七章（即"行动与劳动的关系视域中的财产思想变化")提前为第四章。这种修改是基于笔者对黑格尔早期财产思想和国家思想之间逻辑关联的重新把握而作出的。在笔者看来,黑格尔虽然一开始最为关注和感兴趣的是国家问题,而非财产问题,但在黑格尔早期思想变化中,财产问题越来越引起黑格尔的关注,而且最终影响黑格尔早期国家观变化的主要是他对财产的不断认识。因此从逻辑上,把黑格尔的财产思想的变化调整到国家观部分之前更为合理一些。

在博士学位论文中,笔者侧重于从政治哲学角度考察黑格尔早期的思想。笔者当时提出,在黑格尔早期政治哲学思想发生史中,人民宗教和时代精神是贯穿其中的两条主线,笔者主要按黑格尔早期各个阶段的文本顺序来研究其相关的政治哲学思想。在修改后的成果中,笔者侧重于从实践哲学角度来考察黑格尔早期的思想,这种角度视域显然更广,即从黑格尔实践哲学体系建构的前提条件出发来确定研究对象和主题:黑格尔早期实践哲学思想的两个核心概念是自由与实践,黑格尔早期在启蒙、实定性、人民宗教、财产、劳动和国家等主题上基本都是围绕这两个概念展开的——本书的主体部分就是对这几个主题的研究。在研究过程中,笔者有意识地在黑格尔后来成熟的实践哲学体系和德国观念论实践哲学中来定位黑格尔早期实践哲学思想,明确黑格尔这段时期思想的意义。该项研究希望有助于读者把握黑格尔的实践哲学体系建构的前提和过程。与博士学位论文相比,本书更侧重于以问题为中心,以研究和分析黑格尔早期实践哲学思想中的特定学理为旨归。

本书之所以能完成,离不开导师徐长福教授的悉心教导。在笔者攻读博士学位阶段,徐老师如携学步之稚童,引笔者稳稳当当一步一步向前迈。而当笔者步法渐稳后,徐老师又留充分自由之生长空间,引笔者入独立自由思想之境。笔者非天资聪颖之辈,幸遇如此导师,学术之路省却了许多曲折与歧路。这其中恩义,非文字所能载。

笔者的合作导师李萍教授,在笔者博士后阶段,言传身教,教导笔者需在治学中有坚韧不拔之性情,"要竖起床板",持之以恒、毫不懈怠地对待学问。笔者无聪颖加持,幸赖性格坚韧且勤奋,将坚持"竖起床板"之精神,继续未竟之学术之路,并有所成,方不辜负李老师之拳拳爱护之心。

写至此处,忽觉伤感。本书之写作,缘起于俞吾金教授。博士研究生阶段之初,徐老师与俞老师同时是笔者的指导老师,那时俞老师是马哲所的讲座教授,几乎每学期都会到中山大学讲学几天。每次来,必留时间教我为人和治学。本书的主题,也是那时与俞吾金老师商量确定的。俞老师的离世，如此猝不及防，以至于在听到消息的那段时间，我总不愿相信这是事实。现在，书已完成，笔者要沿着哲学这条路一直往前走，虽无法再亲耳听到俞老师睿智的教导，但我心知，俞老师一直都在的。

感谢哲学系主任张伟教授和王丽霞书记对我工作以来不间断的关心和提携！感谢马哲所和哲学系的其他各位老师和同事给予的无私帮助和关心。尤其谢谢马天俊老师的鼓励和指引，让我从冗长和纷乱的学术困顿及窘境中看到了方向。

本书在某种程度上是笔者硕士研究生阶段所确定的研究主题的延续。笔者在硕士研究生阶段跟随朱学平教授进行黑格尔法哲学研究，完成了以黑格尔耶拿时期《论自然法》为研究对象的硕士学位论文，即《自然法与伦理共同体——黑格尔〈论自然法〉解读》。本书则以黑格尔耶拿时期之前的文本为对象，在时间上是一种"倒退"，但在思想上则是为了更好地"进步"，接下来希望有机会进一步将研究推进到黑格尔耶拿时期的其他文本。朱老师领我进入黑格尔研究的学术殿堂，并一直关心我的研究进展并不断给予点拨。本书虽然还未达到朱老师的要求，但仍希望朱老师能从中看到学生的成长。

邓安庆教授在上海封控期间仍拨冗为拙著写序，令我感动不已，邓老师的序无疑大大提升了本书的分量和价值。

王南湜教授、韩立新教授、黄裕生教授、贺来教授和程广云教授也一直关心我的研究，并给予很多指点。同时感谢中山大学出版社曾育林主任在本书出版过程中给予的大力帮助！

书稿开始修改时正值小儿宥宥出生，这使得本书的出版有了特别的意义。最后感谢妻子最长情的陪伴！感谢父亲和母亲三十年如一日的付出！

2022 年 4 月 12 日
于中山大学康乐园